JN065214

幼児教育
知の探究 *15*

領域研究の現在 ＜健康＞

森 司朗＋青木久子

萌文書林

はしがき

　明治の近代国家建設を目指して学制を敷いた第一の教育改革，第二次世界大戦後の民主国家建設を目指した第二の教育改革は，教育によって国の未来を再建するという国家目的が明確にあったが，1980 年以降，紆余曲折しながら模索している第三の教育改革は，今なお混沌とした状況にある。すでに 40 年近く経過しているが，過去の国家に依存してきた教育改革から，民意が改革を推進するだけの活力を有するようになるには，物質的・上昇的な価値から“人間の生”に基本をおいた問いへと価値の転換を図り，人々が志向する文化そのものの本質に光を当てていくことが必要であろう。

　しかし学校が社会から遊離し，子どもたちに合わなくなっていても民意が建設的に動いてこない。また行政が民意と対話し，民意を支えて施策化し，それを推進する機能が働かない。小学校の生活科や総合学習の導入，教育のプロセス・アプローチに対する第三者評価の導入等は，敗戦直後の民主化への教育が目指したものであったはずである。また，幼稚園・保育所・認定こども園等の制度的見直しも，戦前からの就学前教育の課題がそのまま積み残されてきた結果といえよう。それは家族の時間やコミュニティの人々のつながり，豊かな地域文化の醸成，そこに生きる人間の本質の発展という方向より，少子化対策，経済の維持といった国の施策が先行するものとなっている。これは，半世紀の間に国家依存，体制依存の体質が招いた混沌であり，今まさに教育理念そのものの問い直しが求められている時が来ているといえよう。

　国による民主化から，民による民主化成熟への道のりには，人間が生きることの意味への問い，生きる価値の置き所，世代循環するトポスの文化の見直しが必要である。それは，幼稚園・保育所・小学校といった分断された施設区分から，コミュニティの中での就学前から学童期を経て生涯にわたって展開される学習を構成していく視点でもある。地域の子どもたちの生きる場としての総体を受け止め，地域社会の環境・文化と共生する教育への転換は，

学校化された知の限界を超えて知のあり所や知を構築する関係のありようを転換し，知そのものへの問いを新たにするだろう。

　生の根源にまでさかのぼろうとする本企画は，人間・学び・学校・社会という共同体のトポスに焦点を当てて，従来の就学前教育が子どもたちに当てた光を再考しつつ，あわせて抱えてきた課題も浮き彫りにして，これからの知を構築する視座を掘り起こしたいと思う。

　なお20巻にわたる本企画は，次の三つの特長をもっている。一つは，幼児教育界が混沌としている現状を踏まえ，3歳児から低学年までを見据えた就学前教育に光を当てて"人間の教育"の根源に迫る。二つに，従来の幼児教育に関連した書籍の感覚としては，難しいという批判を浴びることを覚悟の上で，専門性を高めることを願う幼児教育者養成大学やキャリアアップを図る現職者だけでなく，広く一般の人々にも読んでいただけるような知のあり所を考える。三つに，現在の幼稚園教員養成カリキュラムの内容を基本におきつつ，今後の教員養成で必要とされる内容を加える。

　本シリーズ刊行に当たっては，萌文書林の故服部雅生社長の大英断をいただいた。教員・保育士養成課程の教科書内容の重複を避け，教師・保育士等の専門性を高めるとともに，就学前教育の意義を再確認するために一石を投じたいという，長年，幼児教育界の出版に携わってきた服部氏だからこそその決断だったと思う。その遺志を現社長の服部直人氏が引き継いでくださり，なかなか進まない出版を温かく見守ってくださっていることに深く感謝する。

　進捗の遅い本シリーズの難しさは，知の根源への探究とともに，現代の社会現象を踏まえて不易の内容とは何かを探り，それらを就学前教育に関係する人々の糧としてもらえるよう吟味するところにある。いつになっても，これで完成ということはない。多くの方々から忌憚のない意見を寄せていただき，次の時代への知の橋渡しができることを願っている。

　2019年8月

シリーズ編者　青木久子・磯部裕子

本書まえがき

　「心が動けば身体が動く」，「身体が動けば心が動く」。筆者は，この2つのフレーズは幼児期の子どもの心身が相関関係にあることを示しており，さらにはこの関係を引き出す経験こそが遊びであると考えている。そして，この遊びを通して育まれているものが幼児期の運動発達であるといっても過言ではない。筆者は，講演などの機会をいただくと，最後に「子どもは運動能力をつけるために運動をしているのではない。遊んでいるうちに自然についている」と述べさせてもらっている。このことは，最近の幼児の運動能力の低下の原因が外遊びの減少，つまり遊びの減少にあるという考えにつながってくる。遊びの減少は，これまで遊びで育ってきたものが育たなくなっていることを示しており，結果として，身体面ばかりでなく，子どもの心（精神）の発達にも大きな影響を与えているのである。ところが，幼児の運動指導の現場では，子どもの体力低下が話題になると，いかにして子どもに運動をさせるかということだけに視点が置かれているのが現状である。このようになってしまった理由としては，本当の意味での幼児期の運動や健康のあり方についての理解がまだ不十分であることが挙げられる。子どもの「健康」の理解を深める第一歩としては，子ども側，つまりは子どもの内面だけから「健康」というものを見るだけでなく，子どもを取り囲み，支える過去から現在に至る「環境」という視点からも「健康」の問題を捉えていく必要がある。

　今回，知の探究シリーズの『領域研究の現在〈健康〉』に関して執筆の機会をいただいたことは自分自身がこれまで考えてきた幼児期の健康や運動のあり方を見直すうえにおいても貴重な機会であった。領域としての「健康」の問題に関して，シリーズ編者である青木久子氏より多角的な視点からご示唆をいただき，自分自身の健康や運動を見る視点の範囲の狭さを感じるとともに，その幅を広げることで，幼児期の健康のあり方について子どもの遊びと運動の視点から将来へつながる健康について考えていける可能性を探って

いきたいと考え，本書の執筆を進めた。

　本書は，乳幼児期は，生得的に備わった生命の源となる身体の健康な状態をつくりだすシステムを損なわないように発展させ，環境に適応して，柔軟かつ創造的に生きる力を培うことで心身発達が促進され，生涯の健康につながっていくという考えから3部構成になっている。

　第1部では，幼児期の健康を考えるうえでまず，今日の健康の概念規定に至るまでの，古代から近世に至る人々の健康観を中心に，その知恵を捉えることから始めた。また，そのような文化背景を前提に，現代の子どもの身体の変調に関して，身体情報を脳に伝え，環境に順応していく人間の身体の仕組みについて再確認し，幼児期の身体発達と脳の発達の特徴について概観した。

　第2部では，人間は自ら運動をすることで，身体と精神を統合しながら環境と調整していることを踏まえて，人間が運動を獲得する方略に関して，情報処理システムの観点から捉えていくとともに，遊びと結びつけて考えた。さらに，子どもの多面的な発達を捉える指標の一部であり，運動発達の特徴を示す「運動能力」に視点を当てて，知的，情緒的，社会的な発達の側面について考究していくことで，今後，就学前教育のあるべき環境のありようについて考えた。

　第3部では，生涯にわたって"我を統一する主体"の回復に視点を当てて論を進めた。まず，心身が動く仕組みについて，子どもはなぜ動くのか，子どもの心に関して，内発的動機づけの視点から考えてみた。特に，自らを動かす意志の働きについては，運動有能感や自己決定の獲得を土台に，我を忘れて純粋経験を成熟させていく遊びとの関連に焦点を当てた。また，幼児期から健康教育を行う日本の教育課程の基準に通底する生きる力を土台に，これからの就学前教育の環境のありようについて注目した。さらには，健やかな心身が育つためのこれからの就学前教育の方向性について，生活や遊び，労作環境と運動経験の関連や指導面，就学前教育の担う社会的役割の重要性について考えた。

　本書の執筆を振り返ったとき，執筆に取り掛かり始めてから長い月日を費やしてしまったことに関して関係各位にお詫び申し上げたい。また，編集者，服部直人氏には，この長きにわたり原稿を抱えたままで時を過ごすことを許していただき，この本が出版できたことに深く感謝したい。

　最後に，本書が子どもが心と身体を使って遊ぶことを創造できる環境づくりの一助になれば幸いである。

2020 年 4 月 13 日

森　司朗

目　　次

第1部　人類が希求する天命

第3部　健康を志向する主体の回復

第 1 部

人類が希求する天命

　健康は人類普遍の願いであろう。そして，健康な身体あっての精神であり，精神あっての身体である。第１部ではその心身を統一し動かす者は己であり，その始まりが乳幼児期にあることを確認したい。

　乳幼児期は，生命の源となる身体の健康な状態をつくりだす生得的なシステムを損なわないように発展させ，環境に適応して，柔軟にかつ創造的に生きる力を培う時期である。この時期の心身発達のありようが生涯を左右するといっても過言ではない。

　第１章では，今日の健康の概念規定に至るまでの，古代から近世に至る人々の健康観を中心にその知恵に迫り，天命を全うするために人々はどう生きてきたのか，その文化的背景を中心に捉えていく。

　第２章では，義務教育等で既習している人間の身体の仕組みを再掲し，その中で幼児期の身体発達の特徴を明らかにしていく。また，現代の子どもが抱える身体の変調について，外的要因と内的要因が相互に関連しながらむしばんでいる現状を捉えるとともに，この時期の脳の発達的な特徴に関しても概観する。

第1章

人の命は我にあり ―天命を全うする知恵

1. 健康の概念と今日的意味

　太古の昔から，健康は人類の希求概念で，健康であることが幸福の条件となってきた。それは今も変わることなく，私たちは「健康」な状態を生涯にわたって維持していくつもりで，日常を過ごしている。貝原益軒は，「心は人身の主君也。故（に）天君と云。思ふ事をつかさどる。耳・目・口・鼻・形（形は頭身手足也），此五は，きくと，見ると，かぐと，物いひ，物くふと，うごくと，各（〻）その事をつかさどる職分ある故に，五官と云。心のつかひ物也」[1] として，天君としての心のありようと，その心が五官をつかさどり働かせて生きる知恵をまとめている。

　本章では，"人の命は我にあり"とする心身のありようを，健康の概念規定を確認しながら様々な視点から考え，古代から人々が希求してきた健康に迫りたい。

(1) 状態としての心身の健康

　第二次世界大戦が終結した翌 1946 年に，ニューヨークで 61 か国が署名し 1948 年から効力が発生した WHO 憲章を日本が批准したのは 1951 年で，条約第 1 号として公布されている。世界保健機関（World Health Organization;

WHO）が WHO 憲章の前文に掲げる健康の定義および国際連合憲章第 57 条項の専門機関として，世界保健機関を設立した理念を掲出しておこう。

Health is a state of complete physical, mental and social well-being and not merely the absence of disease or infirmity.
　健康とは，完全な肉体的，精神的及び社会的福祉の状態であり，單に疾病又は病弱の存在しないことではない。

The enjoyment of the highest attainable standard of health is one of the fundamental rights of every human being without distinction of race, religion, political belief, economic or social condition.
　到達しうる最高基準の健康を享有することは，人種，宗教，政治的信念又は経済的若しくは社会的条件の差別なしに万人の有する基本的権利の一つである[2]。

　このように，WHO 憲章では，健康を基本的人権の一つに位置づけている。そして，世界中の人々が健康であることが平和と安全の基礎であり，一国でも健康の増進と保護を達成できれば，世界全体にとっても有意義なことであるとする。それは，健康増進や感染症対策の進み具合が国によって異なると，すべての国に共通して危険が及ぶことになるためで，WHO 憲章は，全世界のすべての人々，すべての子どもの健やかな成長が基本的に大切なことを謳う。健康の増進と保護を完全に達成するためには，医学，心理学や関連する学問の恩恵をすべての人々に広げることが不可欠であり，一般市民が確かな見解をもって積極的に協力することが最も重要なこととしている。そして，政府の国民に対する責任と，その責任を果たすための十分な健康対策と社会的施策を義務づけている。それだけ健康とは，社会的，経済的，文化的な影響を受ける概念である。
　1986 年にオタワで開かれた第 1 回健康促進国際会議では，2000 年までに

すべての人の健康を守る行動のための憲章が提案され，「健康促進に関するオタワ憲章」として採択されている。「健康促進とは，人々が自身の健康を管理改善できることの過程」と定義し，健康にとっての基礎的条件と資源として，平和，援護，教育，食糧，所得，安定した環境システム，持続可能な資源，社会正義と公正，の8項目を挙げている。その前提の上に立って，ライフスタイルを超えてよい生活状態に至るための提唱[3]がある。

　　　　よい健康は社会的・経済的そして人の発展の源であり，人生の質の重要な側面です。政策的・社会的・文化的・環境的そして行動と生物的な要因は全て，健康を助けるか若くはそれに害になります。健康促進活動は，健康のための提唱をとおして，これらの条件を好ましいものにすることを目指します。

　そして，可能性への力，仲介による達成を挙げ，参加者の健康促進への積極的な関与を表明し，具体的な活動の視点にも触れている。

（2）心病む現代人の健康の状態

　現代の混沌とした社会情勢の中，都市化と機械化によって生じた人間疎外，さらには生活そのものに閉塞感を感じている現代人は，心の健康が身体の健康を侵している可能性が考えられる。2009年度の地域保健医療基礎統計[4]の結果を見ると，精神および行動の障害の患者数は増加傾向にある（図表1-1-1）。近藤充夫は，健康であるということは，本人が満足感をもって生活できる自信をもつことであるとともに，他の人から見たときにも生き生きとして満足感に満ちた姿として受け止められることであるとした[5]。その意味では，身体面で障害のある人でも生き生きと満足して生きているのであれば，その状態は良好な状態であり，「自分のからだを生きている」ということになる。健全な魂が宿る身体は健康なのである。

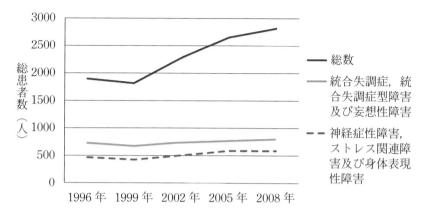

図表 1-1-1　精神および行動の障害の総患者数の年次推移，傷病中分類別
厚生労働省「平成 21 年地域保健医療基礎統計」より著者作成

① 心の健康とは

　精神的な面での健康を考える場合，「環境に適応できるか」ということが深く関係する。

　松田岩男は心の健康について，「人が内部環境をうまく統制して安定感をもち，外部環境に対して，社会に認められる形で適応していくことができる心の状態を意味する。すなわち，いかなる障害や困難な問題に直面しても心の安定を失わず，社会的に認められる行動によって克服しようとする耐性をもっている状態である」[6] と定義し，さらに，「身体の健康については，病気や傷害の原因やその組織や器官などが比較的明らかにされているが，心の健康では，それらが明らかでなく，また，その徴候が全体としてのその人の行動に示されるので困難な問題が多い」[7] と述べている。つまり，心の健康は，人間の行動そのものの中に存在していることになる。この心の健康に関しては，プラトンやアリストテレスの時代から，体育が精神を維持し，精神が身体を鍛えるのには有効であること[8] が指摘されている。

②　人間性の回復と運動

　　今日の閉塞感のある状況で抱える疎外感は，人間性（人間らしさ）そのものにも影響を与えている。

　　人間の本質に関して，松田は「人間とは何か，という問いかけは，人間の歴史とともに古く，今もなお問いつづけられている」[9]と述べている。確かに，これまで「人間は社会的動物である」「人間は理性的な動物である」としたアリストテレスにはじまり，パンセー（考える葦：パスカル），ホモ・サピエンス（知恵ある人：リンネ），ホモ・ファーベル（工作人：ベルクソン）などと創造的進化に視点を当てたり，ホモ・ルーデンス（遊戯人：ホイジンガ）[10]として最も人間らしく生きている本質をプレイ（遊び）においたりするなど，様々な立場から洞察されてきた。しかしながら，現代社会ではこのような人間の本質が見失われているのではないだろうか。

　　この人間の本質を取り戻すための可能性（人間性の回復）として，スポーツの存在が考えられる。しかしながら，山本徳郎は，『ホモ・ルーデンス』の最終章にある「スポーツは遊びの領域から去ってゆく」という言葉に注目し，「文化」と深い関係にある「遊び」から遠ざかっていくということは，スポーツが人間の「文化」領域から遠ざかっていくことであり，スポーツの非人間化を意味しているとする[11]。ホイジンガのいうようにスポーツは近代化に伴い，組織化・制度化され遊び要素が失われていった傾向が強い。このことは，今日，スポーツが勝利至上主義や勝敗の結果を求めるようになり，参加する者，見る者すべてが強く競争性や卓越性を求めることによって，遊びのもっている自由性や主体性をスポーツという活動から奪っているのではないだろうか。その意味では，運動を通して，子どもの健全な心の発達を促していくためには，遊び要素の少ないスポーツよりも活動の中に遊び（文化）要素の多い運動がふさわしいといえよう。逆に，今後子どもが健全にスポーツにかかわっていくためには，スポーツが遊びとしての文化的要素を取り戻す必要がある。

　　また松田は，スポーツの有効性に関しても，生物としての人間を回復させ

（健康や体力の維持増進），自発性を高め，自然と人間との関係を回復させ（野外活動），失われたり，歪められたりした人間性を回復させる（主体的，創造的な）活動である[12]と述べている。このことは，健康であるためにはスポーツや運動が必要であることを意味しており，そこでの経験が心の健康へとつながっていくことを示している。それは，大人も子どもも同じである。

③　相関関係にある幼児の心身

幼児期における健康に関して，近藤は，健康な状態にある幼児は，生活を快適に過ごすことができる状態であるとして，具体的に以下の5つの要素を挙げている[13]。

1) 病気やストレスに強い身体であること
2) 自分のしたいことができる体力や精神力をもっていること
3) 毎日が安定した精神状態であること
4) 自分の周囲の人と楽しく過ごしていくことができる人間関係をもっていること
5) 環境に適応できる状態を保てること

さらに，近藤はこのような健康な状態にある幼児は，友だちと遊べ，自分のやりたいことがあり，自分を主張でき，最後までやり遂げることができるといった行動の取れるたくましさをもった子どもである[14]と述べている。また松田は，運動によって行動領域が広まり，知的，情緒的，社会的経験が多様化し深められる幼児期においては，運動の働きも見逃すことができないとしている[15]。このことは，幼児の健康を維持するためには，運動による心身の側面への働きかけが重要になってくることを示している。

大人なら，心が病んでも身体は丈夫な人，身体は病んでも心は健康な人がいるかもしれないが，幼児期は情動が優位にあり，心身の相関が著しいため，健康な幼児とは心身の両方が良好に育っている状態のことを意味しているといえよう。

(3) 古代ギリシアにみる健康観

　健康という言葉は，古くは，プラトン，アリストテレスに遡るが，病気の対立概念として健康を論じた時代から，今日では近藤が指摘するように，生活を快適に過ごせる状態に至り，そこには，身体のみでなく，精神的，社会的，そして，霊的な面からみた良好な状態が存在していることにある。また健康は，単に子ども一人の問題ではなく，家族の問題であり，地域社会，国家，世界とも連動する問題である。ここでは人類が希求する健康について，歴史をたどってみたい。

　「ソクラテスは国家の名において処刑された」[16]といわれる。ソクラテスは正義の徳を目指す持論を覆すことなく，自ら毒杯を仰いでその生を終焉に導いた。その師の説く正義の徳を実現するために，プラトンは国家の存在理由を問う。それが哲人国家の原理であることは周知のことであろう。正義の定義に基づき，「最も邪悪であることが明らかな人間は，明らかにまた最もみじめな人間ではないだろうか」[17]として，その代表でもある最もみじめな独裁者の魂は「多くの隷属状態と不自由に満ちているはずであり，そして魂の最もすぐれた部分が奴隷として仕え」[18]ているとする。独裁的な魂は，必然的に貧乏で恐怖に満ち，満たされぬ状態にあり，自由はなく自らが奴隷状態にあるとするように，国家と人間との類似性をもって考えるなら，個々人もまた邪悪に囚われ自由を失って隷属状態にある様を"みじめ"な状態とする。

　　　自己の内なる国家体制のあり方が悪い人のことを，君はさっきそれだけで最もみじめな人と判定したけれども，――（中略）――もしその人が私人として生きおおせることができずに，何かのめぐり合わせで実際に僭主（独裁者）となることを余儀なくされるならば，そして自分自身を支配することもできないのに他の人々を支配しようと試みる羽目になるならば，その人はいま述べたようなさまざまの不幸の分だけ，さらに余分の不幸を身に引き受けることになるわけなのだ。それはちょうど，ある

人が自分自身を支配できない病気の身体をもちながら，私人としてふつうに暮らさずに，他の身体を相手に競争と闘いのうちに生涯を過ごすことを余儀なくされるようなものだといえるだろう[19]。

さらに，「最もすぐれていて最も正しい人間が最も幸福であり，そしてそれは，最も王者的で，自己自身を王として支配する人間のことである」[20]とする。自己自身の身体と精神を支配できる人間になること，ここにプラトンの幸福感が見られる。そして幸福感を支える快楽を三つに分類し，一つ目は物を学ぶ部分，二つ目は学びによって気概にかられる部分，三つ目は欲望的部分（飲食，金銭等）とし，利得を愛する快楽を最下位に置く。

苦痛は快楽の反対なのか。プラトンは，楽しみも苦しみもない魂の静止状態に対する問いに，病人たちの言葉を思い出させる。いわく「健康であることほど快いものはない。だが病気になる前には，それが最も快いものだということに，自分は気付かずにいた」[21]と。「また何かひどい苦痛に悩まされている人たちが，『苦痛が止むことほど快いことはない』というのを，君は聞かないだろうか？」[22]と。

その快と苦の中間にある静止状態は"動き"を伴うものであり，「静止状態がそのときどきによって，苦と並べて対比されると快いことに見え，快と並べて対比されると苦しいことに見えるというだけ」[23]で苦痛から解放されるだけが快楽ではなく，魂まで届く真の快楽を求める。

そのために，正義の徳を目指す教育は，「音楽・文芸の次には，若者たちは体育によって育てられなければならない」[24]とし，音楽や生活法の贅沢は放埒を生み，美味美食は「それは病気を生むのであり，他方単純さは，音楽においては魂の内に節度を生み，体育においては身体の内に健康を生む」[25]とする。古代ギリシアの時代に，音楽と体育が重んじられたのはアテナイも同じである。

人間が病むことは，生活を調節しながら幸福な人生をつくりだす過程であるとしたプラトンの病気観も今日の一つの考え方として根づいている。その

たとえとして，彼は医者のアスクレピオスについていう。

　　生まれつき生活法によって健康な身体をもちながら局部的な病気にか
　かった人々，そういう人々とそういう身体の状態のためには医術を教え
　示し，薬や切開によってそういう人々から病気を追い出して，市民とし
　ての仕事をそこなわないようにと，ふだんと同じ生活法を命じたけれど
　も，しかし他方，内部のすみずみまで完全に病んでいる身体に対しては，
　養生によって少しずつ排泄させたり注入したりしながら，惨めな人生を
　いたずらに長びかせようとは試みなかったし，また，きっと同じように
　病弱に違いない彼等の子供を生ませなかったのである[26]。

　一方，師プラトンから得た知見で新たな視座を獲得したアリストテレスは，
快楽に対する見解を次のように開陳する。「快楽ほど根強くわれわれ人間の
本性にむすびついているものはないと考えられるのであって，ひとびとが青
少年を教育するにあたって，快楽と苦痛をもってその舵とするゆえんもここ
に存している」[27]とし，何を快とし何を苦とするかは，人間の卓越性（アレ
テー），幸福な生活（エウダイモーン・ビオス）に対して決定的だとする。そ
して，善も快楽も「質」ではなく，運動でもなく，生成でもない。「健康と
いうものも限定を有するものでありながら，多と少とを容れるのであるが，
快楽もこれと同様であってはいけないであろうか」[28]と問うのである。何人
も生きることを希求しており，快楽を欲しない人はいない。
　快楽を求めることは生きることと言い換えることもできる。「『生きる』と
は或る活動であり，各人はその最も愛すところのものに関して，その最も愛
する方面の機能を働かせて―（中略）―活動する」[29]。その際，快楽は活動
を完璧にし，生を完璧にする，つまり「ひとの活動を究極的に完璧たらしめ
るごとき快楽こそが，厳密な意味において人間の快楽である」[30]というとこ
ろに行きつく。
　アリストテレスは，その快楽は，「状態」にあるとする。状態は，過去を

含みつつも今ある“彼は健康な歩き方をしている”という状態である。「健康という『状態』からしては相互反対的なことがらのいずれもがなされるのではなく，もっぱら健康なもろもろのことがらがなされる」[31] 状態にあるという「状態」である。そして知慮も同様,「『健康的なるもの』（タ・ヒュギエイナ）とか『強壮的なるもの』（タ・エウエクティカ）とか―健康や強壮をつくりだすものという意味ではなく，健康や強壮という状態に基づいて行なわれるところのものという意味」[32] で，医学の知識を知っているから健康な状態にある，逆に健康な状態だから医学の知識に長けているとはいえないように，知恵や知慮や徳が魂の状態を所与するように，健康という状態が健康をつくりだすということである。ここに，WHO の健康の定義にみる「状態」の原点がある。そして健康な状態を希求する人々の願いは，昔から変わることなく，その状態をつくりだす幸福観, 快の意味づけ方にあるということだろう。

（4）健全な魂の宿る身体

「健康な身体に健全な精神が宿る」といわれるようになったのは，ユウェナーリスの諷刺詩からである。その中には「健全な身体に健全な精神を与え給えと祈るがいい。死の恐怖を断つ強靱な精神を祈願し給え。生涯の最期を自然の恩恵とみなすような精神を」[33] とあり，健全な精神を,「苦悩に耐え，欲望を抑え，平静に自足する心」[34] とする。

また，プラトンは，若者たちの教育に当たって音楽・文芸の次に体育を挙げた。

> この体育による養育もやはり，子供のときから生涯を通じて，入念な規制のもとに行なわなければならないのだ。－（中略）－ぼくの見るところでは，身体は，それがすぐれた身体であっても，自身のその卓越性によって魂をすぐれた魂にするというものではなく，むしろ反対に，すぐれた魂がみずからその卓越性によって，身体をできるかぎりすぐれたものにするものなのだ[35]。

　体育の目的も，「音楽・文芸の教養を身につけた者は，その気になったならば，その同じ道に沿って体育を追究してわがものとなし，やむをえない場合のほかは，医術をいっさい必要としないようになる」[36)]医者いらずの体調調整ができ，「体育の内容をなすつらい鍛錬そのものも，彼は体の強さを目的とするよりはむしろ，自分の素質のなかにある気概的な要素に目を向け，それを目覚めさせるためにこそ行う」[37)]のだとする。つまり身体の健康が精神の健康をつくるのではなく，魂・精神が健全であれば身体も健康になるので，そこに気概的な要素を目覚めさせる意味を語っている。

　「健全な精神に健全な身体が宿る」のであって「健全な身体に健全な精神が宿る」のではない。意味が逆転したのは，ナチス・ドイツをはじめ，軍国主義の時代であろうとされる。時田昌瑞は「精神と身体の共存両立は実際には困難であることを承知の上で，『健全な精神が健全な身体に宿りますように』と願望や祈りを込めた」[38)]ものが，願望が落ちて「健全な精神が健全な身体に」の形で伝承され，いつのまにか「宿る」が補われたのだろうとする。おそらく日本も軍事体制下で身体鍛錬を強調した時代に，ことわざも本来の意味を失って「肉体を賛美し相対的に精神を軽んじる思想」の言葉となっていったとされる。経験論的認識論を体系化したジョン・ロックが彼の『教育論』[39)]の冒頭に "A sound mind in a sound body" と書いたものが，ナショナリズムが台頭した明治時代，ロックの教育論に傾倒した人々によって意味が転換したのかも知れない。

2．日本の近世の健康観

　日本でも，健康に関する知恵は多くの先達によって語り継がれてきた。それは医学の分野として，病を治すことによる健康である。593 年，聖徳太子が四天王寺を建立し，貧しい人々の救済施設として，施薬院，療病院，悲田院，敬田院を置いたという[40)]。その後，大宝律令，養老律令で医療統制が図られ，興福寺や正倉院にも施薬院，医薬の保存施設ができたとされる。799

年の『薬経太素』，984年の『医心方』などの薬学書・医学書も著され，国の支配者層が医学の知識をもち始めたことがわかる。しかし，それは近世以降とは趣が異なり，医術や民間療法といった病を治す視点からの健康で，その方法も呪術であったり試薬であったりした側面もある。

　宣教師アルメイダが大友宗麟から土地をもらい，わが国初の西洋医学による総合病院を建てたのは1557年であり，小石川養生所より早い。薬草園であった小石川に幕府直轄の養生所ができたのは1722年だが，江戸の人々でもあまり行かなかったように，庶民は先祖から経験則で伝えられてきた薬草を煎じたり直に砕いたりして飲む程度で，日々の養生の知恵も経験則あるいは迷信としてもっていたといえよう。

　健康について人々が関心を寄せるようになったのは，江戸幕府が開かれ戦乱の世から安定期を迎えた1700年以降のことである。気を調えるとした貝原益軒が晩年84歳に『養生訓』を著したのは1713年のことである。この庶民が日常できる養生の心得を通して，江戸時代の健康観とともに，具体的な養生の方法論を見いだすことができる。今日の健康観につながるものとして，その概略を捉えておきたい。

(1)『養生訓』にみる健康観

　本草学や朱子学を修め，筑前の国の藩医として務めた貝原益軒が，70歳で役を退き，著述業に専念して著した『養生訓』は全8巻より成る（図表1-1-2）。

①　巻第一・二（総論上・下）

　総論上は，「人身は貴くして天下四海にもかえがたし」[41]に始まる。天地父母のめぐみを受けて生まれ，養われた身は自分一人のものではなく，天地の贈り物だからこそ，天年を長くたもつべしとする言葉には，人身を蔑んだ中世的な色合いはなく，天下四海にも代え難いという，人間の尊厳が謳われている。封建制度のまっただ中にありながら，人間平等の革新的な思想がうかがえる。藩主の怒りをかって7年の浪人生活をしたのも，庶民の味方で

あったのも，この思想が背景にあったことを
思わせる。

　「養生の術をまなんで，よくわが身をたも
つべし。是(これ)人生第一の大事なり」[42)] として，
養生の術を知らず，慾のままに身を滅ぼし，
命を失う愚は親不孝でもあり人倫の道にも外
れるという。「道にしたがひ身をたもちて，
長命なるほど大なる福(さいわい)なし」[43)] とするとこ
ろに，益軒の自然観を見ることもできる。そ
の具体策として「先(まず)わが身をそこなふ物を去(さる)
べし」[44)] として，飲食，好色，眠り，言語を
ほしいままにする慾と，七情（喜・怒・憂・

図表 1-1-2　「養生訓」構成

巻第一	総論上
巻第二	総論下
巻第三	飲食上
巻第四	飲食下
巻第五	五官
巻第六	慎レ病
巻第七	用レ薬
巻第八	養レ老

思・悲・恐・驚）の内慾を抑え，風，寒，暑，湿の四外邪を防ぐことが，彼
の病なくする方法である。内慾を慎む条件は，内慾を防ぐことを本とするの
で慾を抑え，心を平(たいらか)にして，「人の命は我にあり，天にあらず」[45)] という
老子の言を心にすることである。胸中一所に気を集めないようにして，畏れ
を忘れず，過度と安逸に流されず，医療や薬に頼らず用心すること，運動を
して健康を増進し気を養い，家業に精を出し，心に主があるようにするとい
う。養生とは，自然の法則に従いそれを助けて育てる，その基本原理は，他
者に依存するのではなく，我を主人として心の中に置くという，現世思想に
徹している。当時すでに病にかからぬこと，つまり予防の必要性を強く語っ
ているものである。

　総論下には，総論上で述べた基本をさらに繰り返し具体的にして，益軒が
言わんとした点を強調している。「気を和平(かへい)にし，あらくすべからず。しづ
かにしてみだりにうごかすべからず。ゆるやかにして急なるべからず。言語
をすくなくして，気をうごかすべからず。つねに気を臍(ほぞ)の下におさめて，む
ねにのぼらしむべからず。是気を養なふ法なり」[46)] として，真気を丹田に集
めることを推奨する。また「過(あやまち)あらば，一たびはわが身をせめて二度（と）

悔ず」⁴⁷⁾とくよくよしないこととする。養生の場が，家業や仕事の場にある以上，昼寝をしたり，食後，横臥したりせず，芸の道，武人の道，座禅の道，すべての道で真気を臍下におさめる法，それが"主静の工夫，術者の秘訣"だという。

②　巻第三・四（飲食上・下）

巻第三と四は飲食についての知見が述べられる。飲食は生命の養いであるだけに詳細に記されている。「禍は口よりいで，病は口より入」⁴⁸⁾ので，冷飲・熱飲をさける，肉は少なく淡泊なもの，飽食や五味偏勝（一味のみ多く摂る）を避け，食益あるものを腹七，八分にする。消化剤など飲んで腹を戦場にしないようにし，食べられることに感謝し，朝食と違い夕食は消化のよいものを少量にし中年以降は量を減らして，と続く。さらに，清潔から食後の軽い運動，調理の心得，食べ物のバランス，香辛料の用い方から食材の鮮度まで心配りがなされる。飲食下には，食い合わせの禁忌，酒やお茶など，食の基本的知恵が述べられている。

③　巻第五（五官）

五官とは，冒頭に記した「きくと，見ると，かぐと，物いひ，物くふと，うごくと，各（ゝ）その事をつかさどる職分」⁴⁹⁾をもった身体の置き所である。居間は南向き，臥すには北枕ではなく東枕で，坐するには正座，寝る前の按摩と寝る姿勢や衛生，そして今日のヨガともいうべき導引の方法が述べられている。「朝いまだおきざる時，両足をのべ，濁気をはき出し，おきて坐し，頭を仰て，両手をくみ，向へ張出し，上に向ふべし。歯をしばしばたたき，左右の手にて，項をかはるがはるおす。其次に両肩をあげ，くびを縮め，目をふさぎて，俄に肩を下へさぐる事，三度」⁵⁰⁾といった軽い体操が述べられる。また，寝る前に櫛で髪を削り，足を洗って血行をよくし，熱湯に塩を加えて口をすすぎ，牙歯を堅くするといった居住空間の衛生の心得から，排便，入浴，洗髪，湯治にいたるまで，詳細に記されている。

④　巻第六（慎レ病）

題字のごとく，病気の予防と，病気になった場合の医者の見立てやかかり

方が記されている。病気の予防に関しては「病気にかからぬ用心が必要」[51)] とし，無病のときに病ある日の苦しみを常に思い浮かべ，気をつけることで病気にかからない身とする。一時の快楽を求めず内慾を抑え外邪を防ぐことで，「終（おわり）をつつしむ事は，始（はじめ）におゐてせよ」[52)] の古語に従うことが，後に悔いを残さない養生の道だとする。春の余寒，夏の保養，秋の風邪，冬の暖房に注意し，適度の運動を必要とする。頓死（とんし）（卒中風，中気，中悪，中毒，中暑，凍死，湯火，食傷，乾霍乱（かんかくらん），破傷風，喉痺，痰厥（こうひ）（たんけつ），失血（しっけつ），打撲（だぼく），小児の馬脾風（ばひふう））への注意と，自殺，就寝中の急死，溺死，難産を暴死とする。

　また，仮に病気にかかった場合，「良医を択んで体を托せよ」[53)] とする。良医とは何かについて，「医学せずして，医術上手な医者はない」[54)] とする。医学書を多く読んでもつたなき医はあるが，医学書を読まなくては上手にはなれないからである。「医学十年，病功十年の労を積んで良医となる」[55)] のは今も昔も同じである。医師の本分，心得が人々の養生法とあわせて詳細に語られるところに，益軒の人生訓がある。

　⑤　巻第七（用レ薬）

「医に上中下の三品（さんぴん）あり。上医は病を知り，脈を知り，薬を知る。──（中略）──下医は三知の力なし」[56)] として，病原と病状を明らかにしないで薬を服用しないこと，薬を乱用しないこととする。日本では中国より薬量が少ないのは，中国の人は飲食多く肉をよく食べ胃が強いが，日本人は腸胃弱く軽いものを食うという生まれつきに応じることが，時期や土地や風気にかなうからであるとする。小児に関しては，「小児の服薬量」[57)] や小児の「利薬・補薬の煎じ方，服薬量」[58)] が記され，日本の用薬の知恵が結集している。益軒の先見の明は，医療がまだ充実していない時代から，健康という問題が問われ続けてきたことを示している。

　⑥　巻第八（養レ老）

　この巻では，老人の介護と小児の養育のあり方を考え，さらに，鍼や灸を使っての健康法に触れている。老いた親を養う道は，「其心を楽しましめ，其心にそむかず，いからしめず，うれへしめず。其時の寒暑にしたがひ，其

居室と其寝所をやすくし，其飲食を味よくして，まことを以て養ふべし」[59)]
につきる。食療法が基本で，消化のよいもので小食にして薬膳を整える。幼
育については，「三分の飢と寒との中で育てよ」[60)]として，過食に注意し，
外気に当てることとし，後は香月牛山の育草を読むようにと省略している。
　香月牛山の『小児必用養育草』は，『養生訓』より10年早くに出されてい
る。第1，2巻が誕生からの生育・養育で，第3，4，5巻が病気について，
そして第6巻が教育について書かれた日本で最初の育児書である[61)]。益軒が
幼育については牛山を挙げるのも，当時，婦人の胎教から出産までを扱った
『いなご草』や『女重宝記大成』と違って，医学に基づき，医師としての経
験と言説の根拠を掲出した体系的な育児書だからであろう。
　『養生訓』は，生涯にわたる健康な生き方について取り扱われているとこ
ろに特徴がある。そこには，天下四海にも代え難い人の"生命の主"として
の生き方，生きる意味，生きる真理が語られ，その中に儒教の道徳観が垣間
見られる。養生の要点として，「心を平らかにし，気を和かにし，言をすく
なくし，しづかにす。是徳を養ひ身をやしなふ。其道一なり」[62)]という。そ
こには，医学と日々の養生とが分離せず，養生と生き方が分離せず，道徳と
身体が分離しない，益軒の統合された世界観をみることができる。特に，日
常の労働や生活の場に置いた養生訓という視点は，わが身も自然の中におい
て，自然の法則に従い，外邪を排除しながら天命を全うするという現世観で
ある。日本の風土，歴史，日本人の特質に沿った養生書であり，今日に通じ
る内容が豊富に盛り込まれている。
　『養生訓』の特色に関して，大場一義も，同様の見解を開陳している。第
一の特色は，「体の健康と心の健康との二つを，一つに組んだ"人間の健康"
への道（養生）が示されている。―（中略）―"人間のねうち"を体によっ
て代表させ，"こころ"と一体である"からだ"の養生について，くりかえ
し述べられている」[63)]とする。そして，第二の特色は，「益軒のように日常
生活の中にあって心身の緊張と解緊の調和の必要を明確に理解していたもの
は見当たらないのではないか」[64)]とし，第三の特色を「運動を養生法として

大きくとりあげたこと」[65] であるとしている。

　『養生訓』の諭しは，今日も変わらない。人生50年の時代にあって，益軒自身83歳にして歯は丈夫で目の病もなく細字もよく読み，長寿を全うしているほどに，『養生訓』を実践したということであろう。誕生から死にいたるまでの人生の一時期である幼児期の健康のあり方を考える際にも有用な見識を得られる一つであると考え，少し長いが概略をまとめてきた。人間の養生に対して，思想に始まり，栄養のとり方から衣服にいたるまで，ルソーの『エミール』を彷彿させる。というより，『エミール』より50年ほど前の益軒の子育ての視点が『エミール』の幼年期の子育てにも書かれているということである。

　幼児期の発達的な特徴をみると，心身の相関が強い。心の育ちは，身体の育ちにつながっており，『養生訓』もこの視点を指摘しているのである。

(2) 先人の伝える言葉—健康に関することわざ

　国の支配層は書物を手にすることもできたが，庶民には本や学校の学問としてではなく，口承でこうした生きる知恵が伝承されてきた。様々な経験則や社会の伝聞，人々の欠点や罪悪などを婉曲に批判し，その批判を嘲笑的に表現する風刺が好まれたのも，あるいは人生の教訓・知識，興趣などを言葉にしてきたのも，そこに物語として語り継ぐ伝承の形をもっていたからであろう。独特の定型とその背景になる物語をもち，形式的にも内容的にも人々の記憶と経験そして知識の共有によって，長い時間をかけて形成されたものである。ことわざも同様に，観察と経験に基づいた知識の共有によって，長年にわたって形成されたものであり，簡潔で覚えやすく，言い得て妙であり，真実の一面をもっている。こうした言語芸術を生活において楽しみつつ，自分の生き方を振り返るのである。先人が伝承した健康に関することわざを捉えてみよう。

① 早起きは三文の徳

　「早起きをすれば何かしら得があり，健康にもよいということ」[66] である。

朝早く起きて，仕事をし，日没後は早く寝れば，昼行性の人間の理にかなっているという，益軒が再三再四述べている養生法の基本である。自然の流れに従った，宇宙と共鳴する規則正しい生活のリズムが健康のもとなのである。

　江戸時代の三文を現在に換算すれば50円程度のごくわずかの金額である。この三文の徳に関する解釈には，「早起きをしても三文の得しかない」と捉える視点と，「わずか三文だとしても積もり積もれば得るものは大きい」「早起きを毎日続ければ，大金にもなる」と捉える視点がある。ことわざは音声言語で伝承され，使う者の心のありようで解釈が変わるところに面白さがある。益軒の養生法は，百歳を上寿とする天命を尊重した日々の規則正しい生活習慣にこそ三文の徳があることを伝えている。

　このことわざを模した言葉として「早寝，早起き，朝ご飯」がある。これは，文部科学省が2006年，「子どもが健やかに成長していくためには，適切な運動，調和のとれた食事，十分な休養・睡眠が大切」という考えで全国協議会を設置し，キャッチフレーズとして掲げた言葉である。国が，伝承されてきたことわざを模様替えして，国民全体のキャッチフレーズにする知恵に感服するばかりである。この言葉の背景には，「よく身体を動かし，よく食べ，よく寝る」という成長期の子どもに必須の基本的生活習慣の乱れがある。この基本的な生活習慣の乱れは，学習意欲や体力，気力の低下の要因になっており，教育だけでは解決できない，国民全体の問題として子どもの心身の健康に光を当てている。

　「早寝，早起き，朝ごはん」という用語も「早起きは三文の徳」ということわざも，人間の自然法則に従った，規則正しい生活リズムの重要性を啓蒙している。つまり，国民の健康な生活が国の基盤であり，また一人ひとりの人間の基盤をなす，時代を超えた課題なのである。

　②　食べてすぐ寝ると牛になる

　幼い頃，このことわざで育った人々は多いであろう。「食事をした後にすぐごろごろ寝たりしてはならないという戒め」[67]の言葉だといわれている。乳牛は，餌を腹いっぱい食べて寝るといっても眠るのではない。反芻胃をもっ

ているので寝てゆっくりと反芻しながら消化を促進させ，搾乳してもらうと
また横になる。人間は反芻胃ではないので，反芻するほどの食べ過ぎは内慾
の行き過ぎであるうえに，食後すぐに激しい運動をしたり仕事をしたりする
より，30分程度の休息をとって消化を促進し，その後運動をする必要があ
るといわれている。

　横臥がよくない理由は，胃酸が逆流して逆流性食道炎になる可能性があっ
たり，大脳の血流の増減による脳卒中などの様々なリスクが高まったりする
からである。益軒は，「飯後に力わざをすべからず。急に道を行くべからず。
又馬をはせ，高きにのぼり，険路に上るべからず」[68] とすると同時に，「臥
にのぞんで食滞り，痰ふさがらば，少 消導の薬をのむべし。夜臥して痰の
んどにふさがるはおそるべし」[69] として食後の養生を挙げている。一方で，
食後の運動を勧め，「飯後に，必ず庭圃の内，数百歩しづかに歩行すべし。
雨中には室屋の内を，幾度も徐行すべし」[70] 「わかき人は食後に弓を射，
槍・太刀を習ひ，身をうごかし，歩行すべし。労動を過すべからず。老人も
其気体に応じ，少 労動すべし」[71] とする。腹八分目の食事，食後の休息，
そして運動といった一連の動きが，牛とならず人となるマナーも含めた養生
の秘訣ということである。このほかに，食後の休憩の重要性に関しては，「親
が死んでも食休み」[72] でも同様のことを伝えている。

　③　病は気から
「病気は気持ちの持ち方一つで，重くも軽くもなるということ」[73] で，身
体と心はつながっていることを意味している。もちろん気持ち（心）だけで
病気が回復するとはいえないが，気持ちのもち方により病気に対する構えに
違いが見られ，自分自身の中で病気を克服しようという気持ちをもつことが
病からの回復につながるからである。益軒は「養生の術は先心気を養ふべし。
心を和にし，気を平らかにし，いかりと慾とをおさへ，うれひ・思ひをす
くなくし，心をくるしめず，気をそこなはず，是心気を養ふ要道なり」[74] と
する。「百病は皆気より生ず。病とは気やむ也。故に養生の道は気を調る
にあり。調ふるは気を和らげ，平にする也。凡（そ）気を養ふの道は，気

をへらさざると，ふさがざるにあり」[75)]として，気を養うことが病に打ち勝つことを胃の気，元気，真気など多様な視点から説く。

　生を養う道は元気を保つことだが，衆人は一日の内，気を養うことが少なく気を損なうことが多いことへの忠告である。「日に慎むこと一日，寿（いのちながく）して終に殃（わざわい）なし」[76)]とする古語も用いて，元気を養うことが天命を全うすることとする。気の養い方も，総論下で述べたとおりである。

　現代においても，気持ちが病をつくらないように，人々は気を養う道場や気のスポットに身を置くといった修練によって心と身体はつながっていることを感得する機会をつくりだしている。私たちは，病気になった時にこのことわざを用いて気を奮い立たせることで病魔と闘う気力をもつ。特に胃は精神的な影響をもっとも受けやすいところで，ストレスが胃潰瘍や急性胃腸炎につながるのは同じである。益軒が，古語を用いるのも，『万葉集』の「病は口より入る」や『太平記』の「諸病は気より起る」といった昔からの言い伝えにある普遍に注目したからであろう。

④　予防は治療に勝る

　エラスムスの『痴愚神礼讃』[77)]に源をみるこのことわざは，まさに『養生訓』そのものである。「事態が発生してから元の状態に戻そうとするよりも，問題が起こらないようにしておくことが大切だ」[78)]という意味で，健康の視点から見ると，病気にかかって治療するより，かからないように予防することが健康の状態の維持につながる。この，病気にかかる前に予防するということは，現代医学においても通ずるものであり，病気にならないための努力を欠かさないことが大切なことになっていく。医者の選び方，薬の飲み方，病室の整え方以前に，病にかからない日常生活を心がけることが，百歳までの天命に近づく道だといえよう。昨今，しきりに健康寿命がいわれるのも，養生あっての命だからである。

　しかし，それが難しい。わかっていても抑制できないのが人間で，内慾に負けたり，外邪を予防することを忘れたりする。養生を日常とする生活ができるかどうかが，まさに"天命我にあり"である。

⑤　薬より養生

　医者ではなく，薬に頼っていた時代は，その知見の有無が健康に直結する。この「薬より養生」の意味は「病気になってから薬を飲むよりも，日頃の養生が大切だということ」[79] である。益軒が巻第七で薬の用い方を詳細するのも，人間のもつ自然の治癒力を最大に引き出す知恵を優先するためである。「衛生の道ありて長生の薬なし，といへるは，養生の道はあれど，むまれ付かざるいのちを，長くする薬はなし。養生は，只，むまれ付たる天年をたもつ道なり」[80]「生れ付たる天年をたもつべし」[81] という。

　「薬より養生」だけでなく「薬も過ぎれば毒になる」など，多くの薬に関することわざがある。医者の診療にかかる機会などがない時代だったからということもあるが，薬なしで一生が過ごせる幸せが日々の養生にある証で，それは今日も変わっていない。かえって薬に依存する生活の危険が増した現代だからこそ，天年を保つことが必要だといえよう。

　薬種商の始まりは室町時代といわれるほどに古い。富山の薬売りが興ったのは16世紀，製薬専門の店ができはじめたのは17世紀といわれる。富山藩の第2代藩主前田正甫によって研究され開発された，丸薬富山の反魂丹は富山売薬の最初とされる。5，6世紀に朝鮮半島を経由して伝来した漢方医学は江戸時代，広く民間に根を下ろしたが，明治維新とともに西洋医学が主流となり，1883年の医師国家試験科目からも除外されて衰退する。富山の売薬は海外に生き残りの場を求めて大正時代，一時活性化するが，その後，「売薬法」「薬事法」などの法的な制約を受けて衰退する[82]。しかし，1950年代までは農村部では薬草を煎じたり，ドクダミなどで軟膏をつくったり，食べ合わせ食品を工夫し，食自体を薬膳として供したりしていた。漢方医学を継承する人々の努力の結果，2001年から「和漢薬概説」が医科大学でも取り扱われるようになって，東洋医学も見直されている[83]。調和のとれた食事で病気を予防する医食同源が近年いわれるのも，動物が自らの健康な身体を維持するために草や岩や藻などを選んで食べる本能が人間界にも息づいていた時代の方が，病院や薬に頼る現代より「薬より養生」という日常の自己管理

ができていたということであろう。

⑥ 子どもは風の子

「子どもは寒くても平気で戸外で遊ぶこと」[84] を意味しており，風の子の対をなすものとして，「大人は火の子」という言い回しがされる。これは益軒の『養生訓』より，『和俗童子訓』に詳細に書かれている。もの食い，もの言い始める頃から始まる教育で心することは，「衣服をあつくし，乳食(にゅうしょく)にあかしむれば，必（ず）病(やまい)多し。衣をうすくし，食をすくなくすれば，病すくなし。—（中略）—古語に『凡（そ）小児をやす（安）からしむるには，三分の飢(かつ)と寒(かん)とをお（帯）ぶべし』，といへり」[85] として，昔から貧民の子どもの方が丈夫なことに習い，三分の飢えと寒を勧める。その理由は「衣をあつくして，あたため過せば，熱を生じ，元気をもらすゆへ，筋骨(すじほね)ゆるまりて，身よはし。—（中略）— 古(いにしへ)より童子の衣のわきをあくるは，童子は気さかんにして，熱おほきゆへ，熱をもらさんがため也」[86] ということである。そこで「天気よき時は，おりおり外にいだして風・日にあたらしむべし。かくのごとくすれば，はだえ堅く，血気つよく成(なり)て，風寒に感ぜず。風・日にあたらざれば，はだへもろくして，風寒に感じやすく，わづらひおほし」[87] とする。

平常時の体温は人によって違うが，同じ人でも一日の時間帯や気温によって，また，運動・食事・睡眠時によっても，あるいは性周期や感情の変化によっても変動する。特に，子どもの体温は大人より高く，平熱が37.0℃であれば±0.3℃も日の変動の範囲といわれる。益軒がいうように，衣を厚くすれば熱がこもる。ここから子どもは風の子として，大人との違いを意識し，愛に溺れないよき乳母，養育者を選ぶこととされている。

⑦ よく学び，よく遊べ

このことわざは，「りっぱな人間になるためには，勉強するときにはしっかりと勉強をして，遊ぶときにはとことん遊ぶべきだ」[88] という意味で，遊びも学びもバランスよくあるべきだという考えとつながるものである。学芸と武道の両方にすぐれていることを意味する「文武両道」や陽明学の中にあ

る知識と行為は一体であり，本当の知は実践を伴わなければならないという
「知行同一」の意味だといわれている。

　『養生訓』では労働・運動の必要が随所に述べられているが，『和俗童子訓』
には，「遊戯を好むは自然の情である。圧迫してはならぬ」[89)] として，ばく
ちのような遊び以外の「道に害なきわざならば，あながちにおさえかがめて，
其気を屈せしむべからず。只，後にすたらざるあそび・このみは打ちまかせ
がたし」[90)] とする。一方で「わかき時，艱難苦労をして，忠孝をつとめ，学
問をはげまし，芸能を学ぶべし」[91)] として，学習の初めに人柄のよい師匠を
選び，朋友を選んで交わらせ，学ぶべき学科，学問の方法を挙げる。「朝，
師に学び，昼・夕に反復練習し，夜，一日の言行を反省する」[92)] 学びである。

　益軒が生涯に 60 部 270 余巻を書きあげたという生き様に養生という実践
あっての健康を思わせる。牛山も 85 歳，己を律した人々は，天命我にありを，
身をもって実証したということであろう。

　以上，健康に関することわざについて，いわれの原点をみてきたが，まだ
挙げれば限りなくある。脳科学の発達していない時代から「寝る子は育つ」
として睡眠と成長ホルモンの関係を把握していたり，「大小便つねによく通
ずると聞くは病なし」として，新陳代謝のよい状態をつくりだしたりして，
養育に当たっている。「腹八分目」なども，食を少なくし適度な労働をして
よく寝るといった養生の知恵である。唐土であれ大和であれ，そして現代で
あれ，老若男女を問わず健康への養生が最大の宝であることを口承伝達して
いる。

3．西洋の近世の健康観

　健康に関する知恵が，多くの先人によって語り継がれてきたのは日本だけ
ではない。家庭教師として一人の健康な子ども『エミール』を育てる物語に
よって時代を強烈に批判したルソーも，健康を教育という観点から捉えたフ
レーベルも，地勢を越えてほぼ同時代に同じような時代変革の考え方を書き

記している。こうした世界に広がる考え方の歩みの不思議を味わいつつ，西洋の二人の教育論から健康を取り出して捉えてみたい。それは，なぜ健康が，しかも幼児期から自らを教育する内容の初めとして重要な意味をもって取り扱われるようになったかを考える原点にあるからである。

（1）『エミール』にみる健康観

　『エミール』は，「万物をつくる者の手をはなれるときすべてはよいものであるが，人間の手にうつるとすべてが悪くなる」[93)] の一節から始まる。「植物は栽培によってつくられ，人間は教育によってつくられる」[94)]「わたしたちの能力と器官の内部的発展は自然の教育である。この発展をいかに利用すべきかを教えるのは人間の教育である。わたしたちを刺激する事物についてわたしたち自身の経験が獲得するのは事物の教育である」[95)] として自然の教育，人間の教育，事物の教育の三種類の教師によって人は教育されるとする。私たちの手の及ばない自然の教育は，第 2 章で述べる器官系や器官などの内部的発達であり，生得的にもつ生きる力を促進する環境との作用である。事物の教育はある点についてだけ自由であるが，事物そのものがもつ事象や現象等，ある点では不自由である。人間の教育だけが人間の手に握られている。さらに，「教育はひとつの技術であるとしても，その成功はほとんど望みないと言っていい」[96)] と述べており，人間の教育が難しいことを指摘している。

　また，自然と子どもとの関係に関して，「自然を観察するがいい。そして自然が示してくれる道を行くがいい。自然はたえず子どもに試練をあたえる。あらゆる試練によって子どもの体質をきたえる。苦痛とはどういうものかをはやくから子どもに教える。歯が生えるときは熱をだす。はげしい腹痛がけいれんを起こさせる。―（中略）―子どもの半分は八歳にならないで死ぬ。試練が終わると，子どもには力がついてくる。そして，自分の生命をもちいることができるようになると，生命の根はさらにしっかりしてくる。これが自然の規則だ」[97)] としている。子どもが自然の中で教育され，自然の法則に順応していく中に試練を克服し健康を獲得していくことが物語られている。

　人生の第2期，泣くことが少なくなり，言葉で言い始めた時期からの教育については，今日と共通する課題が多くみられる。「わたしはエミールがけがをしないように注意するようなことはしまい。かえってかれが一度もけがをせず，苦痛というものを知らずに成長するとしたら，これはたいへん困ったことだと思うだろう。苦しむこと，それはかれがなによりもまず学ばなければならないこと」[98] とし，命にかかわる怪我や苦痛そのものは子どもに経験してほしくないものであるが，実際にはこの経験が子どもの発達にとって重要なものであるとしている。

　安全の問題などを考える際，私たちはリスクを回避する環境を整えるだけでなく，安全に徹しすぎて規制することが多い。もちろん怪我の程度によるが，子どもが受苦の経験をすること自体が怪我の予防などの安全につながると考えられる。青木久子は，パトスの知を受苦の知として，遊びにおいては，この知がロゴスの知を包摂する豊穣な沃野だとする[99]。受苦なくして遊びは面白さを伴わず，自然としての身体を磨かないからである。この受苦の体験が，安全に身を処す能力を高める。

　ルソーは，子どもが自然の中で経験しうることとして，「自然は体を強くし成長させるためにいろいろな手段をもちいるが，それに逆らうようなことはけっしてすべきではない。子どもが外へ行きたいというのに家にいるように強制したり，じっとしていたいというのに出ていかせるようなことをしてはならない──（中略）──子どもは思うままに跳びはね，駆けまわり，大声をあげなければならない。かれらのあらゆる運動は強くなろうとする体の構造の必要から生まれているのだ」[100] としている。もし，ルソーが最近の子どもの運動能力の低下，ひ弱さを見たら，彼の目には中世の上流階級のひ弱な子育てよりも，もっと子どもの自然に逆らう，ゆゆしき問題と映るに違いない。外で思いきり身体を使って遊ぶことが子どもの運動能力や身体を育てることだと考えるのは，彼も変わりはない。自然を大切にする思想は，「わたしが生徒にあたえる自由は，生徒を苦しませているすこしばかりの苦しみを十分つぐなうことになるからだ。わたしは腕白小僧たちが雪のうえで遊んでいる

のをながめている。皮膚は紫色になり，こごえて，ほとんど指を動かすこと
もできない。火に温まりに行こうと思えばすぐ行けるのに，そうしようとも
しない。それを強制すれば，子どもは寒さのきびしさを感じるよりも，百倍
もひどい束縛のきびしさを感じることになる」[101] という 行 にもにじみ出て
いる。ここで，大人の考える厳しさと子どもの感じる厳しさの違いがある。
子どもは自ら選んだ自然の厳しさには立ち向かうことができるが，人間の与
える拘束の厳しさは子どもの心身を駄目にしかねないということである。同
様に理性に関しても，彼は「理性は，もっとも困難な道を通って，そしてもっ
ともおそく発達するもの」[102] で「自然は子どもが大人になるまえに子どもで
あることを望んでいる。この順序をひっくりかえそうとすると，成熟しても
いない，味わいもない，そしてすぐに腐ってしまう促成の果実を結ばせるこ
とになる」[103] として，自然に逆らう無意味さを繰り返し述べている。

　これまで見てきたように，子どもの健康な姿は自然の中で獲得されていく
はずなのに，大人の基準に従わせてしまうと子どもの発達そのものが自然の
流れからそれてしまう。結果として，子どもの健康そのものが阻害されるこ
とになる。言い換えると，大人が子どもの健康にとってよいと思う基準で子
どもにアプローチすることは，逆に子どもにとっては望ましくない場合も多
いのである。

　それはルソーの怖れる「子どもに服従の義務をなっとくさせようとして，
いわゆる説得に，力とおどしを，あるいはもっと悪いことに，ごきげんとり
と約束をつけくわえる。そこで，利益にひきよせられるか力に強制されて，
子どもは道理をなっとくしたようなふりをする」[104] 関係，つまり「たえずさ
しずをして，たえず，行きなさい，来なさい，じっとしていなさい，これを
しなさい，あれをしてはいけません，などと言っていたのでは，子どもを愚
図にすることになる。―（中略）―かれの頭は必要でなくなる」[105] 人間をつ
くるからである。大人の頭が子どもの腕を指図するならば，子どもの頭は無
用になり，指示どおり行動するようになる。自分がやりたいことを探索し没
頭するのではなく，大人の意図を読み取って動くようになる。自ら学ぶこと

についてルソーは「肉体と精神が同時に鍛えられる。いつも自分の考えで行動し，他人の考えで行動することはないから，かれはたえず二つの操作を一つにむすびつけている。強く頑健になればなるほど，分別があって正確な人間になる」[106] としている。

　ここで，ルソーは益軒と同様に，身体と精神の二つの働きが一つに結びつくことに着目し，子どもが健全な状態を維持するには，自分の頭で考え，判断し，それに応じて身体を動かすことが大切であると考えている。常にいろいろなことに興味をもっている幼児ほど身体を動かしているのも，心身を一つの働きにする面白さである。彼は，幼児の遊んでいる姿に健全な子どもを見たといえよう。さらに，ルソーは「あなたはまず腕白小僧を育てあげなければ，かしこい人間を育てあげることにけっして成功しないだろう」[107] と述べる。自分の思いを何とか達成させようとしている子どもほど，自己実現の度合いが高い。エミールを指物師としたのも，当時の社会通念でいう職業の優劣より，自己実現の道を選択させることが教育の究極目標だと考えたからであろう。

　もっとも行き届いた気を遣っている教育においては，「先生は自分が命令しさしずしているつもりでいるが，そのじつ，さしずしているのは子どもなのだ」[108] と述べ，養育・教育の現場において，大人がつい子どもを教えているような錯覚に陥ることを警句する。

　このように子どもは，身体を使って学び，表現していく中で考え，成長していくのではないだろうか。

　ルソーは「人間の最初の理性は感覚的な理性だ。それが知的な理性の基礎になっているのだ。わたしたちがついて学ぶ最初の哲学の先生は，わたしたちの足，わたしたちの手，わたしたちの目なのだ。―（中略）―知性の道具である手足や感官や器官を鍛錬しなければならない。―（中略）―人間のほんとうの理性は肉体と関係なしに形づくられるものではなく，肉体のすぐれた構造こそ，精神のはたらきを容易に，そして確実にするのだ」[109] として，肉体と精神の関係を語っている。

(2)『人間の教育』にみる健康観

　ルソーの問題意識は，国外追放の憂き目に遭ったが，この思想は全世界を動かし，中世の貴族社会を崩壊させて近世への扉を開くことになる。それを教育実践によって確かめようとしたのがフリードリッヒ・フレーベルである。

　「万物の中に，一つの永遠の法則があって，作用し，支配している」[110] に始まる『人間の教育』は，1826年に書かれたものである。

　フレーベルは「内面的な法則即ち神的なものを自覚と自己の決断とをもって純粋完全に実現することに向かって自覚的，思考的，知性的存在としての人間を刺戟し取り扱うこと，及びそのための道と手段とを提供することが，人間の教育である」[111] としている。彼は教育について，「生命科学が，自覚的，知性的な存在たる人間によって，人間自身を通じて人間自身に神的なものを実現し，完成することに関係づけられる」[112] のが教育科学であるとし，「天職の自覚と使命の達成とへ導いてゆく，思考的知性的存在たる人間のための処方箋」[113] が教育理論であると考えている。また，その中で行われる教育技術に関しては，「使命の達成に向かって理性的存在たる人間を直接に発達させ形成するために，この認識及び洞察を，この知識を自由自在に応用すること」[114] であると考えている。そして，教育の目的は，「天職に忠実な，純粋な，完全な，したがって神聖な生活を実現すること」[115] であると述べている。このような教育を通して，精神につながる内面と外面の両方向が統一されていくことが重要であると考えている。それが，「子どもが内面的なものを自発的に外的に表現しはじめる感覚器官の活動，身体の活動，及び四肢の活動の発達をもって，人間発達の乳児の段階（die Säuglingsstufe）は終わりをつげ，幼児の段階（die Stufe des Kindes）がはじまる」[116] とする。さらに，「幼児期のこの段階をもって，すなわち外的なものにおいて，また外的なものを通じて内的なものを見えるようにし，そしてこの両者の統一を，すなわちこの両者を結びつける統一をもとめ，その達成に努力するこの段階をもって，身体の保育ならびに精神の保育，保護による本来の人間教育がはじまる」[117] とし

て，外的環境との作用によって自己教育が始まる幼児期の人間教育に彼の人
生を賭けることになる。

　フレーベルはこの著書の中で「幼児期の人間」について特に取り上げてい
る。ここでは，健康や発達の側面と強くかかわってくる点を中心にして考え
ていくことにする。

　まず，感覚器官の発達に関して，「感覚器官も，それぞれ，さらに，二つ
の全くちがった器官にわかれている。その一つは，主として静止している事
物の認識のためにはたらくものであり，もう一つの器官は，それに反して，
運動している事物の認識のために主としてはたらくものである。このゆえに，
気体にたいする感覚器官は聞く器官と見る器官とにわかれ，液体にたいする
感覚器官は味わう器官と臭ぐ器官とにわかれ，固体にたいする感覚器官は手
探りする器官と触れる器官とにわかれる」[118]とし，その中で幼児期にはまず
聴覚が発達し，それに刺激されて，はじめて視覚が発達するとし，これらの
器官がいくぶん発達した後に，事物の直観，そして事物の認識までが可能に
なると考えている。さらに，この感覚器官の発達とともに「幼児において，
身体, 即ち四肢の使用が発展する」[119]としている。この身体や四肢の発達は，
外界の対象とのかかわりの中で見られると考えられる。つまり，対象が静止
しているもの，動くもの，固定して遠くにあるものでは，それぞれで身体の
動かし方に違いがある。さらに，「立つということは，すべての四肢および
身体の使用の一つの綜合である」[120]とし，この「身体的に立つということは，
この時期にとっては極めて重要である」[121]と強調する。立つことで視界が変
わり，移動運動や捕足運動が次の段階へと飛躍的に発展する。人間の直立歩
行が，ヒトとしての基本的な行動様式，外界との関係のつくり方に変容をも
たらすと考えられる。

　四肢の動きを総合させる主体の発達にとって重要な経験として，フレーベ
ルは遊びを挙げている。「この時期にはじまる幼児の遊戯は，自分の手や指
や唇や舌や足，さらには眼や顔つきでもってする遊戯である」[122]とする。遊
戯衝動に突き動かされて身体や四肢を動かすことで感覚器官が発達していく

とともに，「身体の柔弱は必然的に精神の柔弱を，虚弱をうみだすものであり，かならずその原因となるものであるからである」[123]と述べ，心身の柔弱を戒める。

　フレーベルは「遊戯は，幼児の発達の，この時期の人間の発達の，最高段階である」[124]「この段階における人間のもっとも純粋な精神的産物である」[125]として，幼児期の遊戯は，この時代の幼児の生活のもっとも美しい姿であり，遊びを通して学ぶ，その学びは生活の中にあることを指し示す。これは，ロマン主義思想が現れたものである。

　また，幼児期の食料および食品に関して，「幼児期のこの年ごろにおいては，子どもの食料および食品は，子どもの目下の年齢と生命とにとって，きわめて重要である」[126]と述べ，食料，食品が幼児の全生活にとって重要な位置づけにあるとする。食品はいつも単なる栄養手段でありそれ自身が目的であってはならず，食事は身体活動および精神活動の助成のためのものでなくてはならない。その程度にあわせて食事が与えられるべきだとする。時代を超えて，食材，食事の重要性，食の大切さが生きることと結びつけられている。

　さらに，衣服に関しても「精神的にも身体的にも自由に且つ妨害されないで運動し，遊戯し，成長発達することができるためには，その衣服もまたしめつけたり，圧迫したり，しばりつけたりするものであってはならない」[127]とする。当時，富貴な家庭で身につけた身体を締め付ける衣服が自由な運動を妨げるとして，彼の幼稚園では子どもに布 1 枚から首を出しただけのようなさっくりした衣服を着せていて，そのマネキンはハンガリーの幼稚園博物館で見られる。彼が身体を締め付けないふわっとした衣服を考案し幼児に着用させたのも，そこに自由を置いたからである。

　人間は，自己活動的・自立的に平衡を保つ力をもてば，立ち上がり，さらには平衡を保ちながら前に進み，二足歩行が可能になる。「いかなる松葉杖も，いかなる手引きも，人間を立つこと・歩くことへみちびくものであってはならない」[128]という言葉からも，自力で二足歩行し，自立していく姿が幼児期の発達の基本であり，自分の健康を感じる第一歩であると確信するフレーベ

ルである。

「精神の形成と身体の形成とが，同一の歩調で，さながら相互に制約し合いながら進んでいかなかった人間が，ある時期に，またある事情の下では，彼らが自分の身体でもって，自分の四肢でもってどうしたらいいのかわからないということは，われわれの見受けるところである」[129) とするのは今日も同じで，大人が自然的な発達を操作しすぎて，自分の身体でありながら自分で制御することができない子どもを増産している。

心身の同一歩調の重要性に関して，フレーベルはさらに「身体は常に精神の要求する通りに，精神に従うことが出来るようにしなければならない。そのゆえに，身体のこのような形成がなければ，人間の完全性に，人間の完成に導く教育もない」[130) とする。精神は常に身体とともにあることを意味しており，松田[131) が指摘しているように，心の健康は，人間の行動そのものの中に存在していることとつながる。行動を表現する身体は，心そのものを示しているのである。その意味からも，幼児の健康な姿は，身体の動きを通して見えてくる心の姿だといえよう。

さらに，フレーベルが躾に関して「精神的形成と身体的形成の一致のみが，真の躾を可能にする」[132) と述べているように，子どもの成長に伴う大人の導きは，心身の両面からアプローチしていくことが重要になってくる。また，彼が「身体活動と精神活動とが秩序正しい生きいきとした交互的結びつきをもつ所にのみ，真の生命は存する」[133) というように，子どもの育ちは，大人が無理な要求をしないかぎり，心身の両面が順当に調和を保ちながら育っていくといえよう。

第2章

乳幼児の身体発達と脳の発達

§1　人間の身体の仕組み

1.「からだ」を知ることの意味

　己の身体の調子を知るという場合，大きく2つの観点から捉えることができる。一つは，外界の情報を取り入れる感覚器官に違和感が発生する場合である。たとえば目がかすむ，見えにくい，耳鳴りがする，声が反響して明瞭に聞こえない，味覚がわからない，臭いがしない，舌が焼ける，手の感覚や皮膚の感覚がいつもと違う（痛覚・温覚・圧覚・冷覚・触覚）といった状態から，自分の感覚器官が外界との関係で警報を鳴らしていることを知る。もう一つは，喉が痛い，心臓の鼓動が早い，胃が痛む・重い・もたれる，腸が張る，熱が高いといった身体内部の状態に違和感を覚え，身体内部から警報が鳴る場合である。

　赤ん坊でも身体の不調時には泣いて訴えるように，自分の身体情報とは生涯にわたってつき合う。しかし，脳と連動しながら自分が一番わかっている

ようで実際にはわかっていないという状態にある。本節では，身体情報を脳に伝え環境に順応していく人間の身体の仕組みについて再確認していきたい。

（1）心身の状態を知る必然

かつての教育者たちは，子どもの身体について知ることにどん欲であった。土川五郎は「Education Through Play」を通して発憤し，生理解剖を永井博士に約一ヶ年にわたって受講し，美学を瀧博士に，体操を永井・三橋両先生に教えを受けた[1] という。子どもの遊びを研究するには，生理（解剖）学，体育，美学といった知識が必要と考えたのである。彼はカーチスのいう「凡そ身體を健全にせんとするには第一氣分，第二運動，第三新鮮なる空氣，この三條件が具備せねばならぬ」[2] の言を心に留め，快の気分が「胃液の分泌を盛にし，腸の蠕動作用を全からしめ，消化力を偉大にし，腸から榮養を吸収する力を増し，血行をよくする」[3] として，内臓諸器官を円満に働かせる根源にあると考えた。また，小林宗作もリトミックを研究するにあたってリズム・生理学を研究した。生命のリズムの起源を知らなければ，人間の身体運動は語れないからである。「人間の体は，すばらしく精巧な機械組織です。心はその運転手です。機械の具合が悪いと運転手が悩みます。如何に精巧な機械でも運転術 を知らない者に取っては宝の持腐れです。―（中略）―リズムは不思議な力で人生と宇宙 を支配しています」[4] とする。西田幾多郎の哲学に始まり中村雄二郎の『かたちのオディッセイ』[5] に至るまで，宇宙と共振する身体リズムの不思議は，わが身体を知ることから始まるのである。

（2）義務教育における履修内容

生涯を私たちがともにする大事な身体，つまり身体内の時間・空間を生きる知識は，義務教育段階ですべての国民に教育されている。それは，「生命」「地球」を柱とした〈生物の構造と機能〉〈生命の連続性〉〈生物と環境の関わり〉の3視点から自然循環と関連づけながら，人間と生物とを捉えるとい

うたいへん優れた内容をもっている。既修した内容と思われるが，確認の意味でここに再掲している。小・中学校の理科および高等学校理科「生物基礎」「地学基礎」の「生命」「地球」を柱とした内容の構成を図表1-2-1[6]に，高等学校理科の科目の変遷を図表1-2-2に示す。

　既修した内容をなぜ再掲するのか，何を確認するのかという疑問も生じよう。斎藤公子が，乳幼児期の可塑性に希望を託し，障害児を受け入れるにあたって国内外から専門医を招いて学習会を行ったのも，様々な医学書を読みあさったのも，「本当に医者の勉強です。だから，私の家に臨床医学の本を何冊も並べていますけれども，これはみんな新しい医学ですよ。医者の勉強をしたいくらい」[7]と語るのも，身体と心の仕組みを知らなければ保育にならないからである。保育は子どもの身体状況を読む仕事である。年齢が低ければ低いほど，言葉より身体が訴える言葉を聞いて関係をつくる。泣けばどこかが痛いのか，ぐずれば眠いのかおなかが空いたのか，もじもじすれば排泄かと，身体の動きから内面を読む。指しゃぶりや吃音，チックなどが発生しているときは，言葉では訴えられないストレスなどの原因を探る。ロゴス中心に発展してきた20世紀は，昨今ようやく座学から心と身体で学ぶ動的学習が取り入れられるようになってきたものの，生活をともにする就学前教育は，動きを読んで内面を知る世界である。

　しかし，就学前教育の教師・保育士等（以下，保育教諭も含む）を志す者は文系が多く，また高度経済成長期以降に生まれた世代は，理科離れ，自然離れした環境に置かれてきた。子どもの身体を知ることは己の身体を知ることであり，それは既習でありながら，身体的実感が伴っていないと，子どもを理解できないのが現状である。次のような個人だけでは乗り越えきれない課題があると考える。

① 乳幼児とともに生きるには，心理面だけでなく，心身が一つとなった人間を理解していく必要がある。乳児期については，日本では母子保健法に基づいた優れたシステムによって保護者に学習機会を提供している

図表 1-2-1　小学校・中学校理科と「生物基礎」「地学基礎」の「生命」「地球」
　　　　　を柱とした内容の構成

校種	学年	生命		
		生物の構造と機能	生命の連続性	生物と環境の関わり
小学校	第3学年	身の回りの生物 ・身の回りの生物と環境の関わり ・昆虫の成長と体のつくり ・植物の成長と体のつくり		
	第4学年	人の体のつくりと運動 ・骨と筋肉 ・骨と筋肉の働き		季節と生物 ・動物の活動と季節 ・植物の成長と季節
	第5学年		植物の発芽,成長,結実 ・種子の中の養分 ・発芽の条件 ・成長の条件 ・植物の受粉,結実　動物の誕生 ・卵の中の成長 ・母体内の成長	
	第6学年	人の体のつくりと働き ・呼吸 ・消化・吸収 ・血液循環 ・主な臓器の存在　植物の養分と水の通り道 ・でんぷんのでき方 ・水の通り道		生物と環境 ・生物と水,空気との関わり ・食べ物による生物の関係（水中の小さな生物（小5から移行）を含む） ・人と環境
中学校	第1学年	生物の観察と分類の仕方　・生物の観察 　　　　　　　　　　　・生物の特徴と分類の仕方 生物の体の共通点と相違点 ・植物の体の共通点と相違点 ・動物の体の共通点と相違点(中2から移行)		
	第2学年	生物と細胞　・生物と細胞 植物の体のつくりと働き ・葉・茎・根のつくりと働き(中1から移行) 動物の体のつくりと働き ・生命を維持する働き ・刺激と反応		
	第3学年		生物の成長と殖え方 ・細胞分裂と生物の成長 ・生物の殖え方 遺伝の規則性と遺伝子 ・遺伝の規則性と遺伝子 生物の種類の多様性と進化 ・生物の種類の多様性と進化(中2から移行)	生物と環境 ・自然界のつり合い ・自然環境の調査と環境保全 ・地域の自然災害 自然環境の保全と科学技術の利用 ・自然環境の保全と科学技術の利用 〈第1分野と共通点〉
高等学校		生物基礎		
		生物の特徴　・生物の共通性と多様性 　　　　　　・生物とエネルギー		
		神経系と内分泌系による調節 ・情報の伝達 ・体内環境の維持の仕組み 免疫 ・免疫の働き	遺伝子とその働き ・遺伝情報とDNA ・遺伝情報とタンパク質の合成	植生と遷移 ・植生と遷移 生態系とその保全 ・生態系と生物の多様性（生物から移行） ・生態系のバランスと保全

文部科学省『高等学校学習指導要領（平成30年告示）解説　理科編・理数編』2018, pp.18-19 より抜粋

図表 1-2-2　高等学校理科の科目の変遷

1948〜1951 年　物理，化学，生物，地学から 1 科目必修
1956 年　物理，化学，生物，地学から 2 科目必修
1963 年　物理 AB，化学 AB，生物，地学から 4 科目必修
1973 年　基礎理科必修，物理 I，化学 I，生物 I，地学 I から 2 科目必修
1982 年　理科 I 必修
1994 年　総合理科，物理，化学，生物，地学から 2 科目必修
2003 年　理科基礎，理科総合 AB，物理 I，化学 I，生物 I，地学 I から 2 科目必修
2012 年　科学と人間生活，物理基礎，化学基礎，生物基礎，地学基礎から科学〜　　　と人間生活を含む 2 科目または基礎を付した科目を 3 科目必修

　　が，教師・保育士等がすべて子育て経験者とは限らないので，子どもの
　　心身の発達を知る機会とはなっていない。
②　教員・保育士等養成課程で「発達心理学」「教育心理学」は教育の基
　　礎理論として必修に位置づけられているが，これらの理論と身体の理論
　　とがつながった内容になっておらず，ばらばらに履修している。
③　高等学校理科の履修が個々に異なり，教科「生物」の位置づけも時代
　　によって変わる。かつては教員・保育士等養成課程でも「生理学」「病
　　理学」「衛生学」「学校保健」など，幅広く学ぶ科目が用意されたが，今
　　日これらの履修者は極端に少ない。幼稚園教員免許法では領域「健康」
　　しかないため，身体に関する知識や動きを得る機会が少なくなったこと，
　　保育士資格では養護としての「子どもの保健」「子どもの食と栄養」が
　　主流だが，あくまで養護としての内容で，子ども自身が健康を維持し，
　　身体の動きを洗練させていくことにつながりにくい。
④　健康と病気に関するメディア情報は巷にあふれているが，養生の知恵
　　や自然界を生きる生物としての知恵より，ダイエット文化や商品紹介と
　　いった時流に流された内容が多く，子どもの健康情報は意識しなければ
　　得られない。また，環境汚染など外邪によって健康を害する一方で，保
　　護者や教師・保育士等が手をかけすぎる，逆に手を抜きすぎる弊害も発

生している。

　幼稚園教育要領，幼保連携型認定こども園教育・保育要領，保育所保育指針の領域は，それを統合して義務教育の3視点の履修の土台として積み上げるところまでいってはおらず，教師・保育士等の関心は恣意的である。「からだ」そのものより，外形に関心が向いている。しかし，人とかかわったり，コミュニケーションをとったりしていくには心だけでは不十分で，身体があって初めて成り立つといえるのである。

　最近では，携帯電話やスマートフォンなどの登場によって，身体の存在しないコミュニケーションが増えてきている。それと同時に子どもの中で多くの心身の健康問題が発生している。人間の生命の維持発展だけでなく，知的発達に関しても必ず身体が必要になっている。子どもを取り囲む環境に「からだ」がいかにかかわっていくかということが，人間の知性獲得の土台につながっている。そこに身体を介する運動学習と知恵の獲得に関しての基礎理論が必要となるのである。

　医学の進歩は格段に乳幼児の死亡率を下げ，長寿を維持しているが，人間の身体の仕組みを知って，自身が健康な状態を維持し発展させることが，子どもと生きる場の健康な文化を形成するだろう。

2．人体の構造

　人間の身体は基本的には，頭頸部，体幹，四肢に分けられ，頭頸部は頭部と頸部，体幹は胸部と腹部，四肢は上肢と下肢に6区分することができる（図表1-2-3）。その区分された中に身体の機能をつかさどる臓器などが入っている。また，身体の軸は骨格によって形成され，支えられ，守られている。この骨格には筋が付着しており，この

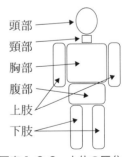

図表 1-2-3　人体の区分

筋の収縮によって運動が生じている。

　また，人間の身体は一定の形状を伴った器官と，器官を働かせるためにシステム化されたものとして循環器系，消化器系，呼吸器系，中枢神経系などの器官系をもっている。さらに，体内に入ってきた異物を処理するものとして免疫系もある。これらがそれぞれ機能を担い，自己組織化して調整しながら身体を維持している。子どもには怪我，発熱，骨折などが多い。主訴を聞いて早期発見，早期治療をするためにも，あるいは環境調整するためにも身体の構造と系の働きとの関係を捉えておきたい。

（1）体幹と体肢

　人体は，表面的には1個体として皮膚で覆われ外界と分離独立している。6区分された1個体には，その内部に人間の行動の機能を維持させていくのに必要なエネルギーを生産する臓器が収まる腔所があり，そこには，脳を収めている頭蓋腔と脊髄の入っている脊柱管，肺や心臓が入っている胸腔，肝臓，胃，小腸，大腸などが収まっている腹腔などがある[8]。

　また人体は，身体を支え，内臓などを守るために，200個余りの骨が組み合わさって骨格を形成している。この骨格には，〈体幹を形成するもの〉と〈動くことを可能にする体肢〉がある。体幹の骨は，内臓を収めるための容器の枠組みとなり，枠組みの間を筋肉などが埋めて，容器が完成し，内部を守っている。体肢は上肢（腕から手）と下肢（足）からなり，中心に軸となる骨があり，その周りに筋肉が付着している。骨と骨が互いに働けるようにつながっており，運動をするときの軸となっている。骨格は部位によってその機能に違いがあるが，主に次のような機能をもっている[9]。

　　①人体の構造を支える
　　②内臓を保護する
　　③カルシウム（ミネラル）を貯蔵する（成人のカルシウムの99%は骨に有る）
　　④血液（血球）をつくる

　骨格を形成する骨と骨は筋肉によってつながれているが，骨同士の連結では，可動性のものと可動性でないものがある。可動性のある連結で，骨と骨の間にある隙間を連結しているのが関節であり，その間には軟骨という細胞がある。この連結する骨の形状によって関節での動きが決まっている。

　また人体には，骨に付着している様々な種類の筋が存在している。筋は，収縮して長さを長短調節できる器官である。骨と骨をつないで運動を起こす筋を骨格筋といい，つながれている骨は間に関節を一つ以上介している。骨格筋は関節を使って，屈曲，伸展，回旋運動（外旋運動，内旋運動：骨の軸を中心として回転させる運動），回内・回外運動などの身体の運動を行う。この骨格筋の構造は細かい筋線維（筋細胞）が多数集まったもので，筋の収縮は，個々の筋線維内でアクチンがミオシンに滑り込むことで生じるものである。また筋細胞は，骨格筋以外に，心臓の筋層をつくる心筋細胞や血管を含む内臓の筋層をつくる平滑筋細胞がある。骨格筋は意識的に動かすことができるので随意筋と呼ばれ，心筋や平滑筋は自律神経支配で意識的に調整できない不随意筋である[10]。

　骨の発生には，軟骨性骨発生と膜性骨発生の2つのシステムがある。人間の骨は，胎生7週目頃から骨格化をはじめるが，出生時にはまだ完成しておらず，おおよそ女性で15〜16歳，男性では17〜18歳頃に骨格が完成するといわれている[11]。子どものときは骨と骨の間の隙間が3cmほど空いていて，その間に軟骨があるのだが，13歳から14歳になるとこの隙間が2mmほどになってくる。このことは成長期に軟骨が成長していくのに伴い硬骨に変わってくることを意味しているとともに，骨が太くなっていることも示している。また，骨は重力や運動による圧力に抵抗するために丈夫になっていくのである。この骨の成長に関しては，骨をつくる細胞である骨芽細胞と壊す細胞である破骨細胞の2つが常に活動して「骨再生」と「骨吸収」を繰り返しながら，新陳代謝を行い，毎日少しずつ骨をつくり変えている。そのため，骨は成人でも約3年でつくり変えられているのである。骨の新陳代謝が必要な理由としては，一つは，人間の生命の維持に欠かせないカルシウ

ムの出し入れを行っている機能が骨にはあるということである。つまり，骨
には，破骨細胞で古くなった骨のカルシウムやコラーゲンを酸や酵素で溶か
して血液とともに運び出すという機能と，骨芽細胞で骨の「鉄筋」にあたる
コラーゲンをつくりだし，血液から運ばれてきたカルシウムを「のり」とな
るタンパク質を塗って沈着させ，蓄えるという機能があり，この両方の機能
で常にカルシウムの出し入れが行われ，骨がつくりだされているのである。
さらに，古くなると失われる弾力に対して，しなやかな強さを維持していく
ためにも骨は生まれ変わっているのである。

　このカルシウムの出し入れである，古い骨を溶かし，壊していく「骨吸収」
と新しい骨を形成する「骨再生」のバランスがホルモン等で崩れると，新陳
代謝のバランスが崩れてしまう。たとえばこのバランスの崩れで破骨細胞が
「暴走」し，必要以上のカルシウムを溶かし出してカルシウム不足を起こし
てしまうと骨粗しょう症になるといわれている。この現象は特に，閉経期以
降の女性に顕著に現れ，骨の中のカルシウムが不足し，わずかな衝撃でも骨
折をしやすくなるといわれている。また，骨の成長が最も著しい乳幼児期に
おいても，カルシウム（ミネラル）不足などによるバランスの崩れは，骨の
成長を妨げてしまうため，骨を丈夫にするためには，運動やカルシウム（ミ
ネラル）などを含むバランスのとれた栄養が必要になってくるのである。

　また，外力などによって骨が変形や破壊を起こし，連続性が断たれてしま
うと，骨折という状態を引き起こす。骨折には，鎖骨やろっ骨などのように
日常生活で骨折しやすい部位がある。骨折の原因には，①外力が加わったこ
とで骨折をしてしまう外傷骨折や，②くり返し小さな力が加わったことに
よって生じる疲労骨折，さらに，③疾病によって骨の耐久度が低下して生じ
る病的骨折がある。また，骨折の程度により骨が完全に連続性を失う完全骨
折（一般的な骨折）と亀裂骨折のように連続性を完全に失わない不完全骨折
がある。さらに，一般的には骨折部が体外に解放されているか否かの違いに
よって単純骨折か複雑骨折か区分され，治療法にも違いが見られる。治療法
の基本として，整復はできるだけ早期に行うことが重要である。主な治療法

としては，二関節固定をする固定法（手術によって固定する内固定法と身体の外側から固定する外固定法など）と牽引療法の2つの方法がある。

（2）器官系の構造と役割

　一定の形状をもった人体の個々の構造のことを器官と呼んでおり，たとえば，循環器，消化器，呼吸器などが挙げられる。これらの器官を特定の働きを効率よく行うためにいくつかにまとめシステム化されたものを〈器官系〉と呼んでいる。この器官系は，循環器系，消化器系，呼吸器系，泌尿器系，中枢神経系，内分泌系などに区分されている。ここでは代表的な各器官系の概要を挙げている。系は，独立しながらも関連し合って全体を統一しており，1カ所でも故障が起きると全体に影響する関係にある。

①　循環器系

　人間が生きていくために，酸素や栄養素を供給し，二酸化炭素や老廃物などを回収する役割を担っているのが血液である。血液は心臓を出発点に血管を通って体全体を巡り，供給と回収を行っている。この血管系と血管の中の血液を循環させる働きをしている心臓を合わせて循環器系と呼んでいる。心臓は自分の握りこぶしよりも少し大きいくらいで，血液を全身に送るため心筋という強力な筋肉でできたポンプである。生きたポンプである心臓は，右心房，右心室，左心房，左心室からなる4つの部屋に分かれていて，それぞれが心筋によって一定のリズムで収縮と弛緩を繰り返し，全身に血液を送っている。健康な心臓が一日に送り出す血液の量はドラム缶40本分にもなるという。まさに生命の泉のわき出るところである。この血液が心臓から出ていく経路（血液を送る）を動脈系といい，心臓に向かって流れていく経路（血液が戻る）を静脈系という。動脈系には心臓から肺に向かう肺動脈と全身に向かう大動脈があり，この大動脈には，頭部や上肢に向かう上行大動脈と体幹や下肢に向かう下行大動脈がある。

　一方，静脈系は，肺から心臓へ戻る肺静脈と上半身の血液を集める上大静脈，下半身の血液を集める下大静脈がある。両系とも，最終的には毛細血管

となって全身に分布している。全身から
戻ってきた静脈血は，上下大静脈から右
心房に流れ込み，右心房の血液は右心室
から肺動脈を通って肺で酸素を取り込ん
だ後，左右の肺から各2本ずつの肺静脈
を経て左心房に入り，僧帽弁を通過して
左心室に送られる。ここで血液は左心室
の強い収縮力を受けて大動脈から全身に
送り出されるということを繰り返してい
る。

　全身から戻ってきた血液は，炭酸ガス
を多く含んでおり，呼吸器系で述べるよ
うに肺で炭酸ガスから酸素にガス交換さ
れて，酸素を多く含んだ動脈血が心臓か
ら全身に送り出される。血液中に含まれ
る酸素の量の違いによって血液にも名前
がつけられ，酸素を多く含む血液を動脈
血，酸素が少ない血液を静脈血と呼んで

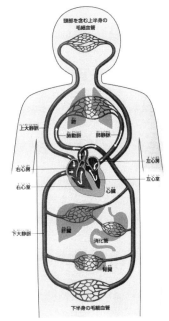

図表 1-2-4　全身の循環系
坂井建雄・橋本尚詞『ぜんぶわかる人体
解剖図』成美堂出版，2010，p.46

いる（図表1-2-4）[12]。〈心臓→大動脈→動脈→毛細血管→静脈→大静脈→心臓〉
の体循環（大循環）は，1周するのに約20秒かかり，絶え間ない働きによっ
て維持されている。

　② 　消化器系

　消化器系は身体を養うのに必要な栄養物を食物から摂取するための器官系
であり，口から肛門までの一本の管（消化管）が中心である。消化器系の主
な働きは，体内に取り入れた食べ物を分解して消化管から出るような形にす
る「消化」と，「消化」によって分解された栄養素を体内に取り込む「吸収」
の2つがある。「消化」とは，口から入った食べ物が細かく砕かれ（機械的
な消化），次いで消化酵素によってタンパク質をつくっているアミノ酸，炭

水化物をつくっている単糖類，そして脂
肪酸やグリセリンなどの小さな分子に分
解する過程（化学的な消化）の2段階の
ことをいう。「吸収」とは消化された小
さな分子を体内に取り込む過程のことを
いう。消化吸収の主な流れは，口（口腔）
→咽頭→食道→胃→小腸（十二指腸→空
腸→回腸）→大腸（盲腸→結腸→直腸）→
肛門の順に進み，この間，消化管では，
筋肉と粘膜でできている壁が収縮と弛緩
を繰り返し，混ぜ合わせていく蠕動運動
が行われる。逆立ちをしても食べ物が胃
に到達するのはこの蠕動運動のおかげで
ある（図表1-2-5）[13]。

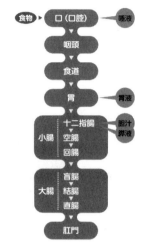

図表1-2-5　消化吸収の流れ
坂井建雄・橋本尚詞『ぜんぶわかる人体
解剖図』成美堂出版，2010，p.64

③　呼吸器系

　人間は生きている間，必ず呼吸をしている。この働きをしているところが
呼吸器系である。呼吸器系は主に気道と肺胞から構成されている。肺胞まで
の外気を取り入れたり，排出したりするための空気の通り道が気道であり，
血液との間で酸素や二酸化炭素のやり取り（ガス交換）を行っている場が肺
胞である[14]。気道は，上気道（鼻腔，咽頭，喉頭）と下気道（気管と気管支）
に分かれている。私たちは，肺胞で取り入れられる酸素を使って身体を動か
すためのエネルギーをつくりだしているのである。

　一回に吸い込む空気は，酸素が21%，二酸化炭素が0.04%，水分が1%，
窒素が76%であり，一回の呼吸で取り込まれる酸素はこのうち2割程度で
ある。肺の周りに3億個の肺胞があり，その周りを毛細血管が取り巻いてお
り，肺胞の薄い壁を通して，血液が運んできた二酸化炭素を排出して，酸素
を赤血球に渡す。空気を吸ったり吐いたりするのはろっ骨の外側と内側の筋
肉と肺の下にある横隔膜の働きで行われ，肺そのものが膨れたり，縮んだり

しているのではない。

④　泌尿器系・生殖器系

　人間は必要な栄養分などを消化器系などで取り込み，燃焼させてエネルギーをつくりだし，その結果生みだされた不要な老廃物は，排出システムである泌尿器系から排出されている。

　泌尿器系は，腎臓，尿管，膀胱，尿道などがその役割を担っている。たとえば，腎臓はこの泌尿器系でも重大な役割の一つを担っており，窒素を含む老廃物，水，電解質，毒素，薬物などを排出している。この腎臓は人間の身体に二つあり，主に血液から尿を生成し，老廃物を含んだ血液を浄化し，体液の量やpHを調節している。生成された尿は2本の尿管を通って腎臓から膀胱へ輸送され，この膀胱で，排泄するまで一時的に貯留される。この膀胱にたまった尿は，最終的には一本の尿管を通って体外に排出されるのである。このようにして老廃物などの不要な物質は濾過，選別され，高濃度に濃縮するなどして蓄積され，適宜体外へ排出する。もしこの泌尿器系が故障してしまうと尿が体外に排出されなくなり，体内に害になるようなものが蓄積されてしまうことになる。

　生殖器系には卵子や精子の産生・輸送とホルモンの分泌という2つの機能があり，第一生殖器である性腺（女性の卵巣や男性の精巣）と第二生殖器がある。性腺では，ホルモンの分泌と精子と卵子である生殖細胞を産生している。このように，生殖器系は，子孫を増やすための器官であり，ヒトの誕生に関して不可欠な器官系である。

⑤　中枢神経系・末梢神経系

　神経系は身体の内外の状況を把握し，それに対して適切な反応を起こさせるための器官である[15]。人間の身体をコントロールするシステムである神経系には，脳と脊髄からできている中枢神経系と中枢神経系から出て全身に分布する末梢神経系がある。中枢神経系は全身に分布しており，内外の状況を捉えて集めた末梢神経系からの情報を集積・処理し，全身に何らかの反応を出力する。すべての神経系は必ず，脳の中枢神経と末梢神経につながってお

り，脳と直接つながる脳神経と脊髄につながる脊髄神経がある。脳神経は，全部で12対あり，末梢からの知覚を中枢に伝える求心性の知覚神経，筋を支配する運動神経,頭部だけでなく胸腹部の内臓も支配する自律神経がある。自律神経系には，運動機能を向上させる交感神経系と内臓機能を向上させる副交感神経系があり，互いにそれぞれの機能に対して正反対の作用をしている。また，脊髄神経は全部で31対あり，頭部の方から，頸神経，胸神経，腰神経，仙骨神経，尾骨神経に分かれている。

⑥　内分泌系

体内の特定の臓器に作用する物質をホルモン（化学的な分類としては，タンパク質あるいは少数のアミノ酸がペプチド結合したペプチドホルモン，アミノ酸が変化したアミノホルモン，ステロイドが基本構造になっているステロイドホルモン）といい，ホルモンを分泌する器官を内分泌腺と呼ぶ。ホルモンの分泌は多すぎても少なすぎてもよくなく，標的器官の機能を調節し，身体の恒常性を保つ働きをしている[16]。ホルモンの分泌量を調節するために，フィードバック調整系の機構が使われている。また，内分泌腺には，脳下垂体のような他の器官と独立して内分泌機能をもっている器官と膵臓のランゲルハンス島のような他の器官の一部として内分泌細胞（ホルモンを分泌する細胞）が入り込んでいるものがある。

⑦　免疫系

インフルエンザの流行前に私たちは予防接種を行い，体内に前もって抗体を作り予防する。この方法の背景には，人体のもつ免疫系の存在がある。

人体は入ってきた異物を排除する仕組みをもっており，初めて体内に入ってくる異物や病原菌に対しては非特異的防御機構が働くが，以前記憶された特定の病原体に対しては特異的防御機構が働く。一度ある病気にかかってしまうと，二度とかからなかったり，かかっても症状が軽く済んだりするのは，この機構が働くために生じることであり，免疫と呼ばれている。この仕組みを利用したのがワクチンなどの予防接種である。

また，人体には体重の約60%に相当する量の水分が含まれており，その

うちの60％は細胞内にあり，残りの約8％が血液で，約32％は細胞間にあり，間質液，組織液と呼ばれている。この間質液は，毛細血管から漏れでた液体成分であり，この間質液を集めて血管に戻すのがリンパ管であり，この管を流れる液体は，リンパ液，またはリンパと呼ばれている。また，白血球の一種であるリンパ球が集まってできている組織がリンパ組織であり，体外から侵入した異物を排除し，血液の中に入れないようにするフィルターの役割をしている。たとえば，体内で細菌感染が起こった場合，細菌が増加し，それらがリンパ管に入り，フィルターの役割をしているリンパ節に運ばれ，リンパ節が腫れたりする。

3．幼児期の身体発達の特徴

　人間の身体は発育や成長に伴い，新生児から乳幼児，児童，成人と各発達期に応じた身体的特徴を示す。この視点で重要なことは，大人と子どもは発育，成長という視点では一つの連続体の中にいながら，それぞれが別個のものであるということである。ここでは，器としての身体全般の構造的な特徴，身体を支える骨格の形成，そして，身体の全体を動かす生理的機能の特徴から大人と子どもの違いを概観することにする。

（1）構造的な視点から
①　身長・体重
　人間の器である身体は，誕生時に比べて幼児期の終わり頃になると身長は約2倍に，そして体重は約6～7倍に増加していく[17]。この変化が誕生後わずか6年でほとんどの子どもに生じていると考えると驚くべきことであり，いかにこの時期が人間の発達にとって重要な時期であるかがうかがえる。
　もちろん，この時期を過ぎると，このような身体の外側，内側両面からの極めて急激な発達的変化は示されなくなる。年齢が進むにつれて新生児期や乳児期の頃の身体の丸みは次第に減じていき，いわゆる児童に近い体型と

なっていくのである。このことは，身長と体
重から換算される体格指数の変化（図表1-2
-6）からも理解されるものであり，生まれた
ばかりの子どもはみな肥満（成人からいうと）
であるが，年齢が進むにつれて肥満の体型で
はない方向へと発育していくのである。この

図表1-2-6　体格指数計算式

○カウプ指数（幼児）

体重$(kg) \div 身長 (cm)^2 \times 10^4$

○ローレル指数（学童）

体重$(kg) \div 身長 (cm)^3 \times 10^7$

変化が自然な子どもの身体の変化だと考えるならば，幼児期・児童期の肥満
は，その後の発育の姿を考えると大きな課題として捉え，対処していく必要
がある。

　このように，身長や体重に関しては，ある程度の環境においては自動的に
発育していくものであり，環境的な影響を受けにくい側面はある。しかし，
戦争や災害などによる飢餓によって食糧不足に見舞われるなど，発育に関し
てかなり劣悪な環境が生じてしまうと影響を受けることもある。同様に，虐
待などによって家の中に閉じ込められた生活を強いられている子どもも劣悪
な環境の中で育つことになり，発育上心身に大きな歪みが発生することが危
惧される。また，飽食の時代に発生する栄養失調などは，食の偏りや生活リ
ズムとも関係する。園で実施される身長（学期毎）・体重測定（毎月）におい
て，身長の場合は年にわたって，体重の場合は3か月以上増加が見られない
場合は，ホルモン異常や偏食・小食，運動と睡眠不足による生活リズムの不
調といった要因がないか，環境の見直しや調整が必要な場合もある。

　さらに，最近は医療技術の進歩により，低体重の子どもの哺育が可能にな
り，生後の発育の環境を保障していく研究も進められている。

　②　プロポーション

　人間の身体の見方には，いくつかあるが，ここでは従来から使用されてい
る頭（頭部）の大きさを基準に，身体の比率を示したシュルツの身体各部の
比率の発達（図表1-2-7）[18]を見てみよう。この結果では，0歳児は4頭身と
なり，身長が頭4個分になる。ところが，6歳になると6頭身となり，成人
になると7〜8頭身になる。これらの結果から言えることは，年齢が低いほ

ど頭が重くなり，大人と子どもでは身体のバランスの取り方が異なるということである。そのため，大人では当たり前にできるような動きも，幼児では不可能な動きや運動があることになる。この点が理解されていないと，頭部からの落下を招いたり，幼児に大人と同じ動きを求めたり，大人と同じ指導をしてしまうこと

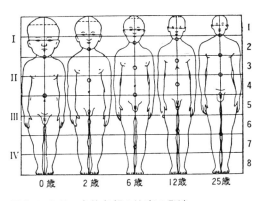

図表 1-2-7　身体各部の比率の発達
(Stratz, 1922)
近藤充夫編『保育内容健康』建帛社，1999，p.11

によって，身体の発達に悪影響を与えてしまうことになり，怪我や障害を引き起こすことになる。

　幼児の頭部が大きいのは，発達の方向性の問題である。人間の身体は，大きく見ると「中枢→末梢」の方向へと発達しており，さらに，この身体の発達の方向性は，「頭部→尾部」と「中心→周辺」の2つの方向に分けられる（図1-2-8）[19]。「頭部→尾部」の方向は，頭からつま先へと発達する方向性である。乳幼児ほど頭が大きく，成人になるほど頭部の大きさより首から下の部分が大きくなるのは，この発達の方向性にある。また，「中心→周辺」の方向性に関しては，身体の中心に近いところから手先や足先のような末梢の方向へと発達していく。

　また，運動の発達を考えたとき，図表 1-2-9[20] に示すように，出生時の全身の無秩序な運動と局所的な反射的運動からなる"かたまり運動"から1年を過ぎると，"ひとりで歩く"までの移動の運動を獲得しているのである。体幹に近い腕から手，そして手のひらから指先へと運動が発達していくことで最終的に2本の指先で物をつまんで持てるような細かい運動ができるようになっていく。この運動発達の方向性により，身近な人々のはさみや箸，鉛

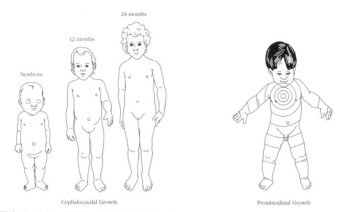

図表 1-2-8　頭部→尾部方向と中心→周辺方向の成長のパターン
Zigler, E.F. and Stevenson, M.F. 『Children in a Changing Word』1993, p.188

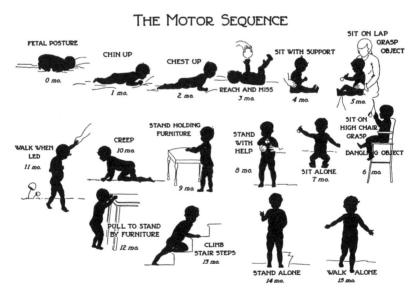

図表 1-2-9　乳児の姿勢と移動運動の発達
Shirley, M. M. 『The first two years: A study of twenty-five babies.』Minneapolis: University of Minnesota Press., 1933（second reprinted by Westport: Greenwood Press, 1976），口絵

筆などの使用に興味をもち，やってみたいという欲求が行為として現れるようになるのである。

(2) 骨格の形成

　幼児期は，骨格の形成に関しても重要な時期である。骨格の形成は，胎生期から成長期における骨組織の発生過程である骨化によって行われていく。骨化は，膜内骨化と軟骨内骨化に分けられる。やわらかい軟骨の部分が硬くなる過程を繰り返して形成されていく軟骨内骨化においては，体幹や体肢の骨の大半がこれに属している。出生時にはまだ手足の主要部分に骨があるだけだが，成長につれて骨の数が徐々に増え，形を変えて複雑に組み合わさって成人に近い骨格になっていく（図表1-2-10）[21]。このことは体格と同様に，幼児の骨格は成人の骨格とは異なり，成人のミニチュアではないことを示している。また，骨の成熟度の程度から評価された年齢のことを骨年齢（骨格年齢）と呼び，伝統的には左の手と手首の骨（手根骨）から判定されている。

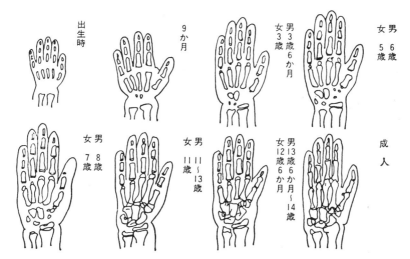

図表1-2-10　骨成熟度（骨年齢）の評価基準模型図
朝比奈一男・中川功哉『運動生理学』大修館書店，1969，p.203

手根骨は手根に近位と遠位の 2 列に並ぶ 8 個の骨から構成されており（舟状骨，有頭骨，月状骨，有鈎骨，三角骨，豆状骨，大菱形骨 , 小菱形骨），特に幼児期から学童期にかけて育つ骨である。この手根骨の形成によって，より細かい運動や可能な動きの幅を広げていくのである。

　さらに，この時期の骨格の特徴を示すものとして脊柱彎曲がある。脊柱とは身体の中軸をなす棒状の骨格のことである。この背部の骨格と筋肉は体重を支えるとともに骨盤を通して下肢に力を伝達しているが，この脊柱は後方（背部）に膨らんだカーブをなし，成人の胸部と仙骨部にみられる一次彎曲と，腹部に彎曲し頸部と腰部にみられる二次彎曲があり，これらの彎曲でバランスを取っているのである。しかしながら，乳幼児期はこの脊柱がまだ成人のように彎曲していないため，成人のような背骨の S 字状カーブをなしていない。そのため，幼児期の子どもは，成人に比べて上下方向の衝撃をやわらげる機能が弱い特徴をもっている。しかし，幼児期の子どもは，高いところから飛び降りるのが好きである。このような場合，子どもの骨格の成長を考え，飛び降りる床にソフトマットを敷いて外側から背骨へくる刺激を吸収していくことや，子どもの身長よりも高い所から固い場所には飛び降りないように指導するなどの安全面の管理が必要になってくる。

　骨格は，身体を支える役割をしていると考えると，誕生後 8 か月から 14 か月ぐらいで直立歩行を始めるようになるが，この時期の子どもは自分の下肢で真っ直ぐに立ち上がるには十分骨格も成長せず，さらにはそれに伴う筋肉も成長していない。そのため，誕生時から直立までは，まだ下肢は O 脚の状態である。直立姿勢ができ始めても，しっかり両下肢で支えることができないため，2 ～ 4 歳までは X 脚状の下肢になりやすい。換言すれば，この時期の子どもには X 脚が多いのである。幼児期の骨格は成人とは異なり，まだ形成途上にあるため，健全な成長のためには，一人ひとりに応じて実際の運動時の負荷の強度や持続時間を考慮していく必要があると考えられる。

(3) 生理的機能の発達特徴

これまで身体の外側の部分の話を進めてきた。この部分は，車に置き換えれば，ボンネットやタイヤなどにあたる。もちろん，車を走らせるために重要なものはエンジンなどの内燃機関である。この部分が起動しないと車は動かない。ここでは，車でいうところの内燃機関としての役割をする生理的機能に着目していこう。

大人と子どもでは同じ活動をしていても，実は異なった生理的機能の使い方をしている。骨格の形成だけでなく生理的機能の発達から捉えても，子どもは成人と等比率で小さくなったものではなく，独自の特徴を整えている。

図表 1-2-11[22]，図表 1-2-12[23] は「参照体重における基礎代謝量」および「生理機能の発達のめやす」の中から，成人と乳幼児の部分を抜粋したものであ

図表 1-2-11　参照体重における基礎代謝量

性別\n年齢(歳)	男　性			女　性		
	基礎代謝基準値\n(kcal/kg 体重 / 日)	参照体重\n(kg)	基礎代謝量\n(kcal/ 日)	基礎代謝基準値\n(kcal/kg 体重 / 日)	参照体重\n(kg)	基礎代謝量\n(kcal/ 日)
1 〜 2	61.0	11.5	700	59.7	11.0	660
3 〜 5	54.8	16.5	900	52.2	16.1	840
6 〜 7	44.3	22.2	980	41.9	21.9	920
18 〜 29	24.0	63.2	1,520	22.1	50.0	1,110
30 〜 49	22.3	68.5	1,530	21.7	53.1	1,150

＊比較該当年齢のみ抜粋　　厚生労働省「日本人の食事摂取基準（2015 年版）策定検討会報告書」2014, p.66

図表 1-2-12　生理機能の発達のめやす

生理機能	乳児	幼児	成人
脈拍数（毎分）	120	80	60 〜 80
呼吸数（毎分）	30	20	15 〜 20
体温（℃）	36.0 〜 37.4		35.5 〜 36.9
血圧（最高／最低）(mmhg)	100/60	110/70	120/80
尿量（ℓ / 日）	0.5	1.0	1.0 〜 1.5

加藤忠明，岩田力『図表で学ぶ子どもの保健Ⅰ』建帛社，2010，p.41

る。まず一日の消費熱量（kcal/kg/日）の違いに注目すると，成人では，男性で約22〜24（女性約22）kcal消費されているが，3〜5歳児の場合は，男児で54.8（女児52.2）kcal消費されている。これは，幼児の方が成人より一日の消費熱量が多いことを示しており，成人と比べて活動量が大きいことを示している。これだけのエネルギーを体内で生産するには，より多くの酸素が必要になってくる。成人の1分間の呼吸数15〜20に対して，肺の小さい乳幼児は20〜30で，成人の倍近くの呼吸をして酸素を取り込んでいるのである。酸欠状態では乳幼児が一番早く呼吸困難になる。戸外のよい空気の中で過ごす必要性や，たとえ屋内でも換気する必要性があるのも，十分な酸素を提供するためである。

　また，脈拍数も乳幼児の方が成人よりも多くなっている。これも単に幼児の心臓の大きさが成人に比べて小さいというだけでなく，もともと必要とされる一日の消費熱量が幼児の方が多く，取り込んだ酸素を血液で体中に送り届ける必要があるためだと考えられる。逆に成人の心臓は幼児の心臓より大きいため，一回の心拍で押し出される血液の量が多く血管にかかる血圧は高くなるが，幼児は消費熱量の多さに対応して脈拍数が増えても，呼吸数で調節して血管にかかる圧力の負担を調節している可能性も考えられる。さらに，幼児は多くの消費熱量を生産するため，同時に生産される体温が高く，体内の水分量が多くなっている。そのため，幼児は成人に比べて汗をかきやすく，膀胱の大きさが強く影響してはいるものの，尿量と排尿回数も多くなる。

　同様に，幼児と成人だけでなく，幼児と児童との比較においても，一日の消費熱量の違いが，そのエネルギーを生産する呼吸循環器系の機能の違いと関連して捉えられる。この呼吸循環器系は，人間の運動を直接的に支えている働きがあるため，適度な運動が必要である。しかし，幼い頃から極度に負荷の大きな運動をさせてしまうと，成人に比べてもともと運動面で強い負荷がかかっている幼児にとっては，大きな負担になり発達に悪影響をもたらす場合もあるのは，この生理機能の発達の違いにある。

§2　環境と脳の発達

1．脳と運動

　生活環境の変化は，子どもの経験そのものに大きな影響を与えるものである。特に，乳幼児期は中枢神経系の成長が敏感な時期であり，この時期の経験がその後の運動や精神活動の発達に関して大きな影響を及ぼしている。また，知性などへの環境の影響について，澤口俊之は，神経系はそもそも（進化的に）社会環境を含めた環境にうまく適応するためにつくられたものであるとし，環境が一定でなく絶えず変化することによって神経系も変化するという性質を獲得する必要があり，神経系のもつこの本質的な性質を「可塑性（プラスティシティ）」と呼んでいる[1]。脳は環境の変化に対応する可塑性という性質をもっており，環境が変化することによってますます可塑化していくのである。この脳内の可塑的変化を示すものとしてシナプスがある。人間の発達過程の中でも幼児期は中枢神経系の発達が促進され，動きの獲得の敏感期である。この時期に脳内ではシナプスの急速な形成が促進されているのである（図表1-2-13）[2]。このシナプスの形成に影響を与える要因が環境である。澤口はこのような現象の原因の説明に「適切な結合をしたニューロンとシナプスが環境要因によって選択される」[3]という仮説を挙げ，環境との相互作用の結果として脳をつくりあげた方がその環境にうまく適応できるとしている。

　このように幼児期は環境要因との関連から，ニューロンの大量死が起こると同時に，図表1-2-13で示してあるようにシナプスが豊富かつ急速に形成されることで環境への適応が進んでいくのである。

　同様な点に関してブレイクモアとフリスは，脳の発達には，環境の中で経験を積むことが遺伝子のプログラムと同じくらいに重要だと述べている[4]。

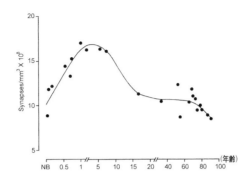

図表 1-2-13　ヒト大脳皮質（前頭連合野）におけるシナプス数（密度）の年齢変化
澤口俊之『幼児教育と脳』文藝春秋，1999，p.75

　また，彼らは，これまでの置かれた環境が発達途上の脳のシナプスにどのような影響を与えるかというグリーンナフの研究から，ラットに関して，感覚刺激が豊富で挑戦や冒険のチャンスに恵まれ，他のラットも同空間にいて積極的に身体を動かせるような環境では，脳の発達が促進されるが，逆の環境では脳の発達が抑制されることを指摘している[5]。また，身体運動に関する環境の変化に関して，寺沢宏次は，日本の子どもの遊びが静的になり，テレビの視聴時間が長くなるという，身体を動かさない，運動しないという環境では，脳は育っていかないことを指摘している[6]。

　従来，小学校に入学する頃までに人間は，歩く，走るなどの移動的運動や握る，投げるなどの操作的運動，支える，座るなどの安定性の運動といった基本的な動きを獲得してきた[7]。幼少期という人生のごく初期に，この可塑性という性質によって環境に適応できるように脳を発達させていたのである。子どもの脳の発達に環境が及ぼす影響は，動きの獲得に深く関係し，動きの発達が精神の発達に大きな影響を与えていく。換言すると，子どもを取り巻く環境の変化によって外遊びが減少するということは，脳で習得される動きの獲得の減少につながり，心身ともに自己調整，自己抑制する脳の発達に影響を与えていくのである。これについては本章§3で述べる。

２．生態学的な視点からみた幼児期の環境

　環境が脳に影響を与えるというよりも，環境そのものが人間の行動を引き出すという考えにギブソンのアフォーダンス[8]がある。ここでは環境との関係でそれを捉えてみたい。動物はサーカディアン・リズムに則り，外界を生きるうえで自分にとっての価値を環境の中に探す。サケやマスは，産卵期になると，卵が孵化し生きられる環境を子孫に残すために川を遡上する。サバンナに生きる象やバッファローなどは雨期と乾期に草原を大移動して，自然界と共存する知恵をもっている。ここでは生態学的視点からアフォーダンスと人間の運動環境とを考えたい。

（1）アフォーダンスが引き出す動き

　アフォーダンスとはギブソンによってつくられた造語で，佐々木正人は「環境が動物に提供する『価値』」としてアフォーダンスを説明し，実際の環境のなかに存在するもので，行動している知覚者（行動する人）にとって彼らの次に行う行動を引き出す価値のある情報（コップの水は私たちに飲むという行為を引き出すように）だと述べている[9]。つまり，私たちの行動は環境の中に組み込まれている情報であるアフォーダンスによって誘発されており，アフォーダンスは，環境にあるものが，それを見ている人に提供する行為可能性についての情報[10]といえる。

　たとえば，すべり台のスロープは，上から滑ることができる，下から登ることができると見ている人に思わせる情報を提供し，行為を誘発する。階段には一段ずつ上り下りする，数段おきに上る，一気に飛び降りるなどの行為可能性についての情報があり，自分の身体と関連させてその可能性をアフォーダンスに見いだす。つまり，アフォーダンスに自分にとっての価値を見いだして子どもの動きが引き出されていくのである。一般的に園や公園に設置されるすべり台は，３歳児には，滑る動きを誘発するために，子どもは

階段を上ってすべり台の上から滑るという動きを繰り返すが，その動きが獲
得され経験が成熟していくと，滑らずにスロープを下から登る，スロープの
縁を滑る，支柱を登るといった動きに切り替わっていく。

　すなわち，最初はすべり台がアフォードする情報と自分の身体能力とを感
じ取って滑るという行為で楽しむのだが，だんだんと情報のもつ複雑な構造
に身体を反応させて，下から登る，手放しで駆け上るといった行為を楽しむ
ようになる。アフォーダンスと立体的に情報を把握する自分の身体感覚に
よって引き出される行為に違いが見られるようになるのである。子どもの周
りには，この動きを引き出すアフォーダンスが環境の中に組み込まれている。
環境を変えることでこのアフォーダンスが変化し，アフォーダンスの変化に
伴い，多様な動きが引き出される。幼児期は，この多様な動きの経験を積む
ことが脳の発達を促進していくのである。これは，幼児の興味関心が誘発さ
れるアフォーダンスがあり，存分にその環境にかかわって探索し，動きが洗
練されればされるほど多様な動きが経験できるという循環過程にある。ア
フォーダンスによって引き出される動きは，環境との直接的な相互作用によ
るものであり，活動することによって経験として蓄積されていくものである。
最近の子どもが戸外で運動遊びをしなくなったということは，実はアフォー
ダンスから引き出される自発的な動きを経験する機会を失っているというこ
とになる。

　運動の発達と環境の関連に関して，テーレンらの行った乳幼児の歩行のパ
ターンについての研究[11]では，歩行の出現は歩行という行為を取り巻く環
境の文脈の影響を受けるとしている。この点について，佐々木は，環境と行
為の可能性であるアフォーダンスを取り入れることによって歩行の出現が導
かれることを捉えている[12]。また，私たちは一人の幼児が水たまりに入ると，
別の子もそれをまねし水たまりに入って遊んでいる様子をよく目にする。筆
者らはこうした“友だちの動き”がアフォードして行為を引き出す現象のこ
とを「共振」と呼び，自由な遊び場面での動きの観察を通してその存在を実
証している[13]。このとき，子どもの動きを引き出してくれる環境は，物的な

環境であるとともに，水たまりで遊んでいる子どもの行為そのものという人的な環境である。ナイサー（Neisser）も前述した生態学的な意味からの環境だけではなく，人との関係で自己を知覚する対人関係的な自己との関連を捉えている[14]。

　戸外には，太陽，風雪，気温差による自然事象だけでなく，起伏ある大地や樹木，水たまりや棲息する動物，昆虫，あるいは栽培物など動きを引き出す多くの可能性（アフォーダンス）が存在しており，それは室内より多様である。戸外に出るということは，身体の免疫を高めるだけでなく，多くの動きを引き出す可能性に触れることにつながる。動きの獲得の敏感期である乳幼児期に，戸外から遠ざけることは，長じるほど慢性的な疾患に結びつくという危険と裏腹にある。室内に閉じこもって運動機能の低下した子どもを戸外へ引き出し，動きを引き出してくれる魅力的な物的・人的な環境に触れる機会を提供することが，脳の可塑性を拡大する。

(2) 戸外環境のもつ永遠の法則

　古代，自然と共生した人間は住み処を拡大し，寒暖差の激しい地域でも生きられる術を手に入れた。ギリシア神話にみる神から火を盗んだプロメテウスの話に始まる衣食住の安定である。衣服によって体温調節をし，太陽光を活用したり避けたりするために屋根をつくり，風雪をしのぐ壁囲いを生みだした。家が固定されるに従い安定的な食糧生産のために飼育栽培といった技術も手に入れた。一方で，文化の発展は室内を快適な状態に維持し，室内に娯楽を持ち込み，すべて室内で事が足りる快適な生活をつくりだしている。その室内の快適さが，生活リズムを狂わせ，身体の不調を生みだしている元凶とは皮肉である。

　戸外環境には，人間が文化を手に入れる長い過程で失ってきた原点がある。太陽があり，風，水，昼夜の循環，草木や生き物など自己組織化する自然界の巡りがあり，社会的動物としての人間が生みだした飼育や栽培，漁業や狩猟といった生産的な営み事がある。人間は，この自然の巡りの中で労働し，

遊び，休息して命を次の類に伝えていく。どんなに室内に光があっても，電気で風を起こせても，あるいは運動器具や鉢植えや水槽を用意できても，それは人間の手によって加工され自然に見せかけられた環境である。もちろん，戸外の自然も今では人間が手を加えたものが多いのであるが，人間はそうした人工的な環境にもアフォーダンスを求め価値を見いだす。しかし，真夜中でも光があり，季節に関係なく花が咲くといった人為的な自然の中には，宇宙全体が共振する自然界の法則がない。本物がアフォードする自然の掟は，生物としての人間の掟である。その自然界の法則との共振が失われやすいことの自覚があっての室内環境文化の享受ということになる。室内環境のアフォーダンスは，24 時間，いつでも求めるときに応じてくれる環境であり，またいつでも欠乏している環境である。家囲いの中には限界があり，静的な動きが求められる。走ってはいけない，騒いではいけない，大声は出すな，飛び降りは禁止といった具合に動きや騒音は制限される。結果として，室内では手先を使う遊びの環境が多くなり，子どもはそこにアフォーダンスを見いださざるを得ないのである。

3．脳と神経系の発達

　脳は脊髄という太い神経とつながり，脊髄からは末梢神経につながり，身体の隅々まで神経が行き渡っている。身体を動かしたり，内臓の働きを調整したりしている脳は，ものを覚えたり，考えたりする働きもつかさどる。ものを覚えたり考えたりするのは大脳で，筋肉の動かし方を記憶しているのは小脳，大脳皮質の内側にあり生きるための基本的な調整（内臓の働きの調整）をするのが脳幹と，3つの部分に分けられる。人間は，他の動物よりもかなり大脳が発達しており，進化に伴い大脳が脳幹にかぶさるようになってきた。また，脊髄は脳からつながる神経の束であり，五感からの情報を脳へ，脳からの情報を身体細部へ伝える役割をするとともに，危険から身を守るための反射の働きもしている。

(1) ニューロンの構造

　人間の脳の受胎後の発達に関して，外観的な変化から見たものが図表1-2-14[15] である。まず受精後，脳は細胞分裂を繰り返し，18日ぐらいで脳の原基が現れ，50日目を過ぎると大脳半球が現れはじめる。7か月目になると大脳皮質の特徴である皺が現れ，9か月目に入ると大人と同じ外観になってい

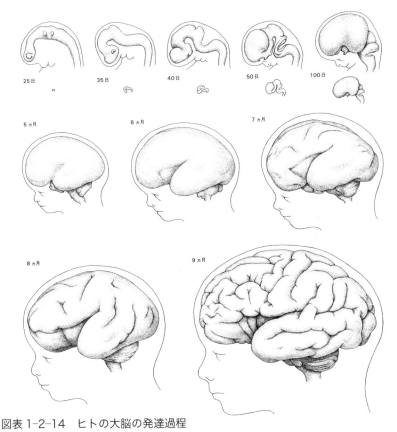

図表1-2-14　ヒトの大脳の発達過程

(Cowan,W.W., 1979)

津本忠治「脳の発生・発達と可塑性」『別冊日経サイエンス　脳と心』日経サイエンス社，1993，p.23

く。脳の重量に関しても4か月目では20～30gであるが，5か月目からは急激に増加し，出生時には400g程度まで増えている。出生後は脳の重量は生後6か月まで急速に増加し，2歳までには成人の脳の重量の75%になり，6～7歳で90%，10歳で95%に達するといわれている。また，脳内には，インパルスなどの信号を受け取り送り出す役割をするニューロン（神経細胞）と，神経細胞に栄養を供給したり，神経細胞の働きを支えたりする役割をしているグリア細胞がある。前述したような生後の脳の重量の増加は，ニューロンの数の増加というよりは，グリア細胞の増加や神経細部の突起の増加によるものが中心である。ニューロンの構造としては，中心に核をもつ細胞体があり，この細胞体から四方八方に樹状突起が伸び，そのうち1つだけ長く伸びている軸索がある（図表1-2-15）[16]。この樹状突起はまわりの神経細胞からの細胞体の興奮の信号を受け，軸索は細胞体の興奮の信号を他の神経細胞へとシナプスを介して伝える。この機能を通して神経細胞間のコネクションが行われており，この機能の成熟により脳機能の発達が促されているのである。軸索は，胎児期後半から乳幼児期にかけて髄鞘（ミエリン鞘）化されていく。この髄鞘ができることで神経は信号を効率的に運ぶことができるようになっていくのである。この髄鞘化のピークは脳の部分によって異なるが，生後6か月頃だといわれている[17]。

　このようにして発達してきた脳の特徴の一つに脳機能の局在がある。脳は特定の部位（領野）で決まった役割をもっている（働くところが決まっている）。前頭葉には前頭前野，前頭運動野，眼球運動野が，頭頂葉には体性感覚野（触，痛，温度などの皮膚の表面の感覚，筋覚，関節覚などの深部感覚と空間知覚やボディ・イメージをつかさどる）が，側頭葉には，聴覚・ウエルニッケ野（左にある言

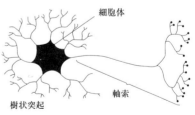

図表1-2-15　ニューロンの構造
（Zigler, E. and Stevenson, M.F., 1993）
桜井茂男・岩立京子『たのしく学べる乳幼児の心理』福村出版，1997，p.27

葉の理解を処理する部位）が，後頭葉には視覚野が，そして，嗅覚，味覚を
処理する感覚野がある。前頭葉の後ろ側には，身体の各部位の運動を起こし，
運動出力を処理し，過去の経験によって得られた運動のプログラムが蓄積さ
れている。前頭葉の前側の自我の中枢が，様々な運動情報，感覚情報を統一
し制御している。

　この脳機能の働きは不変のものではなく，経験によって変化する。たとえ
ば，幼少期に虐待を受ける環境で育つと，記憶などと関連のある脳の海馬と
いう箇所の体積が少なくなりうつ病への耐性を低くしているという報告もあ
る[18]。もう一つの特徴としては，脳機能の可塑性がある。これは，乳幼児だ
けでなく脳へのダメージによる機能障害が時間経過とともに回復していくこ
ととつながっており，リハビリなどを通しての機能回復の可能性を示唆する
ものである。

　脳は，脳機能の局在と可塑性を通して発達しており，その発達過程に関し
てはモジュール説と熟達化説，相互作用説の3つの考え方がある[19]。

　　○モジュール説によると，脳機能の局在は生得的に決まっており，発達
　　　に伴って，それぞれの脳部位での遺伝子発現が起こることによって，
　　　脳機能の局在が成熟化してくることになる。
　　○熟達化説は，脳は本質的に可塑的な存在であり，脳機能の局在は生後
　　　の環境の中で，日常的に繰り返し出合う問題に関する学習を行うこと
　　　により，それぞれの問題のエキスパートになることによって形成され
　　　る考え方である。
　　○相互作用説は，生得的な認知バイアスと，生後の環境における経験と
　　　の相互作用により，脳機能の局在が創発するという考えで，脳機能の
　　　局在と可塑性の両方をうまく説明できる考え方である。

なお，現在では，脳機能の局在が可塑的に変化することが証明されている。

(2) 社会的環境に適応する社会脳

　最近，脳の機能として社会脳という考え方が広がってきている。千住淳によると，ダンバーは霊長類の脳は社会的な環境をうまく処理できるように進化したという仮説を出している[20]。さらにブラザースは「他者（他個人）の意図や意向を処理する神経機序」や「（ヒトの）社会的な行動の基盤となっている脳神経の機序」について述べ，社会脳は，社会的場面での脳の働きのことであり，脳全体が「社会的な環境でうまくやる，生き残る」[21]という機能に特化したメカニズムをもっていることを示したものとする。

　たとえば，定型の発達を遂げている赤ちゃんでは，発達初期から他者の視線や動きなどの社会的な手がかりに対する反応性を備えており，そういった反応性を用いて相手とのコミュニケーションや社会的な学習といった行動を適応的にとっていることを示している。このように考えると友だちと仲良く遊ぶ，遊べるという幼少期における人間関係に関する経験は，社会脳の発達にとって重要な経験過程であり，逆に，このような経験を幼少期に経験できない場合は，その発達が促進されにくくなる可能性も発生する。その代表例のひとつとして，幼少期に養育者のもとから隔離されると抑うつになったり，ホスピタリズムになったりするというようなボウルビィの研究[22]が考えられる。このようなことを社会脳の視点から考えると，乳幼児期に養育者から長期間離して育ててしまうと，子どもの脳全体が社会的な環境にうまく適応できなくなる可能性が考えられる。

(3) 利き手の発達と脳

　目と手の協応動作が発達するのに伴って，幼児は日常生活の中でボタンをかけたり，箸を使ったりして基本的な生活習慣が形成されていく。生活習慣が自律する背景には，両手協応動作（Bimanual control）の熟達がある。たとえば，モロー反射のように両手を一緒に動かし同調させるような両手協応動作は誕生時からもっているが，左右の手をそれぞれ別の役割で動かすような非同調的な両手協応動作は，大脳半球の機能的非対称性の確立や利き手の確

立と関連があるといわれている[23]。この非同調的な両手協応動作が習得される時期として，利き手の形成に関しては，物を手でつかむときの手の優位性が7か月頃から見られ始め，利き手の確立が安定してくるのが6歳頃からで[24]，遅くとも11歳頃には利き手が確立していると考えられる。

　このような利き手，利き足，利き目のような一側優位性，側性化を「ラテラリティ（laterality）」といい，「大脳半球優位性」と同義語で使用され，その発達には左右の大脳間を結びつける脳梁の発達と深い関連があるといわれている。

　この点について，筆者らは，脳梁の発達と利き手の確立の関連を検討するため，幼児期における目と手の協応動作と利き手の確立の関連を調べたところ，利き手が確立している幼児は利き手が確立していない幼児に比べて目と手の協応動作の結果が良かったことを確認している[25]。

　これまで脳機能の左右差はすでに胎児期からあり，利き手も生得的である可能性が示唆されているが，誕生後の運動の経験は利き手を確立させるために重要な経験であると考えられる。この利き手の確立がラテラリティの発達にとって重要な経験の指標であると考えると，全身運動から上肢・手先の運動経験を十分に重ねることが利き手の確立にとっても重要なことである。

4．幼児期の運動経験とミラーニューロンシステム

　幼児期は，友だちや教師・保育士等の行動をまねることを好む本能的な衝動をもっている。学ぶことはまねることから始まるともいわれているのは，人間や類人猿などだけで，この姿はラット，マウスのような動物では見られない。人間や類人猿などでなぜ模倣が見られるのか，そこには，これまで述べてきたような脳の発達との関係がある。それを最近は，ミラーニューロンというキーワードを使って説明されるようになっている。

（1）ミラーニューロンとは

　リゾラッティらは，マカクサルの脳を研究（物をつかむ行動の研究）しているとき，何らかの刺激を与えなくても見ているだけで覚醒するニューロンがあることを偶然発見した[26]。サルのこのニューロンは，見ている対象（研究者）が使用しているであろうと思われる場所と同じ場所が覚醒しているのである。

　実験者がコップを使ってコーヒーを飲もうとしたとき，サルの脳の関連する箇所が覚醒した（サルの脳は前頭葉などの箇所以外は人間の脳と酷似している）。その後，この現象はサルだけではなく，人間にも同じようなことが起きていることが明らかにされた。鏡に映したように，自分がある行為をしてそれを見た他者が同じ行為をするというので，ミラーニューロンと名づけられた[27]。

　さらに，他者の行為を見ると，脳皮質の上側頭溝（STS），下頭頂小葉（IPL），下前頭回（IFG）の3つの大きな領域が活性化することが明らかになり，これら3つの領域の働きはミラーニューロンシステムと呼ばれている。このミラーニューロンシステムは，従来の「機能局在」というパラダイムでは分類不可能な，いわば脳の情報処理のすべてにかかわるような特性をもっている点で根本的に異なるものであり，脳科学の「システム論的転回」を示しており，まさに脳の情報処理における「ハブ」（中軸）として存在している[28]。

　また，このミラーニューロンは動きだけでなく，意図も同時に汲みとっていることも報告されている[29]。リゾラッティらの研究では，たとえば，コーヒーを飲もうとしてマグカップをつかんだのを見たときと，片付けようとしてマグカップをつかんだのを見たときでは，発火するニューロンが異なっていたことが報告されている。さらには，他者の感情もミラーニューロンシステムを通して理解することができることも報告されている。この点において，ラマチャンドランは，サルなどとは違い，人間においてはその能力が，他者の動作だけでなく，他者の心の諸面もモデル化できるレベルにまで発達したらしいとも述べている[30]。乾敏郎は，行為を理解するとは，行為者と観察者

の脳の同じ部位が活動しているということで，共鳴状態になることだとする[31]。

　さらに，乾は，身体化（embodiment）ということが認識にとって重要であるとし，それを「身体化による認知（embodied cognition）」と呼び，特に子どもの初期発達にとって重要な要因であるとしている[32]。つまり行為による体験の身体化が，知る発達を促進するというのである。

　このミラーニューロンシステムの特徴の一つとして，経験の重要性がある。ブラウンとパーソンズはダンスに熟練している対象の方が初心者よりも脳が機能しているとする[33]。これは，ミラーニューロンシステムの機能には，関連する運動の経験が重要であることを意味しており，身体で体験することがミラーニューロンシステムの発達にもつながると考えられる。この論理を脳の発達が著しい乳幼児期に置き換えて考えたとき，いろいろな身体体験が脳の質量の発達変化を引き出すだけでなく，このミラーニューロンシステムそのものの発達を促進していくことになるといえよう。だからこそ，発達初期において他者の模倣による共振が，コミュニケーションの発達にも大きく関連するとともに，さらに，養育者との愛着形成に関しても共振する関係を結ぶ基礎となるのである。

(2)　模倣とミラーニューロンシステム

　このほかにも，模倣行動に関して生得的にそのメカニズムを人間はもっていることが報告されており[34]，人間は「模倣によって学習する」ことを示している[35]。そして，この模倣に対してミラーニューロンが重要な役割をしているというリゾラッティらの発見は[36]，脳科学研究を転換する大きな契機となっている。乾は，模倣のモデルとして，EP－M モデルを紹介している[37]。このモデルでは，前述したミラーニューロンシステムとも関連する脳皮質の上側頭溝（STS），下頭頂小葉（IPL），下前頭回（IFG）の３つの経路で考えており，さらに，この３者間の経路から，模倣には，目標指向的運動の模倣と運動に関する視覚情報から運動生成をする無意味な運動模倣がある

と述べている。つまり，子どもの模倣行動としては，意図をもって模倣する模倣と意味もなく相手の動きをまねる模倣の2種類の模倣が考えられ，それぞれの脳内での結びつきが異なっていることになる。

　このように，人間の模倣には，ミラーニューロンシステムの働きがあり，このミラーニューロンシステムを通して人間は見たものをシミュレートしているのである。つまり，対象をシミュレートすることで模倣が成立していくことになる。

　子どもは，見たものを自分の身体の動きとして模倣し行動しており，この模倣は，これまで述べてきたように，動きだけでなく，模倣対象になる相手の意図や感情までが結びつけられている。特に，就学前教育施設（以下，幼稚園，幼保連携型認定こども園，保育所の3歳以上児を含む園をいう）においては教師・保育士等が，家庭では養育者や兄弟姉妹が観察されるモデルであり，そこではもちろん，類が類につなぐ姿としてのモデルが求められているといえよう。

(3) 情動の発達と模倣

　幼児期の情動の発達にとって，模倣は大きな役割を果たしており，その背景にもミラーニューロンの存在が考えられる。乾は，2歳児の自由遊びの研究[38]から，模倣したり模倣されたりする経験が，その後のコミュニケーションのありように影響すること，そして，模倣されることの多い子どもは自らより多くの模倣を行っているとする。実際，自分自身が経験しなくても他者の経験を見るだけでその相手と同じ気持ちになることがある。たとえば，跳び箱を跳ぼうとしている子が跳べずに台の角にぶつかったり，転んだりして怪我をしたとき，自身は直接そのような経験をしていなくても，間接的に見たことで，跳ぶことが怖くなることがある。その場面を見たことで相手の痛みに共感しているのである。この状態は，ミラーニューロンが活性していると考えられる。つまり，模倣するとき，私たちは他者の行動だけでなく，模倣を通して情動的共感を生みだしているのである。

　情動と関連のある情緒は興奮から始まり，快・不快の二軸を中心に経験を
通して情動を分化させ，幼児期の終わりには大人と同じくらいの情緒を感じ
るようになる。このような分化を十分に促進させていくためには，幼児期に
多くの情緒を表出できる環境を用意することである。もちろん表出する経験
には，直接的な経験だけでなく，他者が行っている姿を見るような間接的な
経験も含むが，幼児はその行為を模倣することによって共感が進むように
なっていく。子ども同士で遊ぶ過程で，互いの行為を見て，模倣し，情動が
共感されていくといえよう。砂場で他児の動きを見ながら遊ぶ子どもは，互
いに同じような動きを繰り返しながら，共通の方向性をもっていく。これを
仲良く遊んでいる状態とすると，〈仲良く遊んでいる〉とは互いの動きを模
倣すると同時に，それぞれの情動が同じ方向に向いて働いている状態といえ
よう。そこに，他者の行為をミラーニューロンの活性によって見て，模倣す
る情動的共感の世界が生まれているのである。

　このミラーニューロンに関する研究は，20 世紀末の最大の成果といわれ
るだけに，昨今，急激に研究が進められている領域であり，今後さらなる知
見が提供されてくることが予想される。この研究がさらに進むことで，幼児
期に遊びを通して育つ技の伝承や仲間意識の共振といった経験の意味が明確
にされていくことが期待される。

§3　生活リズムの変化と破壊される脳

1．子どもを取り囲む生活環境の現状

　子どもを取り囲む生活環境は社会の変化によって日々大きく変化してい
る。このような生活環境の変化は，子どものサーカディアン・リズムを含め，
生活リズムに大きな影響を与えているのが現状である。たとえば，共働きの

家庭の増加などに伴い，子どもの生活リズムが大人型の生活リズムへ移行してしまい，就寝時間の遅れ，起床時間の遅れなどがみられ，全体として子どもの睡眠時間の減少が大きな問題になっている。また，現代社会は飢餓に喘ぐ人々がいる一方で，日本は飽食の時代に入り，栄養バランスの偏りの問題が発生したり，子どもの塾通いや親の残業などによる生活時間のズレによって家族が全員そろって食卓を囲む機会が減少し，「孤食」の子どもたちが増加したりしている。こうした子どもを取り囲む生活環境の変化は，生物が生得的にもつサーカディアン・リズムなどを乱し，子どもの発達に大きな影響を与えている。

　ここでは，子どもの睡眠や食の問題と生活リズムの変化に焦点を当てて考えたい。

（1）複雑系の世界と自己組織化

　「太陽が昇ると起き，太陽が沈むと寝る」というのが私たちの自然な生活リズムである。しかし，工業化，情報化社会になって，このリズムが変化してきている。変化の要因の一つとして自己組織化の考え方がある。人間は，これまで自然と共存しながら生きてきた。自然を探索し，自然の恵みを発見し，環境にある価値を享受して生きてきたのである。この自然という世界は複雑であるがために様々な現象を巻き起こす。その複雑さに対して宇宙も生物も自律的な調和を保つことで生を維持している。われわれは変化していく環境に対応して自己組織化していくのである。青木は「複雑系の世界では，自己組織化が全体の秩序の源泉とすれば，生物である人間も自己組織化して環境との調和を自律的に図る存在であり，生得的に自己組織化のプログラムをもっているはずである」[1]という。この自己組織化に関して，山本裕二は「自然現象の多くは秩序ある状態からランダムな無秩序状態へと向かうのが一般的である。しかし，系内部の非線形要因によりエネルギーの入出力（散逸）があり，要素間の相互作用が全体に影響を及ぼし，逆に系全体の振る舞いが要素に影響を及ぼし合って維持される秩序構造をつくる場合がある。この過

程を『自己組織化』という」[2]と述べ，条件（温度）が整うと氷が水へ，水が水蒸気へと変化していくことや酸素摂取量の効率によって，馬の歩行が急激に定足から速足，速足から駆足へと変わる相転移現象という自己組織化の例を挙げている。この自己組織化の考えは，いろいろな視点から捉えられている。たとえば，脳科学においては，脳の神経回路は生まれたときにすべて完成しているわけではなく，生後の環境へ適応していく経験や学習などによって次第に成長しており，このような現象は神経回路の自己組織化と呼ばれている。また，工学的なパターン認識の研究において，学習過程の中の教師なし学習では，その初期状態や外部から与えられる刺激パターンの形，発生頻度などの影響を受けて自己組織化されていき，その過程でパターンの分類基準を自分自身でつくりあげていくといわれている[3]。

　このように，私たちは，複雑系の世界の中で環境を探索し自律性を生みだす生命体である。この生命現象を捉えてルソーは自然のもつ教育を重視し，フレーベルは万物の法則を教育において自ら環境に作用する自己教育が重要なものであると考えている。この自然界と共存する力である自己組織化を最大限生かすことが，生きていくことにつながってくる。

（2）サーカディアン・リズム

　日の出とともに自然に目覚め，日没後に寝るのは，人間が体内に生得的にもつ自然の法則で，宇宙の動きと連動した昼行性の動物の性である。生物がもつ約24時間周期で変動する生理現象をサーカディアン・リズム（概日リズムまたは内因性周期）と呼ぶ。

　生体から認められるリズム現象には，心臓の拍動数のような周期の短いウルトラディアン・リズム（周期が20時間未満），サーカディアン・リズム（周期が20から28時間）および月経周期のようなインフラディアン・リズム（周期が28日以上）がある[4]。この中で，日々の生活と最も関連するのがこのサーカディアン・リズムである。

　人間は，サーカディアン・リズムという体内のリズム，体内時計，生体時

計をもっている。この体内時計のメカニズムは，最近，遺伝子時計と呼ばれる遺伝子の働きで合成されるタンパク質の増減周期として確認されている。このリズムは，光の情報が網膜視床下部路を通り，脳の中脳の視床下部にある視交叉上核に到達し，そこで生じている。人間を含む動物において，睡眠や摂食のパターンを決定する重要なリズムである。人間のサーカディアン・リズムの特性は，太陽の運行に従い時計固有のリズムが24時間以上，約25時間であるということである。それゆえに，体内のリズムの乱れは，規則正しい光の明暗サイクルを与えることで解消されるといわれている。その意味では，健康の維持には明暗サイクルが必要であり，逆に，この明暗サイクルが壊されてしまうと，イルミネーション・シンドロームのように昼夜が逆転してしまい，自分では正常な体内のリズムを確保することができなくなってしまうのである。その意味では，「早寝（日が沈んだら），早起き（日が昇ったら）」というフレーズが成り立つのは，子どもが健康な生活のリズムを有している状態を意味し，子どもにおける睡眠の時間は，生命生成に寄与する非常に大切なものである。これから述べていく睡眠・覚醒リズムだけでなく，体温などの生理的指標，認知機能のような心理的指標などとも関連する。

(3) 幼児の睡眠時間と生活リズム

　日本人の平均睡眠時間はここ30年で毎年1分ずつ短くなっていることが報告されている[5]。実際，睡眠時間には個人差があるものの，年齢によっての目安は変わってくる。神山潤によると，2005年に米国睡眠学会の会報に掲載された，子どもの望ましい睡眠時間と実際の睡眠時間（カッコ内が実際の平均睡眠時間）は，

　　　3〜11か月　14〜15時間（12.7時間）
　　　1〜3歳　　　12〜14時間（11.7時間）
　　　3〜5歳　　　11〜13時間（10.4時間）
　　　小学生　　　10〜11時間（9.5時間）

と報告されている[6]。ところが，幼児を対象にベネッセ教育総合研究所が行った調査報告の中で1995 ～ 2000 年の夜間の睡眠時間の比較の結果を見ると，幼稚園児と年少未就園児が9分，年長保育園児と年少保育園児では15分も減少している[7]。この睡眠時間の減少傾向は，子どもも大人も同じ傾向である。もちろん，年齢が増すにつれて睡眠時間は少なくなっており，1 ～ 3歳児で望ましい睡眠時間が12 ～ 14 時間だとすると，大人では7 ～ 9時間といわれている。

　では，なぜ幼児の睡眠時間が減少し続けているのか。その原因の一つは，前述のように大人の生活時間・生活リズムが夜型になっていることである。しかし，それだけではない。「子どもは箸をくわえて寝られる」というように，子どもは遠足や運動会，昼間思い切り身体を動かした日には夕食を食べながら寝てしまうことがある。日中に十分に活動してしまうと幼児は失ったエネルギーを補うために，大人がどんなに眠らないように起こしておこうとしても眠ってしまうのである。こうした特性を考えると，最近の幼児の睡眠時間の減少はは単に大人の生活リズムの影響だけではなく，昼間に十分な身体活動を行うという習慣が崩壊し始めていることに大きな原因があると考えられる。

　大人と幼児の必要とする睡眠時間が違うのに大人の睡眠時間に子どもを合わせるということは，子どもの発達に逆行した現象である。大人が子どもの睡眠時間の目安を知らないと，子どもの睡眠時間を保障できなくなるだけでなく，わが子が泣いたりぐずったりする原因が睡眠時間に起因するという自覚もないことになる。睡眠時間の減少傾向は，大人の生活リズムの変化が幼児の生活リズムに悪影響を与えていることを示すバロメーターの一つであろう。

　幼児の生活リズムに関して，近藤は，幼児が一人で支度をして園に出かけるためには起床してから1時間半では足りないと述べている[8]。起床してからおよそ40分しないと食欲が起こらないためである。前述したベネッセ教育総合研究所の調査報告[9]では，7時半頃までに起床すると答えた幼児は

2000年では63.3％であり，起床後1時間で家を出る子が多い。近藤は，このように起床後1時間で家を出るということは，かなりせきたてられて朝の時間を過ごすことになり，情緒的に安定していない状態で登園することになるとも述べている[10]。朝起きてから登園までの時間に余裕をもつことが，快適な生活リズムをつくることにつながると考えられる。

　この睡眠時間の減少の問題解決は，もちろん家庭での快適な生活リズムの習慣に負うところであるが，園での昼間の十分な活動量の確保および生活習慣の自立を目指すことでも補完できる。サーカディアン・リズムの考え方から捉え直すと，昼間に十分に外で活動し太陽光を浴びることで健康な生活リズムを維持できることになる。その意味では，睡眠は運動能力の向上にも関連しており，練習後に睡眠をとった方が運動能力が高かったという報告もある[11]ほど，睡眠が様々な面に影響するのである。

（4）睡眠と脳の関係

　井上昌次郎は，「睡眠とは『脳による脳の管理技術』である。睡眠の役割を整理してみますと，『脳を創り，脳を育てる，脳を守る，脳を修復する，脳をよりよく活動させる』ということになります」[12]と述べている。古代ギリシアの昔から人間の精神の座が脳にあるとして，時実利彦はヒポクラテスの「人は，脳によってのみ，歓びも，楽しみも，笑いも，冗談も，はたまた，嘆きも，苦しみも，悲しみも，涙のでることも知らねばならない。特に，われわれは，脳があるが故に，思考し，見聞し，美醜を知り，善悪を判断し，快不快を覚えるのである」[13]を引用して，脳が人間の本能，生の意欲，精神活動などの働きをしていることが解明されていった歴史を紹介する。睡眠は脳，特に大脳の発達と非常に関連しているといわれてきたが，1875年のイギリスのケイトンに始まり1929年のドイツのベルガーによって脳波測定が可能になってから，睡眠の研究が急速に発展してきている。

　睡眠中の脳には，2つの脳波が存在する。一つは浅い眠りであるREM（レム）睡眠中に出現するREM波と呼ばれる脳波である。このREM睡眠時には，夢

を見ているといわれ，「動睡眠」とも呼ばれている。大脳が発達してくると，最初にこの REM 睡眠が出現するといわれ，これが人間の睡眠の始まりともいわれる。さらに，大脳との強い関連から，大脳を育成する機能を REM 睡眠が担っているともいわれている[14]。もう一つは，深い眠りである NON-REM 睡眠中に出現する NON-REM 波という脳波である。この NON-REM 睡眠は，大脳を休息させたり修復したりする「静睡眠」と呼ばれ，「第2の睡眠」ともいわれている。人の睡眠はこの2つの睡眠波から構成されている。REM 睡眠は新生児・乳児では睡眠時間全体の半分を示しており，発育の初期の段階では，REM 睡眠により大脳の働きを賦活させることが一番大きな役割である[15]。幼児期は REM 睡眠が多く，4歳を過ぎた頃から，この2つの睡眠の割合が大人の割合と類似してくる（図表 1-2-16）[16]。また，赤ちゃんの睡眠中の脳の中では，「脳の自発活動」と呼ばれる自発的なリズムがつくられており[17]，この睡眠中の脳の性質は，外界の刺激に反応する脳の性質とは異なる。

　睡眠時の REM 波と NON-REM 波のほかに，睡眠に関連のある脳の神経伝

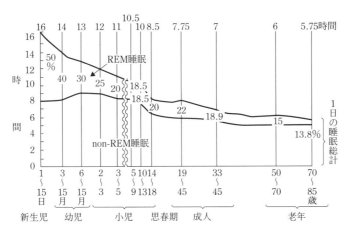

図表 1-2-16　ヒトにおける年齢とＲＥＭ睡眠の割合
小西行郎「食と睡眠のリズム」『発達』25 号，ミネルヴァ書房，1986, p.7

達物質の一つに，セロトニンという物質がある。これは脳の発育とともに，感情抑制などの心の面を調整する重要な物質である。このセロトニンの働きと睡眠について，神山が挙げたセロトニン神経系の特徴[18]の一つに，睡眠・覚醒に応じた変化がある。神山によると，セロトニン神経系は覚醒時に盛んに活動するが，REM 睡眠時にはその活動を低下させ，NON-REM 睡眠になると完全にその活動を停止させる。そして，夜更かし朝寝坊は，セロトニン神経系の活性を低下させると述べている。

　また，古賀は睡眠にかかわるホルモンに成長ホルモン，メラトニン，コルチゾールがあるという[19]。寝入ってすぐの深い NON-REM 睡眠期にこのうちの一つ，成長ホルモンが多く分泌されることが報告されている。この成長ホルモンは，脳下垂体から分泌され，骨や筋肉の成長を促すとともに，身体の疲労回復や傷んだ組織の修復を行うホルモンである。メラトニンは前述の神経伝達物質のセロトニンの分泌を促す役割をしている。コルチゾールは，体内環境を睡眠モードから活動モードに切り替える作用をもつ覚醒ホルモンである。

　また，睡眠に関して最近の脳科学では，寝ているときにその日一日の記憶の整理をしているのではないかともいわれ，睡眠中にその日一日の必要な記憶と必要でない記憶を振り分け，必要でない余計な記憶に関しては記憶の中から刈り取っていくという考えも報告されている[20]。さらに古賀は，睡眠は記憶の喪失を抑えるだけでなく，記憶力を高めることが証明されているとする[21]。これらの諸説で共通していることは，眠りが人間の脳の発達にとっていかに重要であるかということである。

2．子どもにおける食の問題

(1) 食育基本法
児童生徒の朝食の摂取状況に関して，2010 年の全国調査[22]（「平成 22 年度児童生徒の食生活等実態調査」独立行政法人日本スポーツ振興センター）によると，

「必ず食べる」が小学生90.5％，中学生86.6％である。また，「ほとんど食べない」小学生は全体で1.5％，中学校全体で2.8％と報告されている。さらに，男女を比較すると，小・中学生ともに「ほとんど食べない」と回答した児童生徒は，男子の方が女子よりも多く，2007年度の調査から増加傾向にあることが報告されている。

　一方，幼児に関して，東京都国公立幼稚園長会の2007年度の報告[23]では，平日，休日にかかわらず，約5％の幼児が毎日朝食を摂っていないとしている。朝食の欠食傾向は，すでに幼児期から始まり，小学生では朝の欠食の習慣化が始まっている可能性が考えられる。幼児期における食の問題は，①朝食が用意されない家庭，②食べる意欲・食欲の問題，③食べる準備，食べる時間的余裕の問題，など，複雑であり，単に朝食を食べずに登園する子どもがいるという問題だけではない。さらに，食べ物の好き嫌いに伴う栄養摂取の偏り，栄養過多や食生活の欧米化（脂肪と動物性タンパク質，砂糖の増加とビタミンとミネラルや食物繊維の減少）による肥満児の増加傾向や，逆にやせの子の増加（肥満・やせの二極化）傾向など，幼児を取り囲む食にかかわる多くの問題が潜在しており，これが幼児期から学童期，ひいては成人期の健康のありようにも影響している。ただ，この肥満・やせの増加傾向に関しては，文部科学省の平成26年度の学校保健統計調査によると，肥満は平成15年，平成18年度あたりから上げ止まりの傾向にある。

　かつて日本では，第二次世界大戦中・戦後の食糧難のために欠食・栄養不良の子どもを多く排出した時代がある。しかし今日は，飽食の時代の欠食，あるいは貧富格差の中の欠食という新たな状況に問題が変わってきている。肥満とは，脂肪が一定以上に多くなった状態であり，判定するためにカウプ指数やローレル指数，標準体重などを使って測定されているが，日本肥満学会では，BMI（Body Mass Index 体格指数）を判定の基準として，図表1-2-17のように使用しており，成人ではBMIが25以上で肥満，18.5未満で低体重（やせ）と判定されている。

　また，肥満防止のためには，〈エネルギーになる栄養素〉である糖質・脂質，

〈体をつくる栄養素〉である
タンパク質，〈体の調子を整
える栄養素〉のビタミン・ミ
ネラルといった5大栄養素や
食物繊維をバランスよく適度
に食べることが必要である。
しかし，飽食の時代になると，
いつでも栄養がとれるはずな
のにかえって一つの栄養に
偏ったりダイエットをしたり

図表1-2-17　日本肥満学会の判定基準(成人)
BMI（Body Mass Index 体格指数）
＝体重（kg）÷身長（m）×身長（m）

指標	判定
18.5 未満	低体重（やせ）
18.5 〜 25 未満	普通体重
25 〜 30 未満	肥満（1度）
30 〜 35 未満	肥満（2度）
35 〜 40 未満	肥満（3度）
40 以上	肥満（4度）

してそのバランスを壊してしまい，栄養失調を起こしている。

　このような背景の中，2005年に「食育基本法」が制定された。武見ゆか
りは「人々の心身の健康はもとより，人間としての望ましい暮らしや社会の
あり方そのものが脅かされつつあるという危機感を多くの人が感じた結果，
世界でも例のない法律の制定に至ったのではないでしょうか」[24]と述べてい
る。長い年月，家庭の事項だった食の問題を，第二次世界大戦中は配給米に
より，戦後は学校給食が担い，今日では「食」は家庭だけでなく地方自治体
や国が関与する事項に変わってきた。食を充実させることで国民の健康を維
持増進することが，健全な国家につながるところにきたのである。

　食育基本法の前文には，

　　子どもたちが豊かな人間性をはぐくみ，生きる力を身に付けていくた
　めに，何よりも「食」が重要である。今，改めて，食育を，生きる上で
　の基本であって，知育，徳育及び体育の基礎となるべきものと位置付け
　るとともに，様々な経験を通じて「食」に関する知識と「食」を選択す
　る力を習得し，健全な食生活を実践することができる人間を育てる食育
　を推進することが求められている。

とある。国，地方自治体，学校機関，福祉施設，家庭の責任と役割を明記するほどに，生きる営みが失われてきたということである。知育，徳育および体育の基礎に「食育」を位置づけ，子どもたちが豊かな人間性をはぐくみ，生きる力を身につけるための基盤としての「食」である。当然，食育基本法が出された後の幼稚園教育要領（2008年3月28日告示）や保育所保育指針の内容及び内容の取り扱いにおいてこれが強調・加筆されている。

　2008年告示の幼稚園教育要領における領域「健康」の内容（5）には「先生や友達と食べることを楽しむ」とあるが，2017年告示ではさらに内容を深めて「先生や友達と食べることを楽しみ，食べ物への興味や関心をもつ」とある。内容の取扱いには，「(4) 健康な心と体を育てるためには食育を通じた望ましい食習慣の形成が大切であることを踏まえ，幼児の食生活の実情に配慮し，和やかな雰囲気の中で教師や他の幼児と食べる喜びや楽しさを味わったり，様々な食べ物への興味や関心をもったりするなどし，食の大切さに気付き，進んで食べようとする気持ちが育つようにすること」とされている。2008年，2017年の改訂によって，保育内容としての食育は青木が述べているような，食べること，遊ぶこと，暮らすことと切り離すことのできない "生きること" につながるようになっていく[25]必要がある。そのためには，これまでのような単なる食事の作法や食料（栄養）の供給のようなレベルにとどまらず，"生きることと食べること" それ自体が一つの歯車として絡み合いながら進んでいく必要がある。そこに，就学前教育における保育内容のとして食の再考がある。

　食の再考として，青木は次の4点を指摘し，これらについて実践現場が振り返る必要性に触れている[26]。

　　第1は，園生活を "生活に統一する" ことを確認し，食に関する豊かな
　　　世界観を形成すること。
　　第2は，子どもが日常，食べるものが見える仕組みを開発していくこと
　　　とし，人間が生きるための基本的な食という営みが見えるようにする

　　こと。
　第3は，人間が食文化をもつことの大切さ，失うことの問題点を指摘し，
　　乳幼児期からの味覚，嗅覚，触覚，視覚，聴覚の五感を通して日本の
　　食文化に接していくこと。
　第4は，調理し，配膳し，感謝して食べ，整頓するまでの過程を，食の
　　作法として押さえること。

　食育は，幼保連携型認定こども園教育・保育要領，保育所保育指針でも二
度の改訂によって強調されており，保育内容全領域にかかわってくることで
あり，食の経験を通して多くのことを学ぶ可能性を秘めている。
　しかしながら，乳児期に養育者が子どもに食べさせてやるという段階から
幼児期になっても変わっていない場合も多く見られる。二足歩行が完了し，
手を道具として使い，言葉がでるようになると，子どもの自我が芽生え始め，
自分で食べることを喜びとする。それに応じて自己を育てることが教育の方
向性になっていくことに鑑みた場合，子どもの精神的な発達にとって，離乳
食が完了していても，なお食べさせてやることは，発達に逆向する。その意
味でも，食育は，幼児の自己教育を促進し自己有能感を獲得させる重要な経
験の場として捉えることであろう。

(2) 幼児の食と生活リズム

　東京都国公立幼稚園長会では，2007年に幼児の朝食の習慣と睡眠との関
連にも注目して調査[27]を行っている。
　平日に朝食を食べないという幼児（全体の1％）の起床時間，就寝時間，
平均睡眠時間をまとめた結果が図表1-2-18である。この結果は，朝食を摂
取するという基本的な生活習慣は，他の生活リズム（ここでは睡眠時間）と
深く関連していることを示している。
　平日の「午前8時以降に起床する幼児」，「22時以降に就寝する幼児」，「平
均睡眠時間9時間未満の幼児」の項目に，朝食を食べないで登園する幼児が

図表 1-2-18　幼児の朝食の有無と起床時刻，睡眠時刻，平均睡眠時間

	朝食を食べない	朝食を食べる他
午前 8 時以降に起床する幼児	19%	4%
22 時以降に就寝する幼児	17%	4%
平均睡眠時間 9 時間未満の幼児	36%	12%

東京都国公立幼稚園長会，2007 年度調査（全国 14128 名中 125 名抽出））

多い。起床時間，就寝時間が遅い幼児は，朝食をとって登園するという生活
リズムにおいても悪影響下で暮らしている可能性が考えられる。

　また，この調査の中で「親子でほとんど遊ばない」（親子のふれあいなし）
幼児は（割合としては1.7%と少数であるが），それ以外の幼児（親子のふれあ
いあり）に比べて朝食を一人で食べる割合が高い（ふれあいあり8%対ふれあ
いなし18%）。親子のふれあいがある幼児は，ふれあいがない幼児に比べて
倍近くが大人と一緒に朝食をとっている（「ふれあいあり」66%対「ふれあい
なし」35%）。この結果は，親子のかかわる時間が朝食の摂取状況とも関連
しており，食事を共にして味わう家族の共感性，コミュニケーションの場が
幼児期から変化していることを示している。

（3）孤食と共食

「孤食」とは家族が別々の時間に一人で食事をしていることを指すもので，
一人で食べる孤食という意味だけでなく，人とのつながりがなくなる孤独感
とも関係し，心身に大きな影響を与えるものである。この言葉は 1990 年代
頃から使われるようになったといわれる。足立己幸は 1983 年に一人で食事
をする子どもたちに注目し，親が「子どもたちと“いっしょの食卓”はます
ます離れていく」[28]と述べる。かつての食卓は「囲む複数の人の実に多くの
行動（心身のそれへのプロセスも含めて）から成り立っている」[29]多様なつな
がりがよく見えたが，家族が食卓を囲まなくなり一人で食事をするというこ
とは，互いのつながりが生まれにくくなる。足立は，初回の調査から 17 年

後に行った同一の調査の結果に，さらなる子どもたちの食事について再考していく課題を浮上させており，それによると，子どもの心身は大きな変調をきたしているとする[30]。

　孤食の問題が家族の危機を象徴し，ひいては子どもの心身の健全な発達を阻害することが危惧される。孤食の出現は，都市部の職住の分離に伴う家族の生活時間のズレや，大家族から核家族，さらに単家族へと家族形態が変化していることから生じ，家族が自覚的に食を共にしなければ，自然と食卓を囲む機会が減少してしまうことを示している。

　昔から，食事の時間は，朝は家族と一日の予定を交わし合い，昼は社会の仲間と顔を合わせ，夜は家族と一日にあったことを語らい合う時間として重用されてきた。その中で，知らず知らずのうちに箸の持ち方や食事のマナー，食や会話など関係する文化を獲得してきた。しかし，今日では孤食によって，子どもの箸の持ち方，食事の前後でのあいさつなど，食事に関する習慣・文化が身につきにくくなっている。また，会話も減少し，他者の一日を想像し自分の世界と折り合いをつけていく経験も薄れている。就労，看護，別居など，家庭内の都合により仕方なく孤食が行われている場合もあるが，一方で子どもが家族を避けて孤食を意図的に行っているケースもある。

　2006年のNHK放送文化研究所世論調査部の報告[31]では，「自分たちは家族だな」と感じるのはどんなことをしているときかという問いに関して2番目に多かったのが，「ふだんいっしょに食事をしているとき」（43.0%）であった。このことは，多くの人が家族という絆を強く感じる場面に食事の状況があることを示唆している。また，同報告書の中で，いっしょに食事をすることは家族としての連帯感や食に関する知識や能力を育む機会であるのに，孤食はその機会が失われることになるという問題点も報告されている。同様の観点として，根岸宏邦は，幼児期から児童期にかけて親と子の絆を強め育むには，家庭での食事，食生活全体が重要な要素であると述べており，孤食は，食事の内容の問題だけでなく，子どもの心身の発達に関してネガティブな影響を与える危険を示唆している[32]。

　一方，孤食とは対照的な食事の形態として，「共食」という食事の形態がある。共食は，孤食とは反対に，家族など誰かと一緒に食事をとることである。外山紀子は共食を成立させるものとして，食物の分配行動をあげている[33]。自然界は，生物が共生するために食物の分配の法則に則って調和を維持している。それが乱獲や災害などによって崩れることは種族の崩壊に通じる。この自然の法則に則った食物の分配行動も，動物の進化によって意味が異なってきており，高等動物になると社会関係をとり結び調整する手段である社会的分配へ移行していったのである。

　また，外山は人間の発達においては，「自己」と「他者」，それ以外の「もの」の三項関係の成立が食物の分配行動の出現と密接に関連していると述べている[34]。外山は，母親との食事の場面における「あーん→（食べる）→おいしい？」というやりとりを例にあげ，これらの応答を「注意喚起」→「摂食」→「フィードバック」と置き換えている。母子は互いに食を挟んだやりとりを介して共同作業を行っており，この場面では，子どもが学ぶだけでなく親が教えるという双方向的な働きかけのうえに学習が成立していることを示している。このようなやりとりは乳幼児の母子間のやりとりだけでなく，幼稚園や保育所等における弁当や給食などの共食の場面でも見受けられるものである。共食は仲間とのやりとりを助ける働きをしており，外山は「子どもは共食を他者とのやりとりの場として展開させようとしている」[35]とする。

　共食が減少し，孤食が増加してくるということは，他者とのやりとりを介して成長していく経験が減少していることを意味しており，本来なら安定した家庭という場で自然に得られるソーシャルスキルを獲得していく機会を失っていることになる。また，外山は，「昨今家族での共食が減少傾向にあることは，これらの能力が低下していることの表れと見ることもできる。社会的状況の変化にともない共食をする必要がなくなった，孤食が可能となっただけでなく，そもそも共食をする能力が低下しているから共食をしない。この可能性を必ずしも排除できない」[36]と述べている。

　このような孤食が増加し，共食が減少する中，保育所や幼稚園，学校など

で食育に関していろいろな取り組みが行われている。たとえば，マーティン・ルーサー・キング Jr 中学校では，食を中心に据えた学習カリキュラムとして「食べられる校庭：エディブル・スクールヤード（2006）」という子どもの五感を目覚めさせてくれる食菜空間の中でエコロジーを学ぶ学習環境を整えている[37]。その環境の中で，子どもに目的意識ややればできるという意識を植えつける。社会で生きていくうえで助けとなる技能や考える習慣を身につける。体験学習を通して 11 歳から 15 歳の思春期の子どもの根本的な生き方に変化をもたらしている。

　羽仁もと子の設立した自由学園[38] は，生活を通して食を学ぶ環境が教育の中軸をなしている。「食事を共にしながら，文化や教養を学ぶ」「昼食は全員が顔を合わせる大事な時間」「幼い幼児にとっては，食事が生活の基本」「『報告』が食の理解を深め，食べる人と作る人をつなぐ」「絆を深め，喜びを分かち合う行事食」として，中等科，高等科の生徒が 380 人分の食事をつくる。中等科 3 年の産業の授業の中で野菜や果樹の栽培，養豚，養魚，きのこの栽培が行われ，高等科 2 年では養蜂や学園農場のある那須牧場での乳牛の飼育と乳製品の製造が行われ，米作りで得た米なども食材として使用される。幼稚園期から飼育栽培活動に参加し，学童期・生徒期には食を軸に教科構成をする。堆肥や燃料なども自前で作るので机上の空論はない。仲間と協働する体験を通した食の循環と生きる価値を見いだす教育である。食が一番の自然健康法であることを生活によって学ぶ学校が，行き詰まった学校の 3 R's（読み書き計算）を解放に向けるともいえよう。

3. 豊かさの代償としての発達不全

　1964 年の東京オリンピックの後，高度経済成長が軌道に乗り始めた 1970 年代，多くの人々が，子どもの身体がおかしいということに気づき始めた。"豊かさの代償としての発達不全"は，素人目でも感じるほどに子どもの急激な変化を露呈し，人々が不安を抱いたのも当然といえよう。ここでは，子ども

に起こっている身体の変調に関して，自律神経の錯乱，体温調節機能や姿勢コントロール能力，咀嚼力の低下，子どもの耐性低下現象，アレルギーなどに着目して考えていくことにする。

（1）身体の変調と未発達

①　自律神経の錯乱

　睡眠，食，生活リズムなどにおいて子どもの生活習慣が大きく乱れているのは前述の通りである。このような生活習慣の乱れの背景には，末梢神経の中の自律神経の錯乱が考えられる。

　自律神経とは，自分ではコントロールできない不随意性の神経で，多くの臓器やホルモン調整につながる内分泌系，免疫系の調整などを行う神経系をいう。自律神経は交感神経と副交感神経の2つの神経からできている。交感神経と副交感神経は，一つの臓器などに対して同時に働きかけるとともに，お互いが拮抗する形で作用し，反対の働きをしている（相反支配）。交感神経は，運動時のように興奮しているときに働く神経で，「闘争と逃走の神経」と呼ばれている。闘争のときや，相手から逃げるような逃走のストレス時，私たちの身体は緊張したり，興奮したりするため血液がどんどん筋肉に送られ，心拍数や呼吸数が増加し，汗が分泌される。一方，副交感神経は交感神経と反対の働きをしており，血液の流れはゆっくりとなり，筋肉の緊張もゆるんでリラックスし，消耗した身体を回復させるようなゆったりしたときに働く。副交感神経は，日常の生活場面では食事中や睡眠時などの身体を落ち着かせるときに強く働いている。これらの2つの神経系がお互いにバランスを取ることによって，私たちは日常の中での環境の変化に適応して生活をしていけるのである。

　しかし，最近の子どもの生活習慣の乱れは，自律神経を鍛える経験を減少させたことによって十分な発達ができず，結果として自律神経の調節機能を弱くさせ，体調不良を訴える子どもを増加させている。

②　体温調節機能の低下

　自律神経の乱れによって生じている代表的な現象の一つとして，低体温や高体温の子どもの増加が挙げられる。低体温とは，一般的には，平熱が36度未満のことをいう。この低体温や高体温は，集中力が欠如している子や遊べない子，落ち着きがない子に多く見られることが指摘されている。もともと，体温の調節は，自律神経の機能によって行われているが，生活リズムの乱れによる自律神経機能の低下がこの体温異常を生みだしていると考えられる。全国養護教諭サークル協議会が行った，保育されている子どもの体温測定の調査結果では，1930年には36度以下は3.64％であったが，1991年では10.61％と低体温傾向は著しいことが明らかにされている[39]。また，正木健雄はこの全国調査の結果から，35度台の子どもが5〜15％，一方，37度を超えている子どもも5〜20％いると述べている[40]。子どもの体温調節の機能がうまく働かなくなってきていることを如実に示しているデータである。これは，運動不足や睡眠不足などが主な原因であろう。

　この対策としては，食事・運動・睡眠を中心に一日の生活リズムを正常化することが基本である。乱れた生活リズムを，日の出とともに自然に目が覚めて，日没とともに眠くなったら寝るという昼行性の生体リズムに近づけることである。貝原益軒が，"熱欝を放つ"として，子どものリズムを整えるには，よく遊び運動して熱を発散することを推奨したように，昼間に戸外で思いきり遊ぶことである。日光の下で身体を十分動かすことで，身体が熱をつくりだし，その熱を今度は身体の外に放散するような2つの相反するリズムをもつことで自律神経の機能が回復していく。実際，身体を動かす運動をすることでうまく体温調節ができる子が増えてきたという報告もされている[41]。昨今の子どもの体温異常や自律神経の乱れを克服するためには，生活リズムを生体リズムへ戻すとともに日中の運動が重要な鍵になる。戸外に出て身体を動かして遊ぶという経験の減少は，子どもの運動能力の低下を引き起こすだけでなく，結果として体温調節がうまくできない自律神経の未発達な子どもを増やすことになっていくのである。

③　姿勢コントロール能力の低下

　子どもの生活習慣の乱れは，身体そのものの変調も引き起こしている。そのひとつに背中が丸い子どもが増えていることがある。換言すると，姿勢の悪い子どもが増えているということである。大築立志は姿勢制御を「任意の時間，自分の意志で一定に保つことができる身体各部の相対的位置関係」[42]と定義している。さらに姿勢コントロールに関して鈴木三央は，腹内側系と背外側系の2つのシステムでコントロールされていることを指摘し，腹内側系は体幹を中心とした筋群を，背外側系は四肢の末梢系の筋群をコントロールするとしている[43]。また，これ以外にも第3の運動系といわれる縫線核脊髄路，青斑核脊髄路があり大脳辺縁系が体性運動系を制御している。私たちが姿勢を正して感じる脊髄の伸びと筋肉の動きは，丹田を基軸とした姿勢感覚である。立位，腰を落とす，腰を曲げる，手足を動かすなど体勢が変わるたびに，重心移動がなされ，姿勢コントロールが行われているので，安定した状態を維持できるのである。そうした意味で，背中が丸い子どもは，重心移動を調整する脳の働きが鈍化し臓器にも影響を及ぼすことが危惧される。

　さらに，この背中の丸さの身体への影響としては，呼吸の浅さなどの心肺機能の低下や起立性貧血・車酔いの症状，背柱側弯症などにつながったりすることがある。背中の丸さを引き起こす原因の一つとして挙げられているのが，日常の姿勢や動作の癖であり，日常の姿勢が悪くなるのは運動不足による柔軟性や背筋力・腹筋力の低下と腹内側系，背外側系の制御能力の低下もその一つの要因として考えられている。

　また，正木は，「平衡能」「全身協調能」「手指協調能」「分離・模倣能」の調査の結果，「平衡能」が低下している（閉眼での片足立ち）ことを報告している[44]。平衡能は土踏まずの形成とも関係するが，彼は足型のアーチという形態だけではバランスをとれないことに注目し，これを石蹴りや片足で跳ぶなどの遊びの減少の影響として感覚器系・神経系の機能の衰えと捉えている。

④　咀嚼力の低下

　最近，固いものがよく噛めない，食べものがなかなか飲み込めないといった，咀嚼力や嚥下力の低下した子どもが増えている。カレーやハンバーグ，スパゲティなどのような柔らかいものを好んで食べる子が増えていると同時に，噛まなくても味がする加工食品を好む傾向にあることが原因である。食環境において噛まなくてもいい食品を選択すれば，環境適応の結果として噛まなくなるのである。食物を細かくかみ砕くこと，つまり咀嚼力は，一方で唾液の分泌を促す役割もあり，このことが消化吸収を助けることになる。また，噛むことは顎の発達に関しても重要な意味をもっている。噛むことは顎を動かし，顎の骨の発達を促進する。さらに，噛むことが脳への刺激を高め，脳の働きを活発にし，記憶力や集中力を高めることも証明されているといわれてきたが，噛まない子どもの増加は，こうした諸々の発達に対して逆の現象を引き起こしてしまう可能性がある。

　このような現象に関して，人見哲子らは，幼稚園の年中組（4〜5歳）の保護者を対象にしたアンケート調査の中で，噛めていないと意識している保護者はいなかったが，咀嚼に関して気になるという保護者は約半数いたことを報告している[45]。また，赤坂守人らは，最近の子どもは，「堅いもの」を嫌い，偏食になっており，その咬合力，咀嚼能力は低下しており「噛まない」ことから「噛めない」現象が起きていることを指摘している。さらに，赤坂らは咀嚼能力とは，食物を咀嚼し嚥下できるように粉砕し唾液と混和し適当な大きさにする能力であるとし，咀嚼運動に関しては種々の筋が複雑な協調運動の結果で現れているとする。そして，5歳頃になると成人女性の咀嚼能力に近づくことより，筋の協調性を習得するのではないか推測している[46]。

　この咀嚼能力と生活習慣，運動能力との関連に関して，高校1年生の男子生徒を対象にした中村美保らの研究では，生活習慣に関しては「運動量が多い」「よく噛んで食べる」子どもの咀嚼能力が強く，運動能力では咀嚼能力の高い子の方が「筋持久力」が高かったことを報告している[47]。これは思春期の生徒の結果であるが，中枢神経系の発達に伴い協調運動の獲得が急激に

行われる幼児期における運動経験が咀嚼能力の獲得にも影響している可能性を示唆していると考えられる。

（2）子どもの耐性低下現象

耐性とは，抗性ともいい，生物が高温・低温，乾燥，病気，害虫，薬剤などのような環境条件の不利な状況に対して，対抗できる性質をいう。自己組織化する生物は，その生息場所の環境条件に対してある程度の耐性をもっており，不利な状況に対抗する体内の機能が働く。ここでは，子どもの耐性低下の減少として，アレルギー反応の問題と運動に対する耐性に関して考えてみる。

①　アレルギー反応

昨今の子どもの耐性が低下している現象の代表例に，アレルギーの子どもの増加があげられる。代表的な疾患としては アトピー性皮膚炎，アレルギー性鼻炎（花粉症），アレルギー性結膜炎，アレルギー性胃腸炎，気管支喘息，小児喘息，食物アレルギー，薬物アレルギー，蕁麻疹などが挙げられる。アレルギーとは体内に入ってきた異物を体外に出そうとする免疫反応に基づく生体に対する全身的または局所的な過剰反応（アレルギー反応）である。アレルギーには，Ⅰ型（即時型：アナフィラキシー型），Ⅱ型（蔡瑁傷害型），Ⅲ型（免疫複合体型：アルサス型），Ⅳ型（遅延型：ツベルクリン型）があり，狭義のアレルギーといえば，Ⅰ型のアレルギーのことをいう[48]。アレルギーになる原因について定説はないが，大きくアレルギー性疾患と自己免疫疾患，近年いわれる衛生仮説がある。この衛生仮説は，衛生環境のよい地域に住む子どもで乳幼児期にいろいろな感染症にかからなかった子どもにアレルギー疾患の子どもが多かったことを疫学調査で明らかにしたイギリスのストラチェン（Strachan）博士が1989年に提唱した学説である。換言すると，子どもを取り囲む衛生環境があまりにも整い過ぎてしまったため，病原体に接触する機会が減少してきたことが，かえって子どもの免疫力を落としている可能性があるということである。幼児期に戸外で身体を使って遊ぶということ

は，自然界にいる病原体に接触する機会を適度に与えていることであり，このことが丈夫な身体づくりに好作用を及ぼしてきたのではないだろうか。

　特にⅠ型のアレルギーの原因に関して，たとえば食物アレルギーの場合は，食べ物に含まれるタンパク質が主に異物（アレルギー反応を起こすような抗原：アレルゲン）として認識されて症状がでてくるといわれている。そのほかにも，ハウスダストやダニ，植物の花粉，動物の毛など多岐にわたっている。このようにアレルギーの原因に関してはまだよくわかっていないのが現状である。食物アレルギーの場合，発達に伴って，原因物質を食べられるようになるという耐性がついてくることによってアレルギーが消えていくこともあるが，アレルギーによってアナフィラキシーショックという意識障害などが生じ，命の危険にさらされる重篤な病態に陥ることもある。

②　脳のアレルギーという慢性疾患状態

　アレルギーと同様に，すぐに「疲れた」という子どもが増えている。この言葉は，正木によると「からだのおかしさワースト5」に入り，保育所で「すぐ疲れたという」子どもが1979年で10.5%なのに対し，1990年では63.3%と10年で6倍に増加している。また小学校でも1990年には71.6%を示して上位にあがっている。前述のアレルギーと合わせて，「すぐ疲れたという」が全校種に重なっている（図表1-2-19）[49]。

　この「すぐ疲れたという」のを，正木は「脳のアレルギー」と称してい

図表1-2-19　からだのおかしさワースト5（1990年）

	保育所	小学校	中学校	高等学校
1	アレルギー	アレルギー	アレルギー	アレルギー
2	皮膚がかさかさ	皮膚がかさかさ	すぐ疲れたという	すぐ疲れたという
3	背中ぐにゃ	すぐ疲れたという	視力が弱い	腹痛・頭痛を訴える
4	すぐ疲れたという	歯並びが悪い	腹痛・頭痛を訴える	視力が弱い
5	咀嚼力が弱い	視力が弱い	不登校	腰痛

正木健雄『おかしいぞ　子どものからだ』大月書店，1995，p.25　※筆者が1979年を省略

る[50]。また，1990年の「背中ぐにゃ」は，保育所（67.7%）で高い割合を示している。咀嚼力，歯並び，視力が弱いといった幼児期から学童期のからだのおかしさは，高等学校に行くと，1990年には「腹痛・頭痛」（75.0%）「腰痛」（66.5%）といった慢性疾患状態を呈してしていくのである。

　すぐ疲れる子どもは，自分自身の身体を上手にコントロールできない。その原因としては，脳のアレルギー状態，つまり脳における興奮と抑制のバランスがうまく取れていないことが考えられる。この興奮と抑制を学ぶのにふさわしい経験が，昼行性の動物が本来もつ生活リズムの快調さをつくりだすことと，集団の中で遊ぶ（運動遊びを行う）ことにある。特に幼児期の子どもは，集団で遊ぶ中でこのバランスを獲得し，免疫性や耐性が培われていくのである。

　運動の持久力の測定に現れた我慢強さ[51]が顕著に低下してきたのを確認できたのも1980年前後である。つまり，運動の持久力が低下しているということは，子どもの心の耐性が低下していることを示しているのである。

４．メディア依存が子どもを壊す

　子どもを取り囲む環境の変化は，子どもの身体・精神の発達に関して様々な影響を与えてきている。そのような環境変化の一つに，デジタルメディア文化の到来（ブーム）が挙げられる。ゲームやテレビなどは，子どもの生活（大人でも）の中になくてはならない道具の一つになってきた。この種の道具は，これまで子どもが経験してこなかったような新しい世界を魅力的に提示してくれる一方で，前もってやることなどを提示してしまい，考えたり，探したりしなくても，常時子どもの脳の中へいろいろな刺激を押し込んでいると考えられる。こうしたゲームなどのデジタルメディアは，人間の活動を受動的にさせてしまい，本来人間がこれまでに有してきたいろいろなことに関して興味や関心をもち，主体的・能動的に取り組んでいく機会を奪っている。確かに，デジタルメディアは子どもにこれまでにない新しい可能性を提供して

きたが，それと同時に，上述した意味では，発達に関して多くの弊害を引き起こしてきたといえよう。その結果，与えられることには取り組めるが，自分から興味や関心をもって，いろいろなことに意欲的に取り組めない子どもが増えている。

(1) 屋内環境の変化とメディア依存

　かつて，屋内に土間や作業場があり人畜同居した時代は，屋内にも広さと多様性があり，子どもは空間を活用して動的な遊びが可能であった。今でも冬期雪に閉じ込められる地域では，屋内に外の環境の一部を持ち込んでいる場合もある。しかし，近代建築は人畜別居にし，戸外の作業を屋内に持ち込むことと切り離している。そして子どもの遊ぶ屋内空間は，小さな部屋に代わり，そこにあるものは電子機器に変わってきた。このことが実は子どもを内面から壊し始めるきっかけとなっていったと思われる。

　清川輝基は1980年代から1990年代にかけて，子どもを取り巻く文化環境はメディア文化にどっぷりつかっていると述べている[52]。彼は，生まれたときから茶の間にテレビがあった「テレビ第一世代」の親たちは，テレビを見ながら授乳したり，テレビの前に赤ちゃんを座らせておいて自分の用事を済ませたりする行動に何の疑問も違和感ももたないと述べている。授乳するときにテレビを見ながら行うという行為は，食物を与えている，換言すると餌を与えているというだけの行為である。食とは前述したように，ただ食べるのではなく，他者とのかかわりを含めたコミュニケーション能力を伸ばす働き（共食）をもっており，乳児期の母乳やミルクの摂取は，そのコミュニケーションを習得する前提条件となる愛着形成の基本になる行為である。この貴重な行為において，養育者が子どもの顔を見ずにペットに餌を与えるがごとくかかわっていれば，この時期に必要な“食とコミュニケーション”を経験しないまま成長していくことになる。フロイトらは精神分析的知見から，乳児期の愛着形成の失敗は，抑うつを引き出し，境界性人格障害や過度の依存症につながる可能性を示唆している（口唇期的パーソナリティ）。授乳の時間

は赤ちゃんにとって大切な時間なのである。

　また，清川・内海らが指摘する子どもを壊している「メディア漬け」現象[53]とは，メディア接触時間が長い子どもほど，生命感覚や自己肯定感などに問題がある現象である。指摘する問題の一つは，前述した幼児期から学童期の低体温児の増加である。彼らは朝から体温（35度台）を上げきれず午後になって上がる（37.5度）体温調節不良の子どもの増加は，長時間のメディア接触が体温調節などにかかわる自律神経系の機能に悪影響を与えている現象だとしている。また，キレやすいなど，自分自身の心を上手に制御できない子どもの多くは，自己制御を行う前頭前野の機能が低下しているということである。本来，自己制御の機能は，年齢が上がるにつれて自然に発達していくはずだが，携帯電話やスマートフォンのようなメディアの乱用により，中学生以上になるとそれらに依存する状態を引き起こしている。メールなどは，相手の気持ちを考えず，一方的に自分の意見を伝えるものであり，相手と対話しながら自分の意見を修正する経験を奪っていく。また，メディアを介して自己を表現しているうちに，それらがないと自分の意見を相手に伝えられず，自己が存在しないような不安を感じているのではないだろうか。そのため，結果としてメディアに依存してしまう状況をつくる。換言すると，携帯電話のようなメディアが，発達途上にある子どもの自立性の習得の欠損を引き起こしている可能性を示しているのである。

(2) 脳内の抑制機能の低下

　2000年頃からいわれたキレる子どもが増加している原因として，有田秀穂は脳内物質の一つであるセロトニンと関連のあるセロトニン神経が弱くなっているとする[54]。心を動かす脳内3大神経伝達物質をコントロールする神経に，不安やストレスを主に制御するノルアドレナリン神経，快や報酬，欲望と関連するといわれるドーパミン神経，そして，この2つの神経に対して，抑制をかけているセロトニン神経がある。つまり，セロトニンの欠乏によって他の神経への抑制が弱まってしまうのである。このセロトニン神経が

弱くなっている背景に，有田は子どもの生活習慣の崩壊や昼夜逆転現象による太陽光の問題を挙げ，「家に閉じこもり何時間も息を詰めてゲーム漬けの生活をする」[55] ことがキレる子どもを生みだす温床になっているとも述べている。逆に，規則正しく生活し，外で太陽の光を浴びながら，身体を使って遊んでいる子どももセロトニン神経が正常な状態を保っており，制御できずにキレるという状態は発生しないと考えられる。

　小泉英明は，テレビゲームなどの普及による弊害に関して，脳機能そのものの影響よりも，ゲームを開始すると途中でやめることができないという促進と抑制のバランスを崩壊させることが最も大きな問題だと指摘している[56]。脳そのものは基本的に促進か抑制の2つの機能しかもっておらず，私たちの生活リズムは促進を抑制することで成立していると考えると，小泉が指摘する脳内の促進と抑制の2つのバランスの崩壊は，生活リズム，生活習慣そのものを崩壊に導く可能性が考えられる。つまり，ゲームそのものが「やめられない」という快感を強く刺激してしまうため，もともと脳の中にある促進と抑制のバランスを壊してしまう可能性を示唆している。脳はもともとプラスとマイナス，つまり促進と抑制を調整するよう形成されており，それぞれがバランスよく機能することで，健康な生活を営んでいるのである。まだテレビを見続けたいけれど，明日は学校に行かなくてはいけないからテレビを切って床に就く。たとえ朝，目が覚めて眠くても，遅く就寝した自分の行為とつなげて，眠いのを我慢して起き上がり，園や学校に行くのである。このリズムが不快なら早く寝ることを自覚する。これらの行為は，やりたいことに関して我慢するという抑制が働いているから可能な行為であり，この促進と抑制のバランスの中で基本的生活習慣が形成されているのである。子どもの生活習慣の崩壊問題は，根っこに脳内の促進と抑制のバランスの崩壊があり，その大きな原因の一つがデジタルメディア文化による影響であるといっても過言ではない。さらに，ハーリーは著書『コンピュータが子どもの心を変える』の中で，7歳より下の年齢ではコンピュータを使用しない方がよいことを指摘し，幼少期からのコンピュータの導入に関して警鐘を鳴らし

ている[57]。

　また，寺沢宏次は，最近の子どもは，脳の前頭葉の機能が低下し，抑制機能が利かなくなってきていることを報告し，その原因の一つに，テレビやテレビゲームなどの影響を指摘している[58]。彼の報告では，抑制力を測る Go/No-go 課題（例えば，赤いランプのときはゴム球を握り，黄色のときは握らないという課題）に関して，高学年になってもこの課題が困難な子どもが増えてきたことを報告している。彼は，このような現象の原因の一つとして，最近の子どもが集団で遊ぶ経験が不足していることを挙げている。集団の中で活動（遊び）を継続するには，お互いが言語的あるいは非言語的なコミュニケーションを利用し，ルールを守りながら自己を制御していく必要がある。そのためには子どもは自分の思いを遂げるという快感や促進だけでなく，抑制する力も必要であり，そのバランスをとることが大切である。制御の経験を引き出すのはメディアによって引き出された遊び（テレビゲームなど）ではなく，外で太陽の光を浴びながら友だちと遊ぶという経験である。最近の子どもを取り囲む環境は，デジタルメディア文化の攻勢によって活動の方向を戸外から室内へと方向づけてしまい，結果として脳内の制御機能に支障をきたしているのである。この抑制する力の低下は「キレる」子どもとも関連がある。さらに，3時間以上ゲームをしている子どもは，いじめられやすかったり[59]，小動物を虐待する子が上昇しはじめてくる[60]など脳内汚染の調査報告もある。

　このように幼少期からのデジタルメディアの導入は，子どもの生活リズム，生活習慣そのものの崩壊を引き起こし，結果として，脳の機能そのものへ影響し，身体がおかしい現象を生じさせるのではないかと考える。

第 2 部

生きるための運動戦略

　身体と精神を統合するために人間は自ら運動し発展していく。第2部では，見える運動によって獲得する能力から見えない内面の精神を捉え，その意味と環境調整のありようについて，幼児期を中心に考える。

　第1章では，人間が生きるために運動を獲得する方略が，乳幼児期からどのように発展するのか，またその方略にはどのような意味があるのかを捉えていくとともに，遊びとの関係を明らかにしていく。

　第2章では，幼児期の運動発達の特徴や運動能力測定の結果から，知的，情緒的，社会的な発達の側面について考究し，今日の幼児が置かれた状況から今後の課題解決の糸口となる環境のありようについて考える。なぜなら，幼児期の運動能力低下現象は，国民全体の運動能力低下，活力低下への警鐘だからである。

　また，運動コントロール能力を質的・量的に捉え直すことで幼児期の運動の発達の意味を明らかにしていく。

第1章

乳幼児期の運動学習方略

1．情報処理する身体

　生誕後，人間はよりよく環境に適応していくために身体運動を用いて漸進的，連続的に行動様式を変化させながら発達している。この過程で獲得され，修正されていく行動様式の一つに，手と目だけでなく全身の協応動作がある。

　本節では，この運動コントロールの発達に伴う協応動作の獲得・学習に関して，情報処理システムの観点から捉えていく。

（1）運動とは

　運動とはどのように定義されているのであろうか。物体の落下運動，回転運動や地球が太陽系を回る天空の状態も運動として表現される。体内の器官系の動きも運動なら，人体の動きも運動である。さらに，社会的なイデオロギーを主張する人々の動きも運動と呼ばれるなど，たいへん広い使われ方をしている。

　広辞苑によると，「①物体が時間の経過につれて，その空間的位置を変えること，②①のほか広く化学変化・生物進化・社会発展・精神的展開などをも含めて，形態・性状・機能・意味などの変化一般をいう。アリストテレスは運動の理解を自然学の基礎に置いた，③体育・保健や楽しみのために身体

を動かすこと，スポーツ，④目的を達するために活動すること，⑤生物体の能動的な働き。個体内の局所的運動と個体の移動運動，また成長運動・筋運動・細胞運動などのように分類する。植物にも膨圧運動がある」[1] とされる。物体の運動は，ガリレオが見いだした等加速度運動やニュートンによる万有引力の法則，アインシュタインの相対性理論などで説明されたような並進運動や回転運動などの力学的運動である。動物の運動は，大別して歩行，匍匐，遊泳，飛翔の 4 型である。植物の運動は，外部からの刺激に反応して発動する成長運動・自発運動がおもなもので，そのほか膨圧運動（葉の気孔の開閉や，オジギソウの葉の就眠運動，ハエジゴクの葉が虫を捕らえる運動など）と，物理的運動・乾湿運動（植物組織が水分の増減によって受動的に動く運動で，細胞膜が水分を吸収して膨んだり乾燥して収縮したりすることにより起こる。マツの球果が開く，マメのさやが裂開する，スギナの胞子が胞子嚢から出るなど）が見られる。これらの運動はすべての生物が，生きるための仕組みとしてもっている運動である[2]。一方，社会運動については，「社会問題を解決するために組織された集団的行動。狭義には，現存の社会制度を変革するための運動」[3] とされる。

　筆者がここでいう運動とは，人間の筋肉の収縮・弛緩による筋肉運動であり，生物としての人間が生きるために獲得し，使い続けていく身体の動きにつながる運動である。動物の運動は，その大半が筋の働きによる。筋肉は収縮することはできても能動的に伸びることはできない。そこで，それぞれの筋肉が関節のある骨格を仲立ちとして他の筋肉と組み合わされ，交互に収縮する。脊椎動物では内骨格が，節足動物では外骨格がこの仲立ちをしている。筋肉運動は，さらに神経系による制御をも受けているのが普通で，これによって統一のとれた運動が可能となるのは，第 1 部の身体の仕組みでみたとおりである。

　池谷裕二は，脳から指令が出て筋肉を動かす流れを「ヒトが体を動かす時，運動を制御する領域である運動野から一次運動野にさまざまな情報が集められ，ここから最終的に体を動かすための指令が出される。指令は，延髄や脊

髄を経て，筋肉の収縮を担う下位運動ニューロンに伝えられ，実際に筋肉を動かす」[4]と述べている。

　このような筋肉運動は生誕時は不随意運動が中心であるが，発達が進むにつれて随意運動が増えてくる。この随意運動について丹治順は，運動を個体の意思の表現と考え，動物が進化し，高等になるほど，運動には自動的，反射的なものよりも随意的要素が多くなり，多様な目的に応じて自らの意思で手足を意のままに動かすことで，個体の主体性を存分に発揮できるようになっている[5]と述べている。このように，手足のそれぞれの筋が思ったとおりに協調的に働くためには，脳と運動の関係が必要になってくる。脳は認知機構として外界の情報や筋の収縮の状況などの身体内部の情報，記憶された情報などを認知し，運動発現機構の発端をなして運動を発現させているのである。

　日本で人間の運動の意味として運動という言葉が使われるようになったのは，比較的最近のことである。今でも，身体活動と運動とは区分して使っている場合が多い。たとえば，厚生労働省では，運動は余暇時間に行う体力を増加させるための身体活動をいう（健康日本21）[6]としている。同様の視点として小林稔は，運動に関して，「フィジカルフィットネスの向上を狙って実施される余暇時間の身体活動」と定義したボチャードら（1990）の考えを引用している[7]。また，浅見俊雄は遊びやスポーツに含まれない身体を積極的に使う活動で，日常生活で行うものや生産活動としての労働とは違って，それをすること自体に何かの意味をもって行う身体の運動を指していた[8]と述べている。

　このように運動という言葉は，世代によっても職業によっても使い方や概念が異なっている。益軒が養生訓を説いた時代は，移動手段としての自動車や家事を行う洗濯機などがない時代で，日常生活行動と労働自体が相当な運動量となっていた。レクリエーションといえば祭りや四季の花見が，スポーツといえば武術が相当していたといえよう。

　では幼児期の子どもにとっての運動とはどのようなものであろうか。就学

前教育で運動という言葉が使われるようになったのは，1947年の保育要領からである。運動が人間の動きにも使われること自体が新しい言葉の概念で，それまでは遊園，庭園として子どもの遊び場であったところが運動場となり，戸外遊び即運動と結びつけられたと思われる。ここでいう運動は，全身を動かす身体運動である。幼児の場合は歩くこと走ることも遊びであったり，草取りや荷物運びも遊びであったりするので，生活行動も遊びの一連の動きの流れに含めながら，特に遊びに見られる運動に焦点を当てている。

（2）幼児期の情報処理システムと運動

　幼児期の運動について語るには，協応動作の習得過程と運動コントロール能力の発達に焦点を当てることであろう。それに関連して，筆者は以下のように捉えている[9]。

　新生児期の反射運動や自発運動のような生得的なプログラムによって遂行される不随意運動が6か月ぐらいまでには徐々に消失し，1歳までには反射運動はほとんど見られなくなる。そして，自分自身で運動をコントロールする随意運動が中心になる。この大きな変化が生じるのは，目的性や方向性をもった自己の意志による運動コントロールが急速に発達してくるためである。運動コントロールの発達は，環境との間に自分から相互交渉をもつことを可能にする。その結果，姿勢コントロールの獲得を土台に，自己の身体を環境中の対象物に近づけたり遠ざけたりする移動運動（locomotion）と，身体で直接的あるいは間接的に対象物に働きかける操作運動（manipulation）の2つの身体運動が生じ始め，幼児期になると初歩的な運動の段階から走・投・跳をはじめとする基礎的運動パターンの獲得を行うようになってくるのである。幼児期までに獲得する基礎的運動パターンについて，杉原隆は，姿勢制御運動，移動運動，操作運動の3つに分類し構造化している（図表2-1-1）[10]。

　この基礎的運動パターンの動作を，身体の各部分を統一した一つの運動・動作につくりあげるのが協応動作である。この基礎的運動パターンである協

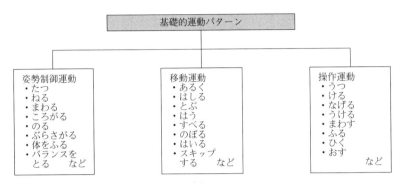

図表 2-1-1　基礎的運動パターンの例
杉原隆『生涯スポーツの心理学』福村出版，2011，p.39

応動作は，身体各部分の協応をつくりだす脳（中枢神経系）との関連で獲得され，さらに修練されていく。そして，児童期は運動経験の広がりに伴い運動パターンの動作頻度が増え，同時に身体的な発育の促進も相まって，投げるという基礎的な運動パターンだったものが野球のピッチングへ，また，跳ねるという運動パターンがハードルを飛び越すなどのより特殊化されたスポーツのスキルに関連した動作パターンへとさらに洗練・向上されていくのである[11]。

　なぜ，乳児期から幼児期に入り，それまでできなかったいろいろな動きができるようになっていくのか，そのメカニズムを考えると，人間の脳と身体機能のメカニズムを幼児期に開発する意味がわかってくる。

　運動パターンの獲得について，工藤孝幾は，情報処理システムの発達という観点に注目した。彼は，乳幼児期にみられる情報処理システムとして，ハードウェアの変化と児童期以降にみられるソフトウェアの変化の2つのシステムの発達的変化を指摘している[12]。

　乳幼児期にみられるハードウェアの変化とは，情報処理を支える構造的機能に相当することである。乳児期から幼児期に入り，姿勢制御運動を土台に移動運動，操作運動などの基礎的運動パターンを習得し，多様な運動経験を

土台に，洗練・修練されて，多様な動きができるようになっていく。この多様な動きの習得の背景には，動きが形成されるための中枢神経系の著しい発達とそれに伴う脳内に動きを引き出すための神経機構の形成があると考えられる。この幼児期の中枢神経系の発達に伴い，これまでできなかった多くの動きを行うことが可能になっていくのである。また，幼児期の終わり頃から，今度は単に「走る」「投げる」だけでなく，走って投げるとか走りながら投げるなどの複数の動きの組み合わせが可能になってくるのである。

　これらについて，宮丸凱史らは運動の組み合わせという視点で研究を進め，発達段階に応じて組み合わせ獲得の違いを評価している[13]。さらに，マイネルも就学前期に運動の組み合わせが発達してくるとする[14]。

　一方，杉原らは運動能力と動きの組み合わせを2つに分類し，一つを"2つの運動パターンが同時に行われるパターンで同時遂行"とし，もう一つを"2つの運動パターンが連続して起こるパターンで結合"として研究を行っている。その結果，運動能力の高い子ほど運動を組み合わせた形で運動に取り組んでいるとする[15]。同様に，筆者らは，自由な遊び場面における幼児の動きを観察し，運動能力の高い幼児ほど，低い幼児に比べて動きの組み合わせや動きの多様性が多いことを確認している[16]。

　これらの研究にみるように，幼児期の基礎的な運動の段階から，児童期では獲得される動きがより多様性をもち洗練，発展された動きへと変容していくことがわかる。つまり，幼児期から児童期はガラヒュー（Gallahue, D. L.）の「砂時計モデル（図表2-1-2）」[17]の段階で考えると，

　　①　基礎的運動パターンが獲得され洗練されていく「基礎的な運動の段階」
　　②　いろいろなスポーツに必要な専門的スキルを習得し向上させていく「専門的な運動の段階」

へと移行していく時期といえる。

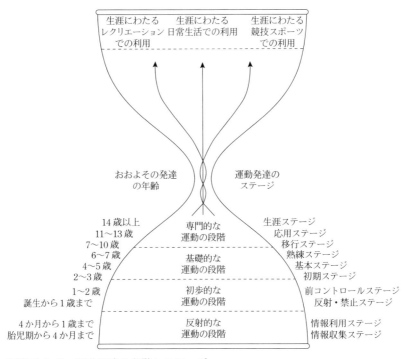

図表2-1-2　運動発達の段階とステージ

ガラヒュー／杉原隆監訳『幼少年期の体育』大修館書店，1999　p.69

　このように児童期以降になると，動きの構造的機能であるハードウェアの
変化だけでなく，その動きを引き出すために入力された情報の処理の仕方を
決めるプログラムの機能が発達しはじめ，結果として，ソフトウェアの変化
が生じてくるのである。

　また，情報処理システムとしてのハードウェアからソフトウェアへの変化
は，一連の情報処理プロセスによって制御された運動の記憶の発達と関連し
ている。工藤らは，サッカーゲームの認知に関して，小学5年から中学2年
の一般生徒とサッカー選手を対象に，経験している運動に関する関連記憶の
成績と運動記憶能力の発達的変化に関して研究を行い，児童期から青年期の

4年間では得点が徐々に上昇していたが，急激に認知の仕方が変化すると
いった臨界期のようなものは存在しなかったとしている[18]。また，筋力やパ
ワー発現の再現の正確性の発達的な変化を調べた末利博らは，7歳から9歳
頃が最も著しく，10歳前後にほぼ成人と同水準に達すると報告している[19]。

　乳幼児期の運動学習方略が活性化し，生涯使うといわれる動きの基礎が確
立することで，児童期の情報を処理する能力が急激に発達する。この情報処
理能力の発達を支えに運動コントロール能力が発達していくことを示してい
るといえる[20]。

（3）運動誤差の検索・修正から予測へ

　ハードウェアからソフトウェアへの移行の中で，子どもの頭の中では運動
イメージとしてこれから行う運動を自ら計画することができるようになる。
つまり，子どもはこの運動イメージの内的基準に基づいて運動を行い，運動
の結果生じる誤差を検出し，検出された誤差を基に修正を行い，再度修正さ
れた内的基準に基づいて運動が開始され，よりしっくりした（正しい）運動
に自らの身体を近づけていくのである。やがて，子どもは内的基準に基づい
て運動を開始し，運動終了後，誤差を検出・修正していく〈フィードバック
コントロール〉から，運動開始前に運動プログラムによって前もって行われ
る運動を予測して運動を開始する〈フィードフォワードコントロール〉へと
移行していくのである。

　私たちは神社などで3歳ぐらいの幼児が鳩を追いかけている風景を目にす
ることがある。幼児は，鳩を捕まえるために，後ろから追いかけて捕まえよ
うとするが，もちろん捕まえることができない。幼児のこの行動は，鳩の動
きに合わせてフィードバックコントロールしているのである。しかし，5歳
から6歳になると鳩の前方に行ったり横に行ったりしてそっと近づく。鬼
ごっこなどでも友だちが走ってくるであろうコースを予測（早回り）して捕
まえることができるようになっていく。このときには，運動をフィードフォ
ワードコントロールしているのである。

このように，幼児期になるとソフトウェアの発達に質的な変化がもたらされる。フィードバックコントロールからフィードフォワードコントロールへと移行していく点に関して，筆者らはどの時点からその移行があるかを研究した[21]。そして，転がってくるボールを捕球しようとする幼児の動きを年齢別に観察し，3歳ぐらいからボールの軌道を予測して捕球することができるようになっていくことを明らかにした（図表 2-1-3）。しかし，この結果では，ボールを捕球するまでの走力という問題が残ったので，同様の視点で，走らずに手元に転がってくるボールをオモチャの金槌で叩くという方法を用いて観察した結果，転がってくるボールの捕球のデータにおいても3歳以降になるとフィードフォワードコントロールが可能になることが明らかになった[22]。また，3歳以降になると，初めはフィードバックコントロールをしていた幼児が捕球回数を増やしていくことでフィードフォワードコントロールへと変化していったことも観察された[23]。このように，幼児期は，フィードバックコントロールからフィードフォワードコントロールへと移行していく時期であるとともに，この経験の積み重ねによって動きが目的的に変化していく時期でもあることが示唆され，この時期の運動経験が情報処理システムとしてのソフトウェアの発達促進にとって重要になっていることが実証されている。

カミイとデブリーズらの近道の獲得に関する研究[24]もこれに重なってく

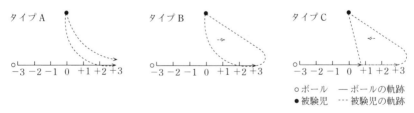

図表 2-1-3　ボールに対する Body Control の軌跡の変化
森司朗・杉原隆・近藤充夫『スポーツ心理学』第 20 巻 1 号，
日本スポーツ心理学会，1993，p.32

る。彼らは，ピアジェの発達理論に基づいて，幼児は自己中心的な見方から脱中心化に向けて発達する中で，徐々に客観的な視点で自分を見ることが可能になっていくと考えた。フィードフォワードコントロールのように相手の行動の先を見通して行動できるようになってくると，近道ができるようになるのである。4 歳児で「猫とネズミ」の鬼ごっこを初めて導入すると，鬼役の子どもは子役の子どもを捕まえるのに後ろから追いかける場合が多く，足の速い鬼が有利である。しかし，鬼ごっこを十分に遊びこんでくると鬼役は子役がどこに来るかを考えるようになり，先回りして捕まえることができるようになっていく。

　このことは，カミイらがいうように目的地に対して近道ができるようになっている証である。つまり，見通しをもって行動できるようになっているということであり，フィードフォワードコントロールができるようになっているという証である。

　このフィードバックコントロールからフィードフォワードコントロールへの移行は，遊びなどの運動場面だけでなく，日常の生活習慣における運動の中にも多く見られるようになっていく。たとえば，食事場面などにおいては，スプーンや匙，箸などを使って食べるものをすくったり，つかんだりした時，最初は重さや長さなどに合わせて調整をしているが，次第につかむ前から，見ただけでこの程度の力でつかもうと身体が反応し，つかむことができるようになっていくのである。また，衣服のボタンかけなどにおいても，初めはボタンを触りながらかけているが，次第にボタンに触る前からボタンの位置を予想してかけるようになっていく。靴を履く際も最初は靴の後ろについているひもを引っ張って足のかかとを靴の中に入れるが，次第に引っ張るひもがなくても自然に足先からかかとへと足を入れられるようになっていく。このように，フィードフォワードコントロールを利用して，見通しをもって行動することで，より効率的な生活の仕方を身につけることができるようになっていくのである。

（4）タイミングコントロール能力の発達

　幼児期から児童期に入り，ソフトウェアの発達に伴い運動場面で多くの感覚情報を処理できるようになると，より複雑な運動技能（協応動作）が可能になっていく。この情報処理能力の中でも運動技能（協応動作）にとって重要な能力として，「タイミングコントロール能力」が挙げられる。

　このタイミングコントロール能力とは，外的事象に対して自己の動作を時間的，空間的に一致させるものである。動いているものをインターセプトしたり，反応を選択したりするタイミングコントロール能力は幼児期から発達し，児童期に入ってほとんど大人と同じレベルになる。コーとスージェン（Keough, J. & Sugden, D.）は外的な刺激に対してタイミングを調整する能力は6歳までに大幅に改善されることを報告している[25]。同様に，工藤は，これまでの研究結果に基づいて，発達段階初期の情報処理能力は構造的性能と関連のあるハードウェアの発達に強く関与しているため，まだ年少の子どもは外界の変化に合わせて自分の動きを調整することが困難であり，どのような状況に対しても自分固有の動きで反応していると述べている[26]。これが児童期以降になると，プログラムに相当するソフトウェアが強く関与するようになっていき，タイミングコントロールは，環境からの要求に応じた柔軟な動作に発達していくのである。たとえば，5歳児がドッジボールを始めたばかりの頃は，方形のコートでも目の前にいる相手に対してボールを当てることだけに夢中になっている。しかし，遊びこんでくるとボールを当てたい相手の後ろに味方がいることがわかるようになり，ボールを持っている自分と当てる相手の一対一関係だけでなく，後方にいる味方を含めた三者関係で運動が行われる。遊びこむことで環境の要求に応じてより複雑なタイミングコントロールができるようになっていくのである。

　小学校低学年の子どもがサッカーごっこをバスケットコートくらいの広さでしているときは，縦横無尽にコートの中を駆け回っているのであるが，いざ，小学校高学年の子どもが行っているような広いサッカーコートに場を変えてサッカーごっこを始めると，今まであれだけ元気に走りまわっていた子

どもたちがどのように動き回ればいいかわからず立ち止まっている姿をよく
目にする。これは，狭い空間では子どもは情報を処理して動き出すタイミン
グなどを上手にコントロールできているのであるが，空間が広くなり，本人
の情報を処理する許容範囲を超えてしまうと処理が難しくなり，動きを制御
できなくなっているためではないかと考える。つまり，子どもが情報を処理
しタイミングをコントロールする能力には，経験と周辺の情報の量が影響す
る可能性が考えられる。

(5) 運動反応スキーマの形成と情報判断能力

　バウアーは，運動行動のルールの成立に関して，乳児が手渡されたものを
把握する運動には，4つの段階があることを明らかにしている[27]。最初は，
把握する対象が渡されると，すべての把握対象に関して全力でしっかりと
握ってしまう段階である。これは，重さの異なる対象に対してまだ運動が分
化していない状態を示している。第2の段階は9か月頃で，持った重さに応
じて握る力を調節し落とさない程度の力で握るようになる。腕は持った物の
重さで一旦下がってしまうという特徴があるが，実際に把握することによっ
て重さの異なった対象に対する反応を分化できるようになっている。1歳頃
になると第3の段階に入る。この段階では，1回目に渡されたときには重さ
で腕は下がるが，同じ物であれば2回目以降はほとんど下がらなくなる。つ
まり，乳児は物を持つのに必要な力は最初手渡されたときに発見し，2回目
以降はその発見した力で把持するために前もって調整を行うことができるよ
うになるのである。

　つまり，この時期になると予期のルールをもって運動行動ができるように
なっているということになる。そして，18か月頃になると第4の段階に入り，
物は長さに応じて重くなるという見た目の長さから物の重さを予期できるよ
うになり，運動行動を行う前から，すでに予期のルールが成立するようにな
る。しかし，この時期の予期のルールは見た目による影響が大きく自己中心
的な思考をしており，普遍性という視点をまだ有していないので，ピアジェ

が指摘している同じ量の水を異なる容器に入れると違う水の量に見えてしま
う「量の保存」に問題が生じる段階である。この予期のルールであるスキー
マは運動に関するルールの記憶のようなものであり，幼児期におけるいろい
ろな運動経験の量がこの記憶に影響してくると考えられる。

　乳児期から幼児期に形成される予期のルールのスキーマは，一種の知識と
も考えられ，この時期に行われる運動活動は，それ自体が知的活動であると
いえよう。

　私たちは新しい技能を習得する過程を運動学習と呼んでいる。杉原は運動
学習を情報処理理論の考えに基づいて，「知覚系と運動系の協応関係の高次
化」と定義している[28]。外界にある情報を，感覚器を通して知覚し（視覚，
聴覚，嗅覚，味覚，触覚），その情報を脳へと伝え，脳はその情報を処理し，
処理された情報が運動系に結びつけられ，運動技能として表現されるのであ
る。その際，その運動活動を開始したばかりの初心者より運動技能が上達し
ている熟練者は，知覚系と運動系を互いに結びつける脳内での協応関係の水
準が高く，入力された知覚系と出力する運動系は高次化しているのである。
その結果，今まで曖昧だった運動の手がかりの知覚が正確になると同時に，
出力される運動を目的に応じて微妙に変えることができるようになる。

　杉原は，運動の手がかりとなる知覚が精緻化するとともに，それに応じた
かたちで運動のコントロールが微細に正確に行われるようになっていく過程
を高次化と述べる[29]。そして，より水準の高い協応動作ができるようになっ
ていくということは，脳内でこの知覚系と運動系の高次化された協応関係が
記憶として残されていくことであるとする。つまり，協応動作を獲得する中
でスキーマを形成していく過程そのものが，知的活動なのである。

　最近の運動学習理論では，この知的活動には運動の中核に抽象的な運動の
ルールである運動反応スキーマが存在し，運動のルール，運動イメージや予
期などはこの代表的なものの一つとされている。シュミット（Schmidt）は，
この運動反応スキーマについて，運動の開始にかかわる再生スキーマと再認
スキーマの2つの運動に関する記憶構造を提唱している[30]。彼によると運動

反応スキーマは，図表2-1-4[31]のような4つの情報源から構成されており，それぞれの情報源が再生スキーマと再認スキーマとして記憶されているとする。具体的には，①運動の意図（どのように運動しようとしたか），②感覚経過（その運動をしたときどのような感じがしたか），③運動の結果（運動の結果がどうなったか）の3つが記憶と繰り返しにより抽象化され，運動の仕方についてのルール・知識の構造を形成するのであり，この運動活動は感覚的であるが，一方ではルールという知性を形成する知的活動をしていることになる[32]。

　そして，彼はこれらのスキーマは，前述の4つの情報源を基に練習を繰り返して行うことで形成されていくとする。今日のスポーツ界では，より効率的に両スキーマを形成するためには，同じ課題を繰り返していくという練習方法ではなく，いくつかの異なる練習を組み合わせていく多様性練習が効果的であることが多くの研究によって実証されている。たとえば，的の真ん中に向かって正確にボールを投げることを練習する場合，1か所（同じ位置）だけで繰り返し練習するよりも投げる位置を数か所に分けて（投げる距離を変えて）練習した方が，今まで練習してこなかった新しい場所での的当てもうまく実行できるというものである。

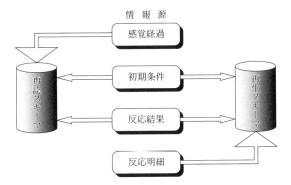

図表2-1-4　再認スキーマと再生スキーマを形成する情報源

杉原隆『運動指導の心理学―運動学習とモチベーションからの接近』大修館書店，2003，p.40

　このスキーマ形成に関して，大人は長年にわたる運動経験を通じてある程度スキーマが形成されているのに対し，子どもはまさにスキーマ形成の途上にある。このため，スキーマの形成が大人に比べて未発達なことが考えられる。しかし，大人も練習の方略を完全にランダムにすると，記憶の忘却を利用してスキーマが獲得されることが，文脈干渉効果として報告されている[33]。つまり，運動反応スキーマの形成には，同じ運動の繰り返しよりも多様な運動経験が有効になる。

　幼児の日常の運動活動から考えてみると，多様性のある環境における自由な身体の動きを伴った遊び（以下，運動遊びとする）そのものが，運動の多様性をも引き出しているといえよう。遊びの中では，求められる動きは同一ではなく，個々が目的に合わせた形で状況によっていろいろな動きを経験している。たとえば，鬼ごっこでは，鬼に捕まらないように鬼や仲間の動きに応じて微妙に自分の動きを変化させており，むしろ同じ動きを連続で再現させることの方が少ないのである。また，幼児の遊びという大きな単位で考えてみても，一年中，同じ遊びをしてはいない。たとえば，春は鬼ごっこや草摘み，夏は虫取りや水遊び，秋はリレーごっこに竹馬や一輪車，冬はコマ回しや凧揚げ，地域によっては雪遊びやスキー，そりなどと，運動コントロールが異なる遊びが展開される。遊びそのものを楽しむため，季節によって，経験の成熟によって子どもの遊びが変化しているのである。

（6）運動遊びと情報処理能力の発達

　脳の発達と情報処理能力の発達は飛躍的に子どもの行動を変化させていく。澤口は，「進化的にいえば，幼少期ではたくさんのことをなるべく早くかつ効率よく学習する必要があるので，神経回路の可塑的変化を引き起こすドーパミン系を幼少期でよく働くようにさせてきたわけである」[34]とする。澤口はこのドーパミン系は繰り返しの効果があるとしており，運動反応スキーマの形成などにより効果的な影響を与えていることが考えられる。また，運動とは直接は関係ないが，ノルアドレナリン系も幼少期でもっとも強く活

動するとし，禁止的社会規範の習得には必須だと述べている[35]。さらに 8 歳頃までには「実体験としての，痛みを伴った社会関係」をある程度体験させたほうがよいと述べている[36]。その意味では幼児期の子ども同士のトラブルは，社会規範の学習に関して非常に重要な素地であると考えられる。これは他者の立場から自己を見ることができるようになっていくことで情報処理をコントロールするような「自己」が成長してきていることを示している。

　一方，遊びは，自由性の高い活動であり，遊びにおける子ども同士のトラブルは逃げ場があり，大人が考える以上に，子どもの思考力を高めてくれる重要な刺激をもたらす環境でもある。ラットを使用した実験では，ケージのような飼育箱で育てられたラットよりオープンスペースで探索活動が行われるような環境で育てられたラットの方が脳の発育がよかったことが報告されている。ラットの研究結果を人間に直接結びつけることはできないが，幼児期の子どもの育つ環境の違いが，学習能力に対しても影響を与えているといっても過言ではない。

　また，これまで述べてきたように，幼児期の情報処理能力の発達および運動反応スキーマの獲得が幼児期の協応動作の獲得，知的活動の経験を引き起こすと考えるならば，幼児期に必要な運動経験は一つの運動に偏って経験するより，より多様な運動を経験する方が運動反応スキーマを形成し，このスキーマを通して多くの協応動作を獲得するといえよう。この多様な運動経験を含んでいる活動こそ，人間が自らの身体を調整し，機能を快の状態に高め，維持していく遊びではなかろうか。目的に応じて主体的，能動的にかかわっていく自由度の高い遊びの経験は，多様な感覚情報を多様な運動と結びつけることができる可能性を増やし，いろいろな環境の変化に応じた形で柔軟に動きを適用していくことを可能にしていく。

2．メタ認知の発達と運動経験

われわれの認知活動全般において，重要なものの一つにメタ認知がある。メタ認知とは，「認知についての認知」[37] をいう。本節では，幼児期に見られるメタ認知の原初型について脳の発達と関連させながら捉えていく。

(1) 幼児期におけるメタ認知

メタ認知は，認知活動に関する知識や思考と認知活動をモニターする過程（モニタリング）と，コントロールする制御的なメタ認知過程（メタ認知的コントロール）という2つの側面からできている[38]。

メタ認知について藤谷智子は，子どもの柔軟で創造的な思考や表現を高めるためには，メタ認知を育成することが課題となっていることを指摘し，算数や理科，国語などの教科領域での授業研究にも盛んに活用される視点だとする[39]。これまでメタ認知は，自分の視点と他者の視点を区別できるようになり，自分の思考過程の意識化や課題解決のためのプランニングなどができるようになる児童期の中頃，主に小学生以上から現われてくるといわれてきた。しかし，藤谷も指摘しているように，近年は，幼児期でもメタ認知への前兆・前駆（a precursor to the real thing）あるいは，原初型としてのメタ認知を発達させていると考えられるようになってきている。つまり，未熟な状態から高度な状態への連続体として考える[40] 存在としてあるということである。このことは，幼児期の経験の中で獲得されるメタ認知形成の土台は，その後のメタ認知の発達に大きな影響を与えている可能性を示唆する。この点に関して，内田伸子は「ごっこ遊び」におけるモニタリングの働きについて，子どものごっこ遊びそのものの中に，イメージする存在になりきりながら自己をモニターしている幼児の姿があるとする[41]。そして幼児期中期になるとメタ認知が働きはじめるが，まだこの時期は他者と関係なく自分に向き合っている時期であり，子ども同士の影響関係はないとしている。

　確かに，2，3歳頃になると見立てができるようになるため，イメージのある一人遊びが増えてくる。また内田は，5歳になると自分だけではなく一緒に遊んでいる自分たちをモニターする「内なる他者」の目が出現することで，自分たちの共同の遊びを立て直すようになると述べ，さらに，モニタリング→メタ認知の働きは，4歳代の個人的段階から5歳代の集団全体に及ぶものへと進化を遂げているとする[42]。また，苧阪直行は，脳科学の視点から考えたとき，メタ認知の作動に関してセルフモニタリングの重要性を指摘する[43]。セルフモニタリングのスイッチが入るにはワーキングメモリーの容量の個人差が影響するとし，4歳頃までは前頭前野（内側面を含む）の機能的成熟度が低いため，スイッチを入れてもメタ認知は十分に作動しないのではないかと推定している。そして，4歳以降になると他者の心の理解などが可能になっていき，メタ認知につながる社会脳が発達していくと考えられる。一方，板倉昭二は，メタ認知の起源は知識の源泉に気づくことであり，それが自分と他者では異なってくると考えはじめるおよそ3歳から4歳にかけてであると〈心の理論〉を修正している[44]。

　筆者の観察からも，一人で砂山をつくっていた幼児が4歳ぐらいになるとみんなで砂山をつくることができるようになっている。他児と同じようなイメージをもって砂山を一緒になってつくる。さらに，5歳になれば，友だちとトンネルを掘るようになったり，川やダムなどを作り水の流れをつくりだしたりするようになる。それは，自分の経験の中に他児のイメージを見るメタ認知が働き，自分のイメージと合わせて相手を了解するからである。幼児期の運動遊びの中には，このメタ認知につながる経験が豊富に含まれている。

(2) 幼児期の運動経験とメタ認知

　幼児期は，メタ認知の基盤が形成されはじめるという意味で体験が重要な意味をもつ。メタ認知とは自分を自分で監視するような意識であり，メタ認知によって自分を客観視し，自己抑制できるようになっていく動力である。このメタ認知の原型が最初に認められるような姿が自己制御の姿ではないだ

ろうか。鬼ごっこでの子どもの動きを捉えると，自分はまだ鬼になりたくないと言い張り，捕まっても鬼にならない子どもは自分自身の行動を制御できていないが，5歳になり鬼ごっこ全体の見通しがもてるようになると，自分はまだ逃げたくても鬼に捕まると逃げることをやめ，鬼ごっこのルールに従うようになり，自己制御ができるようになっていく。

　運動活動におけるメタ認知の多くは，幼児期から児童期の運動経験や繰り返しの練習を通じて獲得されてくる。そこで，この時期の運動を通して子どもが適切な遂行や学習の方略に気づき，それらの方略を自発的に採用することができるような活動環境・練習環境を提供することが，メタ認知の発達を促進することにつながる視点となろう。子どもは，砂場で遊ぶときの必需品として水をよく使用する。筆者は必需品だからこそ，水はなるべく砂場から離れたところにあった方がいいと考えている。子どもは遊びの過程で水が必要になったら自分で水を探し，どのような手段で運んでくるかを考えるからである。水を探すための適切な方略を思案し，在処を確認し，運ぶ道具を探し，どの方略を採用するかを決めていく。つまり，この砂遊びの過程で，幼児は一種のメタ認知に類する認知活動を行っているのである。教師・保育士等が気を利かせて水道からホースを使って砂場まで水を運んでしまうと，せっかくのメタ認知を高める環境を壊してしまうことになる。

　鬼ごっこの遊び経験が深まっていくと，鬼役は子役がどこに逃げるか動きを前もって予測＝"よむ"ことができるようになる姿や，ドッジボールが遊びこまれていくと相手がどの方向に逃げるかを予測して投げることができるようになる姿が見られる。これらを見逃して，教師・保育士等が指示を与えてしまうと，一見，親切に見える指導であっても，メタ認知を高める環境を壊していることになる。メタ認知は，自ら欲求とのズレを調整し解決する過程で磨かれるからこそ，遊びこむこと，繰り返すことに意味がある。身体の動きを何回でも修正できる運動遊びのような体験の中だからこそ，メタ認知を獲得する環境を提供し，幼児がその体験を積み重ねていくのを待つ余裕が求められているといえよう。

(3)　メタ認知の発達と集団での遊び

　幼児の集団の場における遊びは，一人遊びから始まり，5歳頃から，鬼ごっこやドッジボールのような組織的な遊びへと変容していく。この過程で，幼児はお互いのイメージを共有しはじめ，遊びのルールなどを自分たちで理解し，守ることができるようになっていくのである。仲間と遊べるようになる背景には，メタ認知の基盤が発達してきたことが考えられる。内田は，4歳頃から自己自身の認知を意識化するようになり，5歳後半頃から行動のプランをもちはじめ，このプランに照らして自分の行為をモニターしたり，評価したりするようになるとしている[45]。つまり，5歳を過ぎると，自分の中にもう一人の自分をもつことができるようになってくるのである。この時，行動のプランの中に他者の存在も組み入れるのではなかろうか。

　「Sけん」という2チームで競う遊びがある（図表2-1-5）。大地にSの字に描いた線の上と下の丸みの中を陣地として，S字の開放部を陣の出入り口とする。両チームとも，陣地の中央あたりに宝物を置き，宝を守る役，敵の陣地に宝を取りに行く役，敵が自分たちの陣地に入り込まないように陣の入り口を固める役に分かれて，敵の宝を取るまで戦いが続く。片足けんけんで移動するので途中に休憩場所を設定する。休憩場所以外で両足をついてしまうと陣の入り口に戻り，片足けんけんで再度移動しなければならないというルールである。5歳児はこの遊びが大好きで，真冬でも素足になって戦う。宝を守る大将は，全体の動きを見て指示を飛ばし，一人ひとりは相手の動きを読んで一瞬の隙を見つけて敵陣に入り込む。しかし，入り口で押されてバランスを崩し両足を着いてしまったり押し倒されたりして，なかなか入り込めないため宝に近づけない。

　自分の行動の中に味方のそれぞれの役の動きだけでなく敵の多数の動きを予想し，

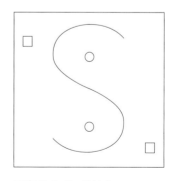

図表2-1-5　Sけん

プログラム化し，自分の能力に応じて役割を果たす。味方に弱者がいればそれも含めてチームの力が結集するように戦略を立てる。ときには引き分けになり，ときには負けて大泣きをし，それでもまたやりたがるだけの魅力をもった遊びである。相当な体力と知力を使うから面白いのであろう。

　このように幼児は集団遊びの中で，ルールや決まりがあった方が面白いことを理解できるようになり，組織的にいろいろな遊びに取り組むようになっていくのだが，その背景にメタ認知の基盤の形成（芽生え）があるということである。また，このメタ認知の芽生えは，幼児期の心の発達にも影響することが予想される。澤田崇明は，小学6年生を対象にマット運動を教材とした体育の授業の実践において，メタ認知が子どもの自主性や自立性を引き出し，運動有能感に影響を与えたとしている[46]。彼は，学習カードを用いて，児童にメタ認知的にモニタリングさせ，メタ認知的なコントロールが効果的な運動技能の向上につながったと考えている児童を把握したのである。子どもはできなかったことができるようになっていくと，効力動機が充足され，有能感を感じるようになっていく。こうした経験が継続していくと，「やればできる」という認知を前もってするようになるのである。学習者が「こうすればできる」というプランを立て，そのことをモニタリングしながら認知過程を進めていくことが有能感につながる。もちろん，幼児期は小学生とは異なりメタ認知がまだ十分には発達していない時期であるが，幼児期の後半から経験した行動が自己の有能さの認知と強く関連してくる。幼児はメタ認知につながる「できるようになる」というプランニングの経験を通して，自己の有能さを認知しているのである。

3．運動学習方略と生活習慣

　自己の有能感に基づいた運動学習方略は，日常の生活を支えている。生活は時間であり動きの連続の中にある。外界の情報を取得する五感とその情報を処理するシステムは，動きとして現れる。運動学習方略によって獲得した

基本的な動きを使って，日々，私たちは意図した目的を達成している。その獲得の適期が幼児期にあるということである。

（1）協応動作の獲得

　幼児期は中枢神経系の発達に伴い，運動コントロール能力が急激に発達し，戸外で十分に遊んでいれば，われわれ大人が日常行っている基本的な動きが，ほぼできるようになっていく。

　意図した目的を達成するための動きを獲得していく過程において，最初は意図した目的に必要な動きだけではなく，不必要な動きが随伴してしまうが，次第に動きが分化し，自分の意図する目的との関係から必要な部分だけが動かせるようになっていく。その後，2つ以上の機能が目的に応じて協応動作として協調し，動きが統合されるようになっていくのである。このようにして，動きは目的に合った合理的な運動パターンへと変化していく。

　この獲得された動きは，遊びだけでなく生活場面においても活用される。岩崎洋子が指摘するように，それまでに獲得されてきた快の動きのプログラムが生活場面の様々な環境で発現し（たとえば，粗大から微細の発達の方向性），さらに日常生活の中で習熟し，最終的には，依存や援助が不要なほどに自立した段階へと発達していくのである[47]。

　生活に関する技能の獲得は，運動学習方略において必須のものである。しかしながら，この運動学習方略は幼児期からの運動発達が強く関連しており，どのような経験をこの時期にしたかということが大きく関与していると考えられる。人間の運動技能の習得を情報処理の観点から考えたとき，入力される情報と出力される運動をどのように結びつけられたかが，どのような技能を習得できたかということと密接につながっているからである。この関係の過程を言葉にすると，"協応関係"ということができる。協応関係とは，複数の器官や機能が互いにかみ合って働くことである。特に，幼児期は，脳のニューロンの発達でみたように，この情報入力と運動出力を結びつけることが人生の中でも最も旺盛な時期である。多様な刺激の入力に対して多様な運

動の出力が協応関係を結びつけることを可能にしている。また，この協応関係は，単に入力される刺激と反応を結びつける方向性だけでなく，この協応関係の過去の結果に基づいて，メタ認知のように前もって両者の関係を予測させて，刺激を抽出することをも可能にする経験を生みだしているのである。

(2) 基本的な生活習慣の獲得

　山下俊郎が研究した 1970 年代頃までは，箸の正しい持ち方はほぼ 6 歳で完成していた[48]。1, 2 歳で箸を持ちたがり，握り箸と手で食べるようになる。

　手根骨の発達に伴って，手指が動くようになる 3 歳頃になると図表 2-1-6 のような持ち方になる。さらに毎日使って練習が積み重なってくると，5 歳頃より習熟しはじめ，6 歳頃ではほとんどの子どもが箸を正しく持って食事ができるようになっていく。山下の研究では，就学前にはほぼ完成といわれたが，昨今ではフォークや手で食べる物が多く，箸を使う頻度が少なくなるに従い，様々な箸の持ち方がなされている。この時期に習熟しないと，20 歳になってもうまく使えないもどかしさを抱える場合もある。

　幼児期に獲得すべき基本的な生活習慣は，協応動作をつくりだす運動コントロール能力の発達に伴って形成されていく。特に，箸の持ち方は，目と手の協応動作が重要になってくる。そのほかにも協応動作が関係する生活習慣は，衣服の着脱である。幼児の着脱は「脱ぐ」ことから始まる。子どもは，園での体重測定や水泳の時間などで，脱ぐことに関してはさほど教師・保育士等の援助を必要としないが，「着る」ことに関しては多くの援助を必要とし，完全に自立して着ることができるようになるのは 6 歳頃である。着ることで難しい作業が，ボタンをかける際の手の協応動作である。他人のボタンをかけてあげるのと自分でボタンをかけるのでは，手の向きが逆になってしまうため，自分のボタンかけは自分を他者の視点から捉えることができないと難しい課題となる。ここにもメタ認知が必要になってくると考えられる。

　また，「排泄行動」に関しては，衣服の着脱のような目と手の協応動作だけではない。膀胱の大きさなど生理面の発達が大きく関与しており，これも

	前面 I はさむ所	前面 II 口に入れる所	側面 I はさむ所	側面 II 口に入れる所	註
1					さじと全く同様に はしを持つ持ち方
2					いわゆる「握りばし」
3a					握りばしをややゆるく 握ることで挟み方 がやや自由になる
3b					人さし指がやや 独立に働きはじめる
4a					人さしと中指が挟む 為に使い始められる
4b					人さしと中指の外に 押える為に小指が 用いられる
5a					親指と人さし指が専ら はしを動かして挟む事 の中心になる全体とし て握る様にしてはさむ
5b					親指,人さし指,中指 の三つが中心となって 挟む.やはり全体とし て握る様にしてはさむ.
6					親指と人さし指と中指で 一方のはしを動かし,薬指 と小指とは親指と共同し て片方のはしを支えてはさむ
7					大人の正しい持ち方

図表 2-1-6　箸の持ち方の発達

山下俊郎『幼児心理学』朝倉書店，1971，p.94

規則的な発達の傾向に即している。子どもは1歳頃から自分の意志で排泄を伝えるようになっていき，3歳頃になると排泄行動は確立して尿が膀胱内で満タンになると，満タンになったという情報が，膀胱壁から大脳に伝えられ，情報をもらった大脳は括約筋および膀胱壁へ排尿を行うための作用をするように命令をするのである。この一連の過程は，神経系と横隔膜や腹壁の一連の協同作用によって行われており，複数の器官の協応動作の発達がその基盤にある。3歳を過ぎてもおむつが外れないといった子どものなかには発達的な課題を抱えている場合もあるが，多くは運動経験が少なく，便利な紙おむつをしている幼児である。排尿によって下部が濡れた感覚を経験できないために，脳に満タン情報や排尿欲求が伝わらず，指令が下りて来ないのである。3歳児学級で，1割程度がおむつをしていることが当たり前になっている社会状況は，乳幼児期の運動量の少なさを物語っている。

　さらに，髪の毛を櫛で梳くとか，歯磨きやすすぎなど口の中を清潔にする，手足を洗うなどの「清潔」に関する生活習慣は，基本的な生活習慣の中では最も遅くに自立に向かうものである。これを習得させていくためには，清潔にすることの快感を味わわせる[49] ことが前提になる。養護によって大人が清潔にしてあげ，快を味わった子どもは，自分で清潔にしたいというプランをつくりだし，その快感を再生するために自分で行動を起こしていくのであり，ここにもメタ認知の関与が必要になってくると考えられる。

　基本的生活習慣は，親や教師・保育士等が「躾」として訓練するかのごとき情報も多いが，決してそうではない。乳児期から幼児期前期に適切なケアによって身体の快の状態を維持し，子どもが快感を善として味わうことから始まる。そして年齢相応の手根骨や立位歩行の発達によって手足が自在に動くようになり，自ら快を求めて協応動作やメタ認知を働かせるようになることで自律に向かう構えができていくのである。叱られたり訓練されたりした子どもの身辺自立が遅れるのは，不快の情報の累積のために有能感が形成されず，子どもの情動とメタ認知といった自分を動かし制御するモーターにスイッチが入らないからである。

第2章

運動能力の意味と健康寿命

§1　運動発達と精神発達の位相の変化

1．運動能力調査が示すもの

　子どもの発達にとって，運動が生理的，心理的，病理的，社会的にもたらす様々な状況を述べてきたが，本節では，子どもの多面的な発達を捉える指標の一側面である「運動能力」に視点を当てて考えたい。人間の発達を数値で表すことは困難であり，まして乳幼児期は個人差も大きいため数値で測るよりも行動観察を基本として理解を深めることが有効であることはいうまでもない。しかし，子どもの言動を観察して感じる漠とした感覚や分析・考察も恣意的であることに変わりはない。運動能力という指標も，子どもの発達の姿の変容を示す一つのエビデンスであり，客観的な数値から時代の変化や個人・集団の傾向を読みとって，生活環境の調整や指導の手がかりを得ていくものとして活用される。

(1) 子どもの運動能力低下現象の始まり

文部科学省（旧文部省）が，国民の体力・運動能力の現状を明らかにし，体育・スポーツ活動の指導と，行政上の基礎資料として広く活用するために，運動能力測定を始めたのは1964年，東京オリンピックが開催された年である。戦後の日本が世界に躍り出たこの記念すべき年は，高度経済成長への起点でもあるが，逆に国民の健康が経済的繁栄に反比例して損なわれていく時期に重なる。運動能力は，環境アセスメントや子どもの心身の健康状態を把握するうえで貴重なデータ性を有するからこそ，今日まで経年比較調査が継続されているのである。

幼児の運動能力に関しては，これまで文部科学省などの国単位での全国レベルの測定はなされていない。唯一，東京教育大学体育心理学研究室作成の幼児運動能力検査とその改訂版を用いて，近藤充夫とともに筆者らが1966年から2002年まで（1966年[1] 1回目，1973年[2] 2回目，1986年[3] 3回目，1997年[4] 4回目，2002年[5] 5回目），ほぼ10年間隔（1997年と2002年の間は5年間隔）で40年近くにわたって継続して実施したものがある。その後も，筆者らは，幼児の運動能力に関して研究を継続している[6]。この方法に則り，その後，東京都公立幼稚園も1980年から3年おきに実施しており，また地方自治体や諸研究団体もこの方法で実施して，保育における環境アセスメントや保育内容の検討資料にしている。

筆者らは，これらの結果をもとにこの四半世紀の幼児の運動能力の年次推移をまとめている[7]。この結果からは，1986年から1997年の測定期間で幼児の運動能力の急激な低下が認められている（図表2-2-1）。

同様に，国が1964年から測定し公表してきた児童・生徒の運動能力の年次推移からも，1975年から1985年をピークに子どもの運動能力が低下の一途をたどっていることが捉えられた。これは，幼児期の運動能力の低下が学童期の低下に連動しているといえよう。

子どもの運動能力低下が，子どもの自己実現への意欲や将来への健康の保持といった視点だけでなく，社会の安定や国力にも影響するゆゆしき事態と

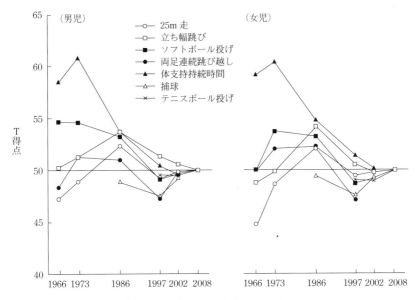

図表 2-2-1　T 得点で表した幼児の運動能力の時代推移

森司朗・杉原隆・吉田伊津美ほか「2008 年の全国調査からみた幼児の運動能力」『体育の科学』第 60 巻第 1 号，杏林書院，2010，p.66

捉えた国は，体力づくり推進指導資料として『子育ての中の基礎体力つくり第 1 集：0 歳から 5 歳』(1979)[8] で，基礎体力づくりの意義，食と運動と遊び，生活リズムなどの環境づくりを啓蒙し，『子育ての中の基礎体力つくり第 2 集：6 歳から 9 歳』(1980)[9]，『子育ての中の基礎体力つくり第 3 集：10 歳から 14 歳』(1981)[10] でそれぞれの年齢に合わせた生活や遊びの重要性について述べ，子どもの体力増進を教育関係者だけでなく国民に呼びかけた。さらに，1984 年には乳幼児をもつ家庭や幼稚園を対象に『現代の家庭教育』[11] を刊行して，乳幼児期からの健康な心身づくりが生涯の生活基盤として重要なことを指摘している。

　また，『子育ての中の基礎体力つくり』については映画も作成して，子どもの体力低下に歯止めをかけようとした。しかし，社会環境の変化は生活リ

ズムの崩壊を引き起こし，運動能力の低下傾向に歯止めはかからなかった。

(2) 高齢者・成年・青少年の運動能力測定

　国家が国民の健康度を把握する目的には，二つの側面がある。かつての軍事体制下では，いかに強靭な兵士を訓練し戦場に送り出すかという目的をもって，教育に体育訓練を導入するとともに徴兵検査を実施して体力的にも精神的にも艱難辛苦に耐えうる人材を選別した。そして徴兵制度のない今日では，国民の健康度を測定し，保健衛生や運動機能の維持増進のための環境づくりに，国，地方自治体，学校，地域社会や個人は何を為すべきかを把握し，健康な国民の生活を増進する意味で実施されている。

　1964 年から文部科学省（旧文部省）が実施してきた「体力・運動能力調査」は，1998 年から新体力テストが導入された。以下に調査の概要を示す。

　　調査目的：国民の体力・運動能力の現状を明らかにするとともに，体育・
　　　　　　　スポーツの指導と行政上の基礎資料を得る
　　調査事項：年齢別・学校段階別テストの結果，年齢別・学校段階別体格
　　　　　　　測定の結果等
　　調査対象：公立小・中・高等学校，国立高等専門学校，公・私立短期大
　　　　　　　学，国立大学，成年（20 歳〜 64 歳）および高齢者（65 歳〜
　　　　　　　79 歳）の男女
　　調査方法：標本（サンプル）調査
　　調査時期：毎年 5 月〜 10 月（小・中・高校生は 5 月〜 7 月）

　10 月にはその年の数値が出て，義務教育諸学校から高齢者までの年次比較がなされる。

　文部科学省が「平成 26 年度体力・運動能力調査結果の概要及び報告書について」[12) で公表した体力・運動能力測定結果の過去 17 年間の比較によると，高齢者の成績は向上傾向を示している。また，児童についても新体力テ

スト施行後改善が見られたとしている。ここでは，その測定結果から国民の健康度を捉えてみたい。

①　高齢者の健康寿命

　高齢者（65歳〜79歳）については，スポーツを通じた健康増進の取り組みにより，ロコモティブシンドローム（運動器症候群：運動器の障害のため自立度が低下し介護が必要となる危険性が高い状態をいう）を予防し，健康寿命が平均寿命に限りなく近づく社会の構築を目指している。この年齢層は，1936〜1950年，ちょうど第二次世界大戦から敗戦後の食糧もない大混乱の中に生まれ，高度経済成長期を支えてきた人々である。健康寿命は少子高齢化に伴う国の医療費の抑制といった経済問題だけでなく，生き甲斐をつくり，人生を豊かにする指標である。そこで測定されるのが，「ADL：Activities of Daily Living（日常生活動作）」および体力・運動能力とスポーツ・運動習慣である。文部科学省はADLについて，次のように分析している。

【日常生活動作（ADL）とスポーツ，運動習慣】

　スポーツ庁実施のADL（日常生活活動テスト）は，12項目にわたって質問紙法で行われている。①休まないでどれくらい歩けるか，②休まないでどれくらい走れるか，③どれくらいの溝幅を跳び越えられるか，④階段の上り下りに手を使うか，⑤正座の姿勢から立ち上がる際の手の必要度，⑥目を開けて片足立ちする時間，⑦バスや電車での立位の可否，⑧立位でズボンやスカートをはくことの可否，⑨片手でのシャツの前ボタンの掛け外しの可否，⑩布団の重量と上げ下ろしの可否，⑪10m運べる荷物の重さ，⑫仰向けに寝た姿勢から手を使わず上体を起こせる回数，を3段階評価しその総合得点から健康状態を把握するものである。得点数は加齢に伴い減少するが，女子の方が男子より減少傾向が著しい。日常生活動作は，健康寿命のバロメーターといえよう。

【高齢者の歩行とADL】

　ADLの項目①歩行と，⑧更衣動作と関連させて，スポーツ・運動の習慣も調査されている。日々のスポーツ・運動の習慣が高いほど，①については

長く歩ける者の割合が多く，図表 2-2-2 のように歩行を「ほとんど毎日」群
は，男性 7 割，女性 6 割以上が 1 時間以上歩くことができる。また，⑧の更
衣動作についても同様に，立位のまま何もつかまらないで更衣できる者の割
合が多くなっている。

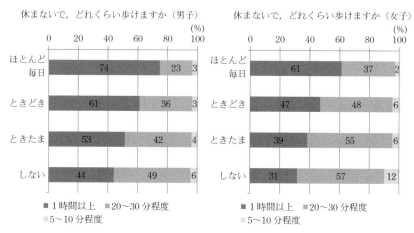

図表 2-2-2　高齢者（65 〜 79 歳）における歩行とスポーツ・運動習慣
（注）1．ほとんど毎日：週 3 〜 4 日以上，ときどき：週 1 〜 2 日程度，ときたま：月 1 〜
　　　　3 日程度
　　　2．数値は整数で標記しているため必ずしも合計 100％にはならない。
文部科学省「平成 26 年度体力・運動能力調査結果の概要及び報告書について」より抜粋

　高齢者に多いつまづき，転倒やそれに伴う骨折の予知として，新体力テス
トでは，10 m 障害物歩行が実施されている。脚部の筋力や動作の総合的な
体力要素を把握するものだが，これも日々のスポーツ・運動の習慣と関係し
ており，歩行を「ほとんど毎日」する群と「ときたま＋しない」群では図表
2-2-3 のようにその差が顕著になっている。
　このように，高齢になればなるほど，健康維持のために適度に歩くこと，
動くことが身体を維持し，健康寿命に関係してくるといえよう。

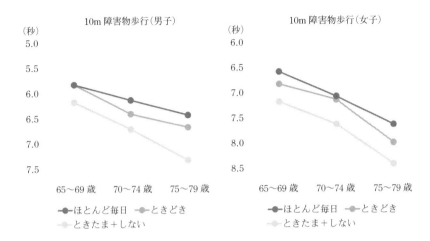

図表 2-2-3　高齢者(65 〜 79 歳)における 10m 障害物歩行の記録とスポーツ・運動習慣

(注)　1.　10m 障害物歩行とは，スタートからゴールの 10 メートルの間に 2 メートル間隔で置かれた 6 つの障害物（高さ 20cm, 奥行き 10cm, 幅 1m）をまたぎ越して，スタートからゴールまでの時間を計測する。
　　　2.　ほとんど毎日：週3 〜 4 日以上，ときどき：週1 〜 2 日程度，ときたま：月1 〜 3日程度

文部科学省「平成 26 年度体力・運動能力調査結果の概要及び報告書について」より抜粋

②　成年の体格指数と体力・運動能力の関係

　スポーツ庁では，成年に対する予防医学の視点から，体格指数を採用している。図表 2-2-4 は，体格指数と体力・運動能力との関連を捉えたものである。新体力テストの 5 段階の総合評価基準を縦軸にして，体格指数の低体重，普通体重，肥満を横軸に配している。

　男女ともに新体力テストの 5 段階評価の A，B（A 〜 E は，得点数が高い順から低い順である）と評価された者は，普通体重群の方が低体重や肥満群より割合が多い。つまり，普通体重と判定された者の方が低体重や肥満と判定された者よりも，体力年齢が実際よりも若いということである。同様に，体格指数と体力年齢の関係を捉えた場合も，普通体重群の方が，低体重，肥満

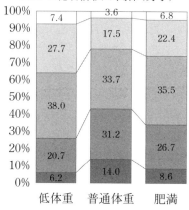

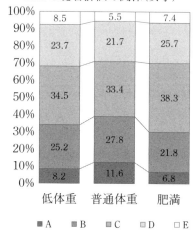

図表 2-2-4　成年（20〜64歳）における体格指数（BMI）と新体力テスト合計点総合評価の関係

（注）1. 日本肥満学会の基準では，BMI の値について，18.5 未満：「低体重」，18.5 以上 25 未満：「普通体重」，25 以上：「肥満」と定められている。BMI の値が「22」になるときの体重が「標準体重」とされ，最も病気になりにくい状態と言われている。

　　　2.「新体力テスト合計点総合評価」とは，各テスト項目の測定値を男女別に 10 段階（1〜10 点）で評価し，その合計点を総合評価基準に基づき，点数の高いものから A〜E の 5 段階で評価したものである。

文部科学省「平成 26 年度体力・運動能力調査結果の概要及び報告書について」より抜粋

群より，体力年齢が若い割合が多いという結果になっている。

　このように，体格指数はメタボリックシンドローム（内臓脂肪症候群：内臓肥満に高血圧，高血糖，脂質代謝異常が組み合わさり，心臓病や脳卒中などの動脈硬化性疾患を招きやすい病態）予備軍を拾い上げ，健康寿命を高めることを見る重要な指標といえる。

　③　青少年の体力・運動能力の現状

　1985 年をピークに低下の一途をたどってきた子どもの運動能力が，1998 年から施行された新体力テストによって改善の方向を示したことについて

は，図表2-2-5から読みとることができる。一方で，男子の握力，小学生男子の立ち幅とび，ソフトボール投げおよび高校生男子のハンドボール投げは低下傾向を示している。このことは，投げる能力の低下が著しいことを示しており，青少年期における投げる経験不足の傾向を示している。青少年期の結果の傾向としては，7〜16歳で抽出した5つの年代のうち，11歳の女子と9，13，16歳の男女で最高を記録し，筋力や走力は記録が伸びたが，ボール投げの低下傾向は変わっていない。

　一方，新体力テストの合計点に関しては，1998年からの17年間の比較であるが，11歳男子をのぞいて全対象学年の男女が過去最高を示している。直近の5年間で徐々に改善に向かっており，大きな成果といえよう（図表2-2-6）。

　これほど多世代にわたって国民の運動能力，体力測定を行っている国は類を見ないであろう。長寿国日本ならではの，健康寿命への取り組みといえなくもない。しかし，この国による体力・運動能力調査の対象に幼児は入っていない。一つに幼児期は遊びを中心とした生活を基にしており，遊ぶことが

図表2-2-5　新体力テスト施行後（平成10〜26年度）の体力・運動能力の推移

小学生(11歳)	握力	上体起こし	長座体前屈	反復横跳び	20mシャトルラン		50m走	立ち幅とび	ボール投げ	合計点
男子	↓低下	↑向上	=横ばい	↑向上	↑向上		↑向上	↓低下	↓低下	↑向上
女子	=横ばい	↑向上	↑向上	↑向上	↑向上		↑向上	=横ばい	=横ばい	↑向上

中学生(13歳)	握力	上体起こし	長座体前屈	反復横跳び	20mシャトルラン	持久走	50m走	立ち幅とび	ボール投げ	合計点
男子	↓低下	↑向上	↑向上	↑向上	↑向上	↑向上	↑向上	=横ばい	=横ばい	↑向上
女子	=横ばい	↑向上	↑向上	↑向上	↑向上	↑向上	↑向上	↑向上	=横ばい	↑向上

高校生(16歳)	握力	上体起こし	長座体前屈	反復横跳び	20mシャトルラン	持久走	50m走	立ち幅とび	ボール投げ	合計点
男子	↓低下	↑向上	↑向上	↑向上	↑向上	↑向上	↑向上	=横ばい	↓低下	↑向上
女子	=横ばい	↑向上	↑向上	↑向上	↑向上	=横ばい	↑向上	↑向上	=横ばい	↑向上

※□は平成25年度と比較して，傾向判定が異なるところ。

図表 2-2-6　新体力テスト合計点の平成 10 〜 26 年度における順位

男子		H10	H11	H12	H13	H14	H15	H16	H17	H18	H19	H20	H21	H22	H23	H24	H25	H26
11歳	合計点	59.19	59.78	60.44	59.89	60.64	60.9	61.03	60.61	60.88	60.9	61.29	61.27	62.30	61.01	61.88	60.61	61.45
	順位	17	16	14	15	11	8	6	12	10	8	4	5	1	7	2	12	3
13歳	合計点	38.87	39.99	40.77	41.73	41.89	42.89	42.91	43.2	43.59	42.94	43	42.89	44.11	44.57	43.86	44.17	44.67
	順位	17	16	15	14	13	11	10	7	6	9	8	11	4	2	5	3	1
16歳	合計点	48	49.8	51.83	52.23	53.07	53.43	53.55	53.43	53.82	54.01	54.04	54.21	54.89	54.41	54.78	54.67	55.71
	順位	17	16	15	14	13	11	10	11	9	8	7	6	2	5	3	4	1

女子		H10	H11	H12	H13	H14	H15	H16	H17	H18	H19	H20	H21	H22	H23	H24	H25	H26
11歳	合計点	58.56	58.58	58.59	59.47	59.65	59.86	60.14	61.13	60.48	61.07	61.37	61.16	61.55	61.59	62.00	61.9	62.07
	順位	17	16	15	14	13	12	11	8	10	9	6	7	5	4	2	3	1
13歳	合計点	45.26	45.19	45.44	46.39	47.17	49.06	49.43	48.83	49.23	49.44	49.62	49.58	50.40	51.39	50.58	50.31	51.44
	順位	16	17	15	14	13	11	9	12	10	8	6	7	4	2	3	5	1
16歳	合計点	46.29	46.60	46.49	46.76	47.53	48.44	48.15	48.60	49.57	50.42	50.46	50.89	51.82	50.69	50.70	50.12	52.73
	順位	17	15	16	14	13	11	12	10	9	7	6	3	2	5	4	8	1

※　記録（点）の数値は小数点以下第 3 位を四捨五入して表記してある。
文部科学省「平成 26 年度体力・運動能力調査結果の概要及び報告書について」より抜粋

総合的な諸能力の向上を促進していること，二つに測定に時間がかかり，その結果も環境の及ぼす影響が大きいため一般的な数値としての意味を捉えにくいこと，三つに幼児期の運動能力は，学童以上の対象が行っている運動能力測定結果の意味と発達的には異なる意味を有しているためと考えられる。特に，運動の構造的，質的な意味では誰にでも測定できるというものではなく，幼児をよく理解している者が幼児が安定した状況の中で実施する必要があるからである。

２．幼児の運動能力測定

　学童の体力・運動能力低下は，幼児期からの体力低下に起因しているため，国は再三指針や指導書等を出している。「子どもの体力の現状については，『走る』，『跳ぶ』，『投げる』といった，基本的な運動能力の低下が指摘されています。文部科学省では，平成 19 年度から 21 年度に『体力向上の基礎を培うための幼児期における実践活動の在り方に関する調査研究』において，幼児期に獲得しておくことが望ましい基本的な動き，生活習慣及び運動習慣を

身に付けるための効果的な取組などについての実践研究を行いました」（「幼児期運動指針について（通知）」文部科学省，2012 年 3 月）として，その結果を，「幼児期運動指針」「幼児期運動指針ガイドブック」「幼児期運動指針普及用パンフレット」として全国の幼稚園に配布した。そこにも，幼児期の運動能力の重要性が絵入りで述べられており，まさに国民の健康づくりは幼児期に基礎があることをうかがわせる。

　ここでは幼児期に行う運動能力測定の意味に関して，全国規模で標準化されている東京教育大学体育心理学研究室作成の幼児の運動能力検査を実施してきた近藤らの実施[13)] を踏まえて考えていく。

(1) 運動能力の定義

　運動能力の定義には，いくつかの考え方がある。図表 2-2-7[14)] は猪飼道夫が 1964 年に発表した体力の概念図であり，この概念図のうち，一般には，行動体力のうち機能面にあたるところを狭義の意味の体力・運動能力と捉える考え方がある。一般に運動能力検査や体力検査などで測定している項目から捉えられる内容は，「筋力，敏捷性，持久力，パワー，平衡性，柔軟性，協応性」などである。行動体力は，実際に身体的な作業をしたり，運動を行うときにみられる能力のことで，重いものを持ち上げたり，速く走ったり，遠くまで跳んだりする力と考えられてきた。

　しかし幼児期の運動能力は，発達的な視点から捉えた場合，量的な側面ではなく，むしろ動きなどの質的な側面から捉えることが妥当と考えられる。幼児における運動能力検査の結果は，確かに量的な形で表されるが，ここでの結果（運動能力）は，運動コントロール能力と体力（運動体力）の両方から導き出された数値である。その意味では，幼児期に測定する運動能力検査の結果と大人の運動能力検査の結果で示される意味には違いがあることを前提として認識しておく必要がある。

　運動能力はそもそも身体的な活動（運動）を行っていく中で発達していき，維持されていくものである。そのとき行われる活動はそれぞれの発達段階で

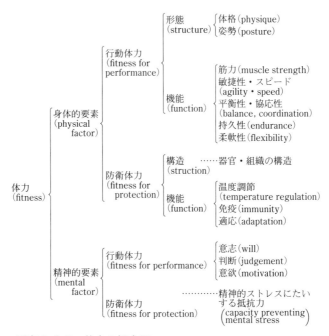

図表 2-2-7　体力の概念図
猪飼道夫『運動生理学入門』杏林書院，1969，p.144

異なっている。幼児期は年齢相応の技能を身につける遊びをし，身につけた技能を活用する遊びをする中で次の運動発達の段階へと移行していくのである。その意味では，幼児が興味をもって夢中で行う時々の活動を多く経験することが体力や運動能力の増進や向上につながるのである。

（2）運動能力測定を行う目的

　幼児期に行う体力テストに関して近藤は，「実際に教師が子どもをみたり，指導の計画を立てて指導したりしていることが適切であるかということを客観的に捉えようとすることが体力（運動能力）テストです」「子どもを評価するのではなく，子どもの運動活動に対する，教師のみかたや指導のしかた，

あるいは施設や遊具の適切さを反省するために行われるのが体力（運動能力）テストであるということです」[15] としている。つまり，幼児期に行う運動能力測定は個々の子どもの能力を測ることによって，運動の経験や活動の誘因となる環境のありようや指導計画の改善などを図るために行うものである。そのため，運動能力測定の結果は，

①　園・学年・個人の実態を知り，
②　環境の状態，活動内容，指導への反省とともに個人差の把握をし，
③　環境の整備・改善，指導内容の改善，指導方法の改善

を行って，処方を的確なものにしていくことが重要になっていく[16]。こうした意味では，運動能力測定を行う時期も，一年に 1 回よりは 2 回行い，指導計画の見直しに関して，教師・保育士等の主観的な判断に依存するのではなく運動能力測定の結果を客観的な資料として活用していくことで，より的確な指導計画の改善が可能になると考えられる。

　幼児の運動能力測定の目的に即して，検査結果から読みとれる子どもを取り囲む環境の変化・影響を見直し，子どもが運動に取り組みやすい環境をどう構成するかを考え，実践に生かす工夫をする。また，物理的な環境自体を変えることが困難ならば，その環境でも創意工夫によって子どもが取り組める運動経験を増やすような遊びの場や内容や環境を再構築していくことが重要である。幼少期の子どもは急速に心身ともに発達していくため，常に変化しており，大人のように安定している存在ではない。この変化し続ける状態をプラス方向の変化へと導くためには子どもを取り巻く環境の改善が必要なのである。

（3）運動能力測定の方法

　幼児の運動能力検査に関して，これまで全国規模で行われていたものに東京教育大学体育心理学研究室作成の検査がある。この検査は，その後見直し

がなされ現在 MKS 幼児運動能力検査として使用されている[17]。具体的な測定項目は次のとおりである。また，測定法などの詳細に関しては，MKS 幼児運動能力検査のウェブサイト（http://youji-undou.nifs-k.ac.jp）をご覧いただきたい。

〈検査項目〉
1．25 m走
2．立ち幅跳び
3．ボール投げ（ソフトボールかテニスボールのいずれかで実施）
4．体支持持続時間
5．両足連続跳び越し
6．捕球
7．往復走（25m 走が行えない場合の代替え種目）

　MKS 幼児運動能力検査は 4，5，6 歳の子どもを対象としたもので，全国標準化されているので測定の結果をまとめる場合，各種目とも 1 ～ 5 点の 5 段階で評価でき，さらに，全 6 種目の 5 段階の標準点の合計点を算出することで運動能力全体に関しても判定できる。

3．経年数値の変化の意味

　結果を読み解くうえで注意したいことは，幼児の運動能力の低下が身体だけの変化を示しているのではないということである。ここでは，経年数値の変化の意味を様々な視点から考えたい。

（1）40 年の数値が語るもの
1973 年と 1986 年の MKS 幼児運動能力検査[18] の結果を比較すると，検査項目の中で 1986 年には唯一「体支持持続時間」のみが低下していた。

　これに関して，体支持持続時間の測定結果が20秒以内の子どもを集めて
ストップウォッチを見せ，秒針がひとまわり（60秒）するまで我慢するよう
教示したところ，なんと最初の測定では20秒しか支持できなかった幼児の
うち，3分の2の子どもが1分間我慢できたのである[19]。

　体支持持続時間の低下といえば,身体を支える「腕の力」が低下してしまっ
たのではないかと考えやすい。それなら，測定記録が20秒以下の子どもは,
外部からの教示が加わっても記録はさほど変わらないはずである。しかし,
実際には全体の3分の2が教示どおり1分間我慢できたのである。この結果
に関して，近藤らは，「腕の力」という身体の力が低下したのではなく，む
しろ，「我慢する」という心の力が低下しているのではないかと考察してい
る[20]。確かに，MKS幼児運動能力検査の種目の中で，この体支持持続時間
という種目のみが運動の開始と終了を自分で決めてよいものである。自分で
やめたいと思えばいつでもやめられる種目である。そのため，体支持持続時
間の低下という結果は，自分でここまではがんばろうとする子どもの，我慢
するという精神面での力に影響が出はじめたことを示しているのではないか
と考えられる。この低下傾向は1986年以降の測定でも続いており，同様の
体支持持続時間のストップウォッチの有無による継続性の変動に関しては
1980年から3年に一度の間隔で5歳児の運動能力測定を行っている東京都
の公立幼稚園の結果でも認められている（図表2-2-8）[21]。

　体支持持続時間の低下現象は，子どもの粘り強さ・心の強さ，つまり明る
さや元気さの低下だということである。一般にいう明るく元気な子とは，心
身が相即不離なことを示している。心が先か身体が先かという問題よりも両
者の間には密接な関連があり，幼児期の運動能力を読み解く鍵は，子どもと
環境との相互作用を総合的に読み解く手がかりにするところにある。

　同じ1986年の結果の中で，さらに興味深い傾向があった。それは男児の
ソフトボール投げの結果が意味することである。体支持持続時間ほど大きな
差は見られていないが，1973年に比べて1986年の方が低下しているのであ
る。この原因について，筆者はマスメディアの影響も一つの要因と捉えてい

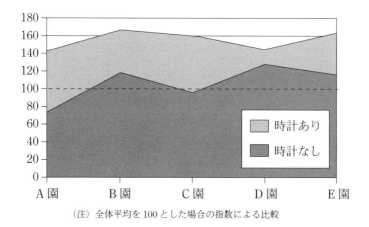

（注）全体平均を 100 とした場合の指数による比較

図表 2-2-8　体支持持続時間の時計の有無による変移
「東京都公立幼稚園 5 歳児の運動能力に関する調査研究その 9」
東京都教職員研修センター，2005，p.167

る。

　1960 年代からのテレビの普及に伴い，『少年猿飛佐助』（1959），『鉄腕ア
トム』（1963），『鉄人 28 号』，『ジャングル大帝』（1963），『魔法使いサリー』
（1966），『黄金バット』（1967）といったアニメ番組が子どもに未知の世界へ
の好奇心をかき立ててきた。女児に人気を博したアニメには，1969 年から
放映された浦野千賀子の『アタック No.1』がある。男児には 1968〜1971 年
（第 2 作 1977〜1978 年，第 3 作 1979 年 4 月から半年）に梶原一騎の少年漫画『巨
人の星』がアニメ化されて根性をテーマにした物語に大きな変化が生まれて
いる。『巨人の星』の流行期は，公園に行けば野球もどきをしている子ども
をよく目にしたが，前後して野球だけでなくサッカーをする子どもが増えて
きたのである。1981 年から 1988 年まで週刊少年ジャンプに高橋陽一の少年
漫画『キャプテン翼』が連載され，ベストセラーになった。これも 1983 年
にアニメ化されると，高視聴率を出して日本にサッカーブームをもたらし，
多くの男児の興味を取り込んでいった。幼児の投力低下が，即サッカー漫画

の人気上昇と関連していることを示すエビデンスがあるわけではないが，ア
ニメの影響が遊びに見られることは，子どもを観察する中によくみかけるも
のである。

　このように，子どもが経験を再創造する遊びにメディアが大きな影響を与
えることは必至である。これは，子どもの日常生活の変化が運動能力に直接
的に影響していることを示している。

　最近の子どもの現状を，発達の指標である運動能力から捉えたとき，取り
巻く環境の変化だけでなく，メディア文化があることが推察できる。

(2) 外遊びの減少と運動をしない子ども

　1985年をピークに子どもの運動能力が低下の一途をたどっている原因は，
一に子どもが運動をしなくなってきたことにあるといわれている。文部科学
省が様々な施策を行っても，歯止めがかかるどころかその後も低下傾向は続
いている。一方で，子どもの数が減少しているにもかかわらず，スポーツ少
年団や運動クラブに加入する子どもが増加してきた（図表2-2-9）。筆者はこ
れを，"運動の塾化"が始まっていると考える。少なくとも1985年以前は，
子どもの運動は外で遊ぶことが基本で，運動を習いに行く子どもは希少で
あった。運動能力と運動実施頻度には関連があることは明確であり，運動を
しない子どもの増加は運動能力の低下の大きな原因の一つである。しかし，
それがお金を払ってまでして運動をさせられる子どもが増加しているという

図表2-2-9　2000年から2003年までの少年団
団員数

	男子	女子	計
2000年度	656,380	251,583	907,963
2001年度	662,834	254,165	916,999
2002年度	673,331	260,855	934,196
2003年度	671,328	261,864	933,192

（日本体育協会ウェブサイトより著者作成）

矛盾を発生させているのである。

　中高年における運動能力の低下は，機械化，電子化によって肉体労働から頭脳労働に変わり，日常生活における運動機会の減少が関係しているが，それは定期的に運動実践を行うことで運動能力の向上が認められるであろう。しかし，子どもの運動能力の向上が認められなかったということは，日常生活における運動だけでは不十分であることを示している。2010年の文部科学省の報告では，子どもの体力も一部向上をみせてきたことが報告されているが，あくまでも下げ止まりである。では，何が不足しているのであろうか。

　図表2-2-10，図表2-2-11，図表2-2-12は筆者らが行った2008年の幼児の全国運動能力検査と同時に行ったアンケート調査結果の一部である[22)][23)]。この3つのグラフは幼稚園・保育所の保育内容の一環として講師等を入れた特別な運動指導をしている幼稚園・保育所や保育終了後に運動関係の教室を行っている園と，行っていない園で運動能力測定の結果に違いがあるかを比較したものである。結果として，特別な運動を指導していない園（図表2-2-10）や運動関係の教室を行っていない園（図表2-2-11），そして，幼稚園で全く運動指導を行っていないが外遊びを重視している園（図表2-2-12）の方が運動能力が高い傾向にあった。このことは，特別な運動指導の導入が，子どもの運動能力の向上にさほど影響を与えていないことを意味している。特別な運動指導を保育に導入することが間違っているということではなく，子どもの運動実施を高められるように園のカリキュラム構成に努力してきたはずが，その効果がなかなか認められていないことを示しているということである。ではなぜ，幼児に運動を教授・訓練するやり方では，運動能力の向上を引き出す効果が認められないのであろうか。

　その一つの回答に，図表2-2-13のような調査の結果が挙げられる。ここでは，自由遊びのとき思いきり身体を動かして遊んでいる幼児の運動能力は低下していない。つまり，外で思いきり身体を使って遊んでいる子どもの運動能力は高いが，身体を使って遊ぶことの少ない子どもは運動能力が低いという二極化をもたらしている。

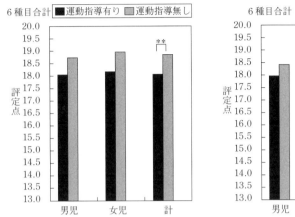
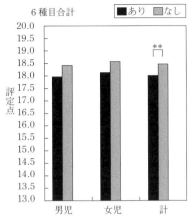

図表 2-2-10　運動指導の有無　　　図表 2-2-11　保育時間外の運動教室の実施

森司朗・杉原隆・吉田伊津美・筒井清次郎・鈴木康弘・中本浩揮「幼児の運動能力における時代推移と発達促進のための実践的介入」平成 20 ～ 22 年度文部科学省科学研究費補助金（基盤研究 B）研究成果報告書，2011，p.21

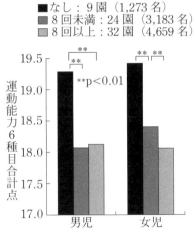
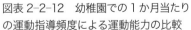
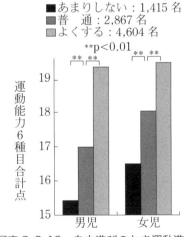

図表 2-2-12　幼稚園での 1 か月当たりの運動指導頻度による運動能力の比較　　図表 2-2-13　自由遊びのとき運動遊びをする頻度と運動能力の関係

杉原隆・吉田伊津美・森司朗ほか「幼児の運動能力と運動指導ならびに性格との関係」『体育の科学』第 60 巻 5 号，杏林書院，2010，p.343，p.345

　もちろん，1980年代以前にも運動能力が低下している子どもはいたであ
ろう。また，この20年間に急低下があっても，外で遊んでいる子どもの運
動能力は低下していなかったに違いない。外で身体を使って遊ぶ子と遊ばな
い子の二極化現象は，身辺自立の二極化，食事や排泄，睡眠とも関係してい
ることを類推させる。小・中学生の運動能力の二極化現象の低年齢化の問題
ともつながってくる現象である。ここで強調したいことは，幼児期の子ども
の運動能力低下の原因は，運動実施率の低下ではなく，子どもの外遊び経験
量の減少ということである。

　子どもは外で遊ばずに何をしているのか。これを裏づける結果として，Ｎ
ＨＫ放送文化研究所の子どもの夕食前の遊びの内容に関して行った報告があ
る（図表2-2-14)[24]。ここには，1997年の小学校3年生の夕食前（帰宅後）
の遊びの実態が示されている。テレビ視聴が6割弱の59%，テレビゲームが
それに続き5割で，テレビゲームは1987年と比較して大幅に増加している。
それとは逆に，野球やサッカー，自転車など外で遊ぶ内容が減少している。

　また，仙田満らの研究でも，運動能力の著しい低下を示したこの時期の
10年間で遊び時間や遊び空間の減少，遊び方法の貧困化，外遊びから内遊
びへの移行など，子どもの遊びの空間的，時間的環境が大きく変化している
ことが報告されている[25]。

　幼児期は，自分の好きなこと，やりたいことを自己選択し，決定し，活動
を通して解決していく衝動が強く，これが遊びである。テレビ視聴のような
静的・受動的なものではない。また大人がスポーツや運動として「教える，
教え込む」教授活動は，主体的，能動的な子どもの遊びではなく，むしろ受
身的，受動的な活動として考えられる。子どもは，大人がつくりだした世界
で子どもを演じているだけであり，自ら何かをつくりだしていくというより
は，与えられることに関して強く反応するようになっているのである。この
ような主体的，能動的な遊び経験の不足は，「指示待ち」の子どもが増加す
る原因の一つとしても捉えることができる。

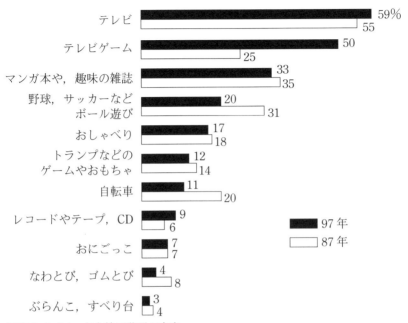

図表 2-2-14　夕食前の遊びの内容
NHK 放送文化研究所編『放送研究と調査』1998 年 4 月号, 日本放送出版協会, 1998, p.3

(3)　幼児の運動能力と行動傾向

　外で遊ぶ幼児は, 室内で遊んでいる幼児に比べて, 腕白でも園生活におい
て意欲的であるように見える。幼児の日常行動のパターンが, 行動傾向にも
影響を与えているとしたら, 外遊びの減少を原因とする幼児の運動能力の低
下は, 行動傾向にも影響を与えている可能性が考えられる。杉原らは, 2008
年に幼児の運動能力を測定した際に, 幼稚園・保育所の担任に依頼して, 一
人ひとりの子どもの日常の園での行動傾向について 13 項目を調査してい
る[26]。その結果, 運動能力の高低で差が認められたのが, 次の 8 項目である
（図表 2-2-15）。

　運動能力高群の男児は, 低群の男児に比べ「自信がある」,「積極的」,「粘
り強い」,「リーダー的」項目において 2 倍以上の数値を示している。それ以

外の「好奇心旺盛」，「友達関係良好」，「社交的」項目でも高い。女児も，同項目が1.5倍前後と高い数値を示している。逆に「引っ込み思案」とする子は，男女とも運動能力低群の方が高い。

　また，関連の研究の中で，筆者らは家庭における行動特徴と運動能力の関係に関しても調査・検討した結果，「自信あり」，「積極的」，「粘り強い」，「リーダー的」の4項目で運動能力高群の方が有意に高いことが認められた[27]。

　これらの差が認められた項目は，意欲や人間関係に関する項目で，積極的に身体活動に取り組み仲間に認められるような経験の高い子ほど運動能力も高いことが示されている。この結果は，運動能力の高い子は低い子よりも自主性，社会性が高いというこれまでの研究と類似するものである。杉原らは園を対象とした研究の結果に関して，運動能力と性格の間に認められるこのような関係は，幼児期における自己概念の形成がかかわっていると述べ，興味，関心をもった様々な遊びを経験する中で形成される運動有能感や無力感がその子どもの行動傾向に影響を与えることを指摘している。つまり，昨今，家庭や就学前教育施設で生じている外で思いきり身体を動かして遊ぶ経験の減少による運動能力の低下は，この時期の子どもの行動傾向，性格に関してネガティブな影響を与えてしまうことが考えられる。

（4）運動能力と知能・性格との関係

　運動能力と知的な発達は相反するもののように捉えられがちであるが，実は低年齢であればあるほど運動的行動は知的な発達と密接に関係している[28]。発達心理学の分野でピアジェは知能の発達段階を感覚運動期，前操作期，具体的操作期，形式的操作期，と年齢に応じて分けており，乳幼児期は感覚運動的な知能が発達する段階であると述べている。実際にこれまでに報告されてきた乳幼児期の運動能力と知能の関連についての結果をレビューしてみると，3歳ぐらいまでは運動能力と知能の発達の間に高い相関が報告されている。

　4歳ぐらいからは高い相関が見られなくなってくるので，一見，幼児期以

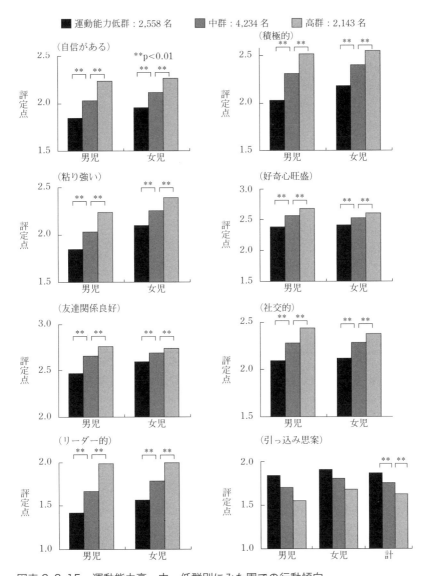

図表 2-2-15　運動能力高・中・低群別にみた園での行動傾向
杉原隆・吉田伊津美・森司朗ほか「幼児の運動能力と運動指導ならびに性格との関係」『体育の科学』第 60 巻 5 号，杏林書院，2010，p.346

降は運動能力と知能との関連はないように見られる。しかし，幼児は遊びを通して多様な動き（運動技能）を獲得し，経験を繰り返す中で動きそのものが精緻化されていく。それが，ある文化圏で外界の情報を取り入れ，情報を処理する潜在的な能力の可能性，つまり知能を開発していく。年齢が進むにしたがい子どもの外遊びが集団化してくると，ルールを媒介としたゲーム的な活動や，イメージを媒介としたごっこが増えてくる。ところが，外界の情報を取り入れ処理する能力の低い子どもは，ルールを理解したりイメージを共有したりすることができにくく，仲間の遊びについていけないために，結果として運動能力の発達も遅れる傾向にある。

　知能と運動という側面を厳密に分けてその相関関係を数値として証明することはできないが，運動経験の中味には直接的・具体的に身体を通して情報を処理する経験が多く含まれ，知能と運動は切り離せない関係にあると考えられる。また，発達障害のある子どもは協応動作などに遅れが見られることが報告されている[29]が，最近，定型発達児でも協応動作などがうまくできない不器用な子どもたち（**Clumzy**）が増えている。この点からも知的側面と運動的側面との関連が捉えられる。

　さて，運動能力と性格には何らかの関連があるのか。近藤は，落ち着きがなく気が散りやすい子どもは，運動能力もよい結果が見られないことや，消極的で気の弱い子どもは立ち幅跳びの記録が悪いことなどを報告している。また，意志的持続性に欠けている子どもの場合，身体を腕で支え続ける能力がよくないとしている[30]。

　人間の人格・性格形成の土台には，幼少期の自己概念の形成が関係している。この自己概念には「何かができた」というときに感じる有能感や，逆に「いくらがんばってもできない」というような無力感が影響を与えており，低年齢児ほど運動に関する有能感が自己概念の形成に影響を与えている（詳細は第3部参照）。筆者らの調査でも運動能力と運動有能感の間には正の相関関係があることが認められており[31]，運動能力の高い子は低い子に比べて運動に関する高い有能感を有していると考えられる。

　このように，幼児期の運動能力と知能・性格などの精神的活動には直接的・間接的に関連がある。年齢の低い子どもほど心身の相関性が高いことを考えると，積極的に身体を動かすことが同時に心（精神）を動かすことにつながっていくため，知能を開発しようとするならば，よく遊ぶことを疎かにしないことである。

（5）多様な運動経験の有効性

　幼児期から児童前期にかけては，中枢神経系の発達に支えられて運動能力＝運動コントロール能力が急激に発達する。杉原らは，この運動コントロール能力の発達に伴い，①身体の様々な部位を様々な方向に（空間的調整），②様々なタイミングで（時間的調整），③様々な力の配分で（力量的調整）行われ，それらの調整のしかたの違いから走る，跳ぶ，投げるなど多くの異なった基礎的運動パターン（fundamental motor pattern）が形成され，さらには，これらの基礎的運動パターンの運動組み合わせが発達してくるとする[32]。それを示したのが図表 2-2-16[33]である。

　たとえば，縄跳びはどちらの方向に跳ぶのかという空間的調整，どんなリズムで跳ぶのかという時間的調整，どのくらいの強さで跳ぶのかという力量的調整の 3 つを組み合わせることでいろいろな跳び方をすることができる。

　さらに杉原らは，運動能力と基礎的運動パターンの関係について調査している。その結果，様々な運動パターンを割合高く経験している子ほど運動能力が高いこと（図表 2-2-17），運動能力の高い子の方が低い子より行う運動パターンの数が多い（図表 2-2-18）ことが明らかにされている[34]。

　この結果は，幼児期においては同じ運動パターンの繰り返しではなく，多様な運動パターンを経験することが運動発達にとって効果的であることを強く示唆している。昨今の幼児の運動能力の低下には，この運動パターンの組み合わせやバリエーションによって獲得する多様な運動経験の減少が考えられる。これは，幼児期における発達の特徴から考えると重大な問題である。では，この時期にどのような運動経験をすることが重要なのか，杉原らは同

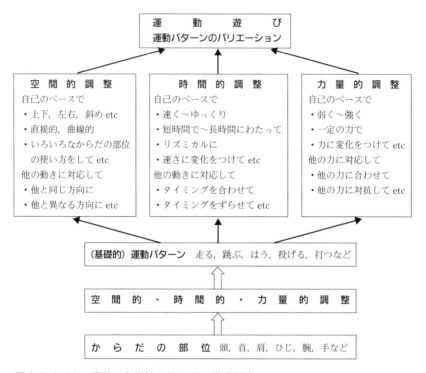

図表 2-2-16　運動の多様性の捉え方・構成要素
杉原隆・柴崎正行編『保育講座（6）保育内容 健康』ミネルヴァ書房，1990，p.160

一調査において，幼稚園での指導形態と基礎的運動パターンの関係を調べている。その結果，図表 2-2-19，図表 2-2-20 に見るように，教師による一斉指導傾向の強い園の子どもは同じ運動パターンを共通して経験しているのに対して，遊びとして運動を経験している園の子どもの方は多様な運動パターンを経験していることが明らかにされた[35]。

　つまり，教師中心の一斉指導は遊び中心の指導より運動意欲が育ちにくいとともに，どうしても同じ運動パターンの経験が多くなってしまうためである。運動能力低下を解決するために，教師が主導して運動指導を行っても，

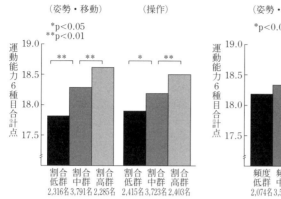

図表 2-2-17　運動パターンの出現割合による運動能力の比較

図表 2-2-18　運動パターンの出現頻度による運動能力の比較

杉原隆・吉田伊津美・森司朗・中本浩揮・筒井清次郎・鈴木康弘・近藤充夫「幼児の運動能力と基礎的運動パターンとの関係」『体育の科学』第 61 巻 6 号，杏林書院，2011

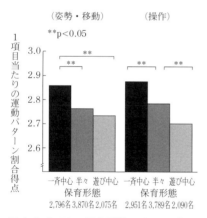

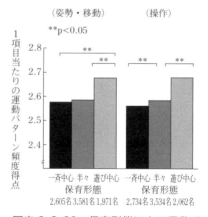

図表 2-2-19　保育形態による運動パターン割合得点の比較

図表 2-2-20　保育形態による運動パターン頻度得点の比較

杉原隆・吉田伊津美・森司朗・中本浩揮・筒井清次郎・鈴木康弘・近藤充夫「幼児の運動能力と基礎的運動パターンとの関係」『体育の科学』第 61 巻 6 号，杏林書院，2011

子どもが自発的に行う遊びにはかなわないということである。なぜなら，全身を十分動かす遊び環境があれば，子どもは自分の目的に応じて自由に考え，いろいろな動きに挑戦していくことができ，結果として多くの動きや動きのパターンの組み合わせを経験することができる。それによって運動能力の発達が期待できるからである。

４．幼児期の運動発達を疎外する要因

　社会文化的な発達観に基づけば，当然，子どもの発達は社会環境の変化の影響を大きく受けて変容していく。最近子どもが遊ばなくなって生じてきた運動能力低下の問題は，大きな社会問題であるとともに，一人ひとりの子どもの精神的な発達にも影響を及ぼしている。近年，とみに子どもが幼くなっているという現象を，ここでは運動発達と精神発達の側面から捉えていく。

（1）心身両面の発達に影響を及ぼす要因
　排泄や食事，衣服の着脱など生活習慣の自立が遅くなっていることや，動きのぎこちなさは，子どもの幼さとして概見される。動きの幼さは，精神的な幼さと連動する可能性が高い。杉原は，発達を身体・運動発達の側面と精神的な発達の側面の2側面から捉え，それらの発達を促す要因として直接的に影響を与える要因（直接的要因）と間接的に影響を与える要因（間接的要因）に分けて考えている（図表2-2-21）[36]。杉原の図に従うと，身体・運動発達は直接的な要因として運動遊びや体育のような運動経験にもとづき，間接的要因である物理的（遊び場，生活時間），化学的（栄養など），社会・心理的（親や社会の考え方など）各側面の要因の層構造をもっており，生活環境（身体・運動発達に対しては直接には影響を及ぼさない）に支えられていることになる。
　この論に従うと，生活環境は，直接には運動発達に影響をもたらすものではないことになる。たとえば，"昔は路地裏で遊んだが，最近は路地裏がない"ということがいわれるが，路地裏がなくなったわけではなく，最近の子ども

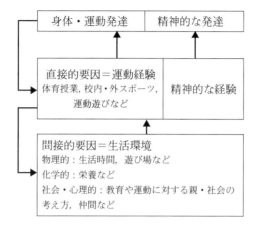

図表 2-2-21　発達に影響する要因の層構造
杉原隆「子どもの心とからだの発達と社会的反映」
日本体育学会大会号（50），1999，p.210

が路地裏で遊ばなくなっているだけなのである。その原因は，かつての路地
裏は，多くの大人の目が子どもの活動を守ってくれる場所であったが，今は
大人の目が入らない極めて危険な場所になっているためである。遊び場のよ
うな間接的要因はそこで遊ぶか否かという運動経験に対して影響を及ぼして
いるが，身体・運動発達そのものには直接的に影響を与えているわけではな
い。

　就学前教育施設で，園の目標として掲げられる，“明るく元気な子”とい
うモットーがある。子どもらしく発達した子どもとは，“明るく元気な子”
像として描かれる。確かに，「明るいが元気のない子」や「元気はあるが明
るくない子」にはめぐり会わないものである。しかし，大人では，「明るい
けれど元気がない人」や「元気だけれど明るくない人」にまれに会うことが
ある。つまり，“明るい”というのは“心”（精神）であり，“元気”という
のは“からだ”（身体）のことを意味しており，幼児期の子どもはこの心身
の相関が強いからである。これを前述の身体・運動発達と精神的な発達の側

面から捉え直すと，図表 2-2
-22 のようになるといえよ
う。図表 2-2-21 では，この「身
体・運動発達」に直接影響を
与える要因は運動経験であっ
たが，この図に従うと身体・
運動発達に直接影響を及ぼす
運動経験は，精神的な発達に
も直接影響を及ぼすことになる。

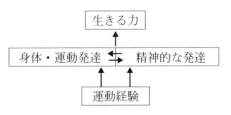

図表 2-2-22　身体・運動発達と精神的な
発達の関連

　このように，幼児期の子どもは，運動経験を通して心身の両側面が育って
いく過程で，"我を統一する"感覚を獲得しているといえよう。

(2) 誤った発達観

　なぜ，幼児のサッカーでサイドラインが必要なのだろうか。ゴールは 2 つ
ないといけないのだろうか。サッカーのワールドカップが日本のマスコミな
どで話題になりはじめると，もちろん幼児の遊びの中にもサッカーもどきの
遊びが入りはじめる。筆者が観察していると，複数でチームに分かれてサッ
カーをするというよりは，キーパーとシューターからなる PK 戦をやったり，
名刺サイズに紙を切り，その紙に色を塗ったりしたものを数枚ポケットに入
れ，これをイエローカードと称して遊んでいる子どもの姿がある。また，女
児を中心に応援グッズを準備しサポーター役をすることでサッカーに参画し
ていると感じる子どもの姿もある。子どもはサッカーと呼んでいたが，通常
われわれがサッカーとしてイメージしているものとは異なった遊びである。
この子どもが考えるサッカーは，あくまで「ごっこ」であり，サッカーの中
で子どもが印象に残った場面の再現をサッカーと呼んでいるだけである。こ
れは，スポーツとしてのサッカーとは異なるが，子どもが無心にボールを追
いかけていく姿や一個のボールにみんなで集中する姿，サッカーにはやって
はいけないことがあるという仲間内のルール，そしてサッカーは楽しい，み

んなでサッカーをしているという共有感覚は，子どもが自らごっこという流れの中で拾い出したサッカーのエッセンスなのである。はじめからサッカーを既成のスポーツと見てしまえば出てこない発想が様々に見られるのもそこに起因する。

　同様に，父親の会社の運動会に参加したある子どもが幼稚園に戻って運動会ごっこを始めたという。それは，「焼きそば屋さん」で，子どもにとっては一番印象に残った運動会の風景なのだろう。運動会はこういうものという既成概念でしか運動会を捉えることのできない大人には，発想できない視点である。サッカーも運動会も，あくまで「ごっこ」の範疇の話ではあるが，そこに遊びとスポーツの違いがある。

　幼児用の小さなゴールと幼児サイズのボールを使い，サッカーコートを狭くして教師・保育士等が教えているサッカーがある。幼児の身体のサイズに合わせて工夫してはいるものの，そこで行っているサッカーは遊びではない。大人が知っているスポーツとしての運動を幼児にさせているのである。これは，"子どもを小さな大人（ミニチュア）"としてみる子ども観の現れであり，換言すると幼児の運動発達を知らない大人が，幼児の可能性を規制しているという捉え方ができる。求められる結果に合わせて生きる大人と，興味を追求する過程を歩む子どもは，もともと質的に異なる。幼児は大人に比べて心身の相関関係がかなり強く，身近な環境とのかかわりの中で多様な運動パターンを獲得していく存在だからである。子どもを大人のミニチュアとする誤った認識は，結果として幼児の運動能力を低下させる。大人がやっているような散歩，ジョギング，水泳などの体力向上対策は幼児には合わない。1985年以降の子どもの運動能力低下対策の効果が上がらない根本的な原因は，この誤った発達観も一因となっている。

　子どもは小さな大人という発達観は，中世から始まり「鉄は熱いうちに打て」というロックの教育理論が富国強兵を目指す日本に輸入された際にいわれたものであり，明治後半の世界の新教育運動の流れで児童観の変化はあったものの，未だに運動など見える技能が強く評価される活動には残っている。

　子どもを大人のミニチュアとしてではなく人権をもった一人の存在として捉え，私たちもかつては子どもだったからこそ今があることに思いを馳せ，忘れている視点を取り戻すことである。

5．運動能力の構造的・質的側面

　昨今のスポーツ選手育成の方法は，かつての「鉄は熱いうちに打て」といった訓練や，指導者の暴力による指導を否定し，選手の自主性による練習を重視している。時間の長さではなく質のよい練習にも眼が向けられるようになってきた。海外に留学する選手や移籍する選手も多くなって，体罰や過激な訓練では伸びないということが証明されてきたことも，量より質への転換を促進している。

　2007年の相撲界のぶつかり稽古での死亡事件，2013年に柔道女子日本代表監督の暴力行為など，センセーショナルな事件も氷山の一角だといわれるように，スポーツ界には，訓練と体罰の区分もない組織がまだまだある。それは当然，中・高等学校，大学等の部活指導にも同じ根っこをもち，幼児の体育指導にもつながる訓練を是とする考え方である。運動の量と質のバランスは，それを実施する当事者の主体的な意識，自覚が伴わないと危うい。前述したように屋外に遊び環境が充実していて特別な運動指導をしていない園の方がかえって運動能力が高い傾向にあることからも，幼児期の運動能力を構造的・質的な側面で捉えていく必要があろう。

（1）構造的な側面に関して

　園庭などで幼児が鬼ごっこなどを始めて30分から1時間平気で遊んでいる姿を見ると，子どもは体力や運動能力が高いのかと錯覚してしまうことがある。しかし，本当に大人より幼児の方が体力や運動能力が高いのかというと否である。よほどのことがない限り，幼児よりも大人の方が体力や運動能力は高い。ではなぜ，幼児の方が運動能力や体力が高いと感じてしまうのか，

その裏付けは，"幼児は食べながらでも寝ることができる"という事実にある。幼児は思いきり外で遊んだ後や遠足や運動会などの後の夕食時には疲れきってしまい，夕食を食べる途中で，箸をくわえたまま寝てしまうことがある。しかし，大人は，疲れたといっても食事をしながら箸をくわえて寝ることはない。こうした大人と子どもの違いは，運動能力の構造の違いにある。

　図表2-2-23[37] は，運動能力は発達に応じて分化していくことを示している。青年期以降の大人の運動能力の構造は，「体格および静的筋力」，「持久力」，「瞬発力」，「敏捷性」，「柔軟性」，「平衡性」といったいくつかの因子に分化しているが[38]，年齢が低ければ低いほど，運動能力の構造が未分化なのである。幼児の運動能力の構造が未分化であるということは，筋力や持久力などの能力要因が，それぞれ独立した能力ではなく一体のものとしてあることを意味している。そのため，一つの運動が体力の向上に関して共通的・総合的

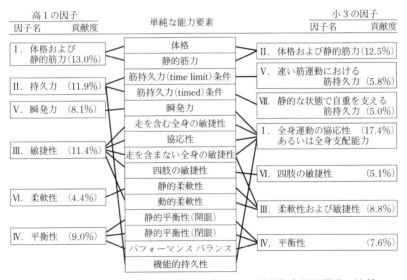

図表2-2-23　小学校3年男子と高校1年男子の運動能力因子構造の比較
海野孝「第5章　運動の発達　3.　一般運動能力の構造とその発達的変化」松田岩男・杉原隆編『新版運動心理学入門』大修館書店，1987，p.102

に作用し，筋力を高める運動が同時に持久力や瞬発力も高める働きをし，ある要因に優れているものは他の要因でも優れている傾向がうかがえる。

　逆に，幼児の体力や運動能力の構造が未分化であるということは，すべての活動で全力を発揮できるということを意味している。幼児が疲れないのは，何か運動をしていれば，その運動のためにすべての能力を総動員して活動をしているからである。

　幼児期には，特定の運動をさせるというより，自分の興味関心のある身体活動を伴った遊びを夢中ですることの方が効果的であるのも，すべての運動能力の総動員にある。大人は逆で，構造的に分化し運動能力や体力を使い分けている。たとえば，学生の体育実技で鬼ごっこを行った際，学生たちは持久力を使って鬼ごっこをしていたため，授業の後半からは地面に座り込み，「もう動けない」と口々に筆者に訴えてきた。ところが，授業が終了するなり，今まで動けないと言っていた学生が，さも当たり前のように走って次の授業へと向っていったのである。これは，鬼ごっこを続けていくための体力や持久力のようなエネルギーは不足しはじめたが，次の授業に向うために走っていく体力や運動能力は温存していたということである。

　このように大人の場合は，子どもと違って体力や運動能力を使い分けている。中高年は，体力や運動能力が低下してくると体力向上のためにジョギングや散歩，水泳などを行う人が多い。運動能力因子を使い分け，低下した持久力を補うことで，維持向上を目指すことができるからである。大人が行う運動能力の部分補強については決して間違っているわけではないが，すべての運動能力を総動員する幼児にこれは当てはまらない。運動の質の吟味同様，幼児と大人の身体構造の違いを認識して，鬼ごっこのような運動の多様な側面をもっている遊びによって十分に身体を動かすことで，幼児期に相応しい運動能力が獲得されていくのである。

（2）質的側面に関して

　子どもを大人のミニチュアとして捉えた体力づくりの考え方は，子どもの

運動能力や体力の低下の問題を量的側面だけで捉えた結果である。2002年の幼児は，1986年の幼児に比べてソフトボール投げの飛距離が2m短くなっているという評価は，量に視点がある。しかし，実際にこの期間での運動能力測定時に筆者が気づいた点は，特に5歳児の投げ方に変化が出てきたということである。1986年の5歳児なら，右手で投げようとするとき左足が前に出てより遠くに投げたのであるが，2002年の測定場面で，5歳児の中に，右手で投げるとき右足を出して投げてしまう子どもが増えていることが把握できた。この投げ方に関しては，図表2-2-24に示すような，幼児の投動作様式の典型的な6つのパターンがある[39]。

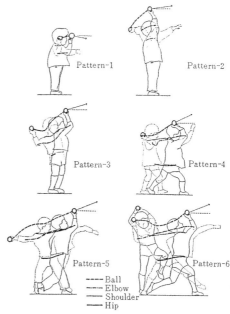

図表2-2-24　幼児の投動作様式の典型的な6つのパターン
宮丸凱史「投げの発達」『体育の科学』杏林書院，1980, p.468

　この発達段階に従うとパターン4の段階では，以前に比べて幼い投げ方（右手で投げるとき右足が前に出てしまう）をしていることを示している。利き手と同じ側の足が前に出てしまうためにどうしてもボールを下に叩きつける形になってしまい，結果として，ソフトボールの遠投距離が短くなってしまうのである。これは，遠くへ投げるための力（上腕の筋力など）が低下しているというよりはむしろ，投げ方が幼くなってきているということである。約30年前の幼児よりも遠くへ投げるためのより合理的な全身の投げる動きが身についていないことを示している。

　このようにボール投げ一つを考えた場合でも，幼児期の運動能力は，運動の質的な側面で大きな違いがある。この質の違いに関して，サイバネティックスの理論に基づくと，運動能力を①運動コントロール能力と，②運動体力（エネルギー生産能力）に分けて考えることができ，工学・生理学の視点から図表2-2-25のように整理されている[40]。

　① 　運動コントロール能力

　運動コントロール能力は"動き"と関連するものである。もともと動きは脳内で構成されるもので，われわれ人間は脳内で構成した動きを首から下の筋肉や骨格，心肺機能などを通して表現している。この動きにかかわる運動コントロール能力は脳，つまり中枢神経系で形成される能力のため，中枢神経系の発達とも関連している。

　② 　運動体力（エネルギー生産能力）

　一方，運動体力は，持久力や筋力などの動くためのエネルギーであり，宮下充正は「体力とは，筋活動によって外部に仕事をする能力とし，時間あたりの発揮できるエネルギーで評価する」[41] と定義している。この意味で体力

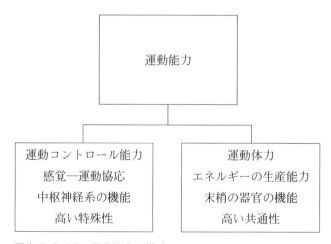

図表 2-2-25　運動能力の構成

杉原隆『幼児の体育』建帛社，2000，p.25

は多くの運動の基盤となる能力である。また，運動コントロール能力が中枢
神経系で形成されるのに対して，運動体力は筋肉などの末梢器官で形成され
る能力である。

　この視点から考えたとき，幼児の遠投能力の低下は，投げ方，フォームと
いう運動コントロール能力が未熟なためであるが，遠投能力の記録が悪い大
人は，投げるための運動体力が足りないのである。これは，大人と子どもで
は，運動能力を構成する運動コントロール能力と運動体力の比重が違うため
に見られる現象である。

　この違いの背景には，人間の発達パターンは各機能によって異なることを
示したスキャモンの発達曲線がある（図表 2-2-26）[42]。スキャモンの発達曲
線は 20 歳の年齢を成人の
完成として捉えたとき，人
間の身体の各部分での発達
の速度に違いがあることを
示している。運動コント
ロール能力との関連が考え
られる中枢神経系（神経型）
は 14 歳ぐらいですでに
100％，つまり，成人のレ
ベルにまで到達しており，
幼児期は急激な発達途上に
ある。一方，運動体力と関
連があるのは一般型であ
り，おおよそ 12 歳以降か
ら急激に発達するが，幼少
期では安定している。その
意味では，幼児期は中枢神
経系が急速に発達する時期

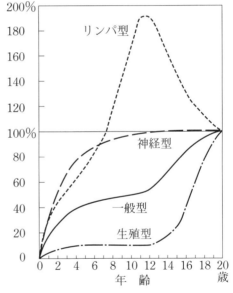

図表 2-2-26　身体各部の発達パターン
（Scammom R. E. 1930)
岩崎洋子編『子どもの身体活動と心の育ち』建帛社，
1999, p.26

であり，運動をすることによって運動コントロール能力を最も容易に高めることができる時期である。換言すると，幼児期の運動経験で子どもは中枢神経系の発達が促され，その発達に伴い運動を巧みにコントロールする能力が発達していくのである。このように，幼児期の運動経験は運動神経の発達に影響を与えている。

　心理学では，一般的にある能力が急激に発達する時期があり，その能力を発達させる働きの効果が最も大きい時期のことを，発達・学習の敏感期とか最適期などと呼んでいる。この考えに従うと幼児期は運動コントロール能力の発達の敏感期にあることになる。運動コントロール能力によってつくりだされる"動き"が最も効率的に獲得される敏感期である。

　実際，体育科学センターが1985年に調査した結果では，7歳から9歳までにはすでに子どもの自由な活動の中に大人が基本的に行っている動きのうち84種類を身につけていることが観察されている[43]。

　確かに，「自転車の補助輪がはずれた時期は」，「箸を持ってご飯が食べられるようになったのは」，「鉛筆を持つようになったのは」，「一人で歯磨きができるようになったのは」，「髪の毛を櫛で梳けるようになったのは」などを考えると，子どもは小学校入学前後には大人が日常当たり前のように行っている動きを獲得しているのである。人間が誕生後約8〜14か月ぐらいの間で直立歩行を始めていると考えると，3〜6歳ぐらいの約3〜4年で日常生活に必要な基本的動きを獲得していることになるからこそ，敏感期ということになる。

　この敏感期に獲得する動きの種類が現在は減少している。この点に関して中村和彦らが，体育科学センターの1986年の調査以降の変化に関して調査を行った結果では，2007年の5歳児の基本的動作の習得状況は，1985年の3歳児と同様な状況であることを報告している[44]。2年の遅れはこれまで小学低学年の子どもに当たり前のように見られた動きが獲得されていないことにつながる。転んでも手が出ない子の増加，怪我や骨折の増加，フラットなところで衝突や転倒するというような安全に身を処す動きの獲得がなされて

いないという現場の声とも重なるものである。怪我の予防として，危険な動きを極力避けるといった傾向を生むが，あまりに神経質になってしまうと逆に子どもの運動経験を狭めてしまうことになり，結果として怪我の多い子どもを増やしてしまう悪循環に陥る。

　このような視点で，幼児期の運動発達の姿を捉えてきたとき，昨今の幼児の運動能力低下は量的な側面の影響というよりもむしろ，幼児期という発達特性を踏まえた質的な側面の影響が大きいことになる。つまり，運動経験の減少は，大人にとっては運動における量的な減少を意味していても，幼児にとっては「動きの獲得」をするための質的な経験の減少ということを意味している。

(3) 動きの獲得と脳の発達
　幼児期に動きの獲得を引き起こす運動コントロール能力は，中枢神経系と密接な関連がある。

　人間は生まれたときは，体幹などを中心に運動をしているが，成長に伴い徐々に末梢の方向へと動きが広がっていく。同時に脳内で複雑な神経系のネットワークが広がって，神経細胞は必要なもの同士が結びついてネットワークを形成していく。生誕時の脳の神経系錐体細胞を中心とした樹状突起は数本であるが，成長するにしたがい増加し，他の細胞からの樹状突起や軸索などを介して結びつくことによってそれぞれの細胞のもつ役割同士がつながり，多様な動きが形成されるのである。幼児のリズム遊びに「アブラハムと 7 人の子ども」という題材があるが，「右手，左手，右足，左足，お腹，お尻，頭」と動きが広がっていくこの歌は，脳が介して手や足を結びつけていることと合致している。

　何がこの結びつきを引き出しているのか，2000 年にベネッセ教育総合研究所が行った調査では，最近，2 歳児男児でビデオを操作できる子どもが 4 割強いるという報告がなされている[45]。従来，1 歳から 2 歳前後はやっと直立歩行が始まり，興味のあるものへと手を伸ばしては落とすことを繰り返す

リーチングが盛んに生じ，大人もなかなか目を離すことができない時期である。この時期に子どもは自分の思い（興味・関心：知的好奇心）の充足に向けて身体が動いている。ところが，この時期に子どもがビデオを見ることに夢中になると動きが減少することになる。中枢神経系，脳が急速な発達をする時期の動きの経験の減少は，外の刺激に向かい身体を動かすことでつながる神経細胞同士のつながりも減少させる。その結果，動きが末梢の方向へ働き，動きの分化・統合の過程を耕すことがなくなるので，動きの基本である協応動作が獲得されにくいことになる。

　今日，3歳で入園してきた子どもの動き，つまり協応動作が鈍くなっていることは，子どもが動きの幼さをひきずっており，怪我をしやすい状況が発生しているということである。

§2　生涯使い続ける身体機能

1．運動発達の段階と年齢区分

　乳児期，幼児期，児童期，青年期，成人期，中高年期と人間の運動能力は生涯を通してそれぞれの時期に応じた特徴を示しながら発達していく。本節では，生涯を通して発達していく運動コントロール能力の特徴を量的，質的な側面から概観していくことで，幼児期の運動能力の発達の特徴を再確認していく。幼児期の内容については多少重複するところもあるが，生涯にわたる動きの発達を俯瞰しておくことが，幼児期の運動能力の特徴をより自然に伸ばす知見につながると考えるからである。

（1）運動発達と年齢区分
　ギャラヒーは運動発達の段階と年齢を4段階に区分する[1]。①誕生後の反

射的な運動の段階から，②おすわり，寝返り，這うという体幹運動の段階を経て，立位歩行が始まる1歳前後になると初歩的運動の段階へと移行し，③2歳から7歳ぐらいで基本的運動の段階に移行し，④7歳を過ぎるとスポーツに関連する運動の段階へと発展し，それは一般的な運動技能の段階から特殊的な運動技能の段階，専門的な運動技能の段階へと位相が変わるというものである。

　誕生から1歳頃までの反射運動は，刺激情報を受け止め不随意反応をする段階から，刺激情報を処理して随意運動へと移行する段階で制御されるようになる。1，2歳から幼児後期にかけては，前コントロール段階から基本動作の未熟な初期段階，基本動作の初歩的段階，基本動作の発達した段階へと進展する。これはすでに見てきたように，誕生後の脳の発達に伴い，幼少期に入ると基本的な人間の運動ができることになるという結果と一致するものである。この2歳から7歳の段階で〈たつ，ねる，まわる，ころがる，のる，ぶらさがる，体をふる，バランスをとる〉といった姿勢制御運動，〈あるく，はしる，とぶ，はう，すべる，のぼる，はいる，スキップする〉などの移動運動，〈うつ，ける，なげる，うける，まわす，ふる，ひく，おす〉といった操作運動のパターンが習得される。

　近藤も，基本運動の技能が獲得されるのがやはりこの時期であるとし，運動技能獲得過程の概略を次のように図示している（図表2-2-27）[2]。

　この基本運動の技能獲得の段階を経て，次のスポーツ的・ゲーム的技能や日常生活・仕事の技能，表現の技能へと分化し（7歳以降），さらに専門的な技能へと洗練されていく。ギャラヒー，近藤とも共通して，動きの獲得は発達段階に合わせた積み上げのうえに成り立ち，決して土台となる段階を飛び越して発達はしていかないとする。その意味では，幼児期に，獲得している基礎的な運動技能や基本運動の技能を土台にしてより洗練された動きが児童期以降に獲得されていくといえよう。これを逆説的にいうと，幼少期に基本的動きを獲得できていなければ，それ以後の動きの発達にも影響を及ぼすことになるということである。さらに言えば，幼児期の動きの獲得は中枢神経，

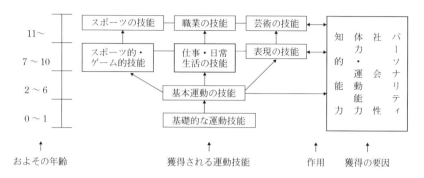

図表 2-2-27 運動技能の獲得過程の概略
近藤充夫『保育内容健康』建帛社，1999，p.66

脳の発達との関連が深いため，基本的な動きを獲得しそびれると，脳内のネットワークが十分に発達していかないことを意味している。

(2) 幼児と大人の運動コントロール能力獲得の違い

「幼児期は動きの獲得が重要である」と述べると，大人はすぐ幼児に動きを教えてしまいたくなるが，これは誤りで，この背景に，大人と子どもの脳のネットワーク構造の違いが考えられる。

　たとえば，自転車の補助輪をはずした頃のことを思い出していただきたい。「よし，補助輪をはずすぞ！」と考えて補助輪なしの自転車に乗って何度も転びながら練習していると，何かのきっかけで突如として転ばずに前に進み始めた経験をもつ人は多い。自転車に乗るということは思いのほか難しい課題である。両手はハンドル，両足は左右別々に体重を移動して漕ぎながらもバランスはとっている。このような複雑な協応動作を実は子どもは１～２週間程度で仕上げていく。これが，大人になって初めて自転車（補助輪なし）に乗ろうと試みると，おそらく子どもの倍近くの練習時間がかかるのではなかろうか。補助輪なしの自転車に乗れるようになるということは，大雑把な言い方をすると自転車に乗るための運動コントロール能力が身についたこと

になる。しかし，同じように自転車に乗れたとしても，大人と子どもでは意味が違う。運動コントロール能力の身につけ方が大人と子どもでは違うのである。それは，大人と子どもの中枢神経系の発達の違いから生じている。中枢神経の発達が著しい幼児期は，いろいろな動きを形成している段階である。動きを獲得するための脳内のネットワークが形成途中で，運動を経験することで自然にネットワークが形成されていくため，獲得のための時間が少なくて済むことになる。大人の中枢神経系はある程度形成されてしまっている。そのため，脳内で動きをつくっていくとき，大人はすでに形成された脳内のネットワークを変更していく必要があるため，動きの獲得に時間がかかることになる。このように，動き（運動技能）を獲得するための学習方法・仕方が大人と子どもでは異なっているのである（幼児期の運動の学習方略に関しては第2部第1章を参照）。

(3) 運動の反復練習と遊び

　幼児期の子どもは，いろいろな動作をして動いているうちに自然と動きを身につけているが，大人は一つの動きを身につけるために，多くの努力が必要になってくる。つまり，子どもは自然に運動をすることで，運動コントロール能力を容易に高められるが，大人は特定の動きを身につけるにはすでに存在している動きを変容させなければならないので，獲得したい動きを繰り返し練習（ドリル）することが必要になる。ドリルは，ある程度安定した神経のネットワークをもった大人にとっては効率的なやり方である。そのため，大人は，動きの繰り返しの多いジョギングやスイミングなど特別な体力づくりのための運動をすることが多い。しかし，このドリルのような反復練習を幼児期に当てはめてしまうと，いろいろな動きをつくりだすことが得意な幼児の動きの獲得の幅を狭めてしまうことになる。

　幼児期には多様な運動が大切だといわれると，いろいろな運動を組み合わせてやらせてしまう大人（指導者）もいるが，百害あって一利ない。子どもは自分でやりたいことがあれば自然と身体が動きだすのであり，どんな動き

をやらせたいかではなく，子ども自身にやりたいこと，遊びたいことがいろいろあることが大切である。遊び衝動に駆られて身体が動き，その過程で多様な動きを経験する。だからこそ，全身を十分動かす運動遊びが心身を鍛える。活動自体のもつ面白さ・楽しさを追求する自己目的的活動が，幼児期の運動コントロール能力を向上させる。

　また，子どもの遊びは，特定の運動とは異なり，同じことをやり続けることはない。日常の外遊びの中で，意識的，無意識的に運動コントロール能力を身につけているのである。

(4) 児童期・青年期の運動能力

　児童期の運動能力を質的な変化から見てみると，この時期は，幼児期に獲得された基礎的運動パターンが洗練されていく「基礎的な運動の段階」から，いろいろなスポーツに必要な専門的スキルを習得し，向上させていく「専門的な運動の段階」へと移行していく時期である[3]。

　運動コントロール能力と運動体力のうち，運動コントロール能力は幼児期から児童期にかけて急激に発達するが，運動体力に関しては児童期後期から青年期にかけて“発達の敏感期”にある。また，運動能力の構造に関しても児童期前期の未分化な状態から児童期後期には協応性や平衡性などへと分化する。

　青年期は，一般にいう体力〈瞬発力，筋力，敏捷性，平衡性，柔軟性，協応性，持久性〉などいくつかの要因に分化して，安定した構造をもつようになり，運動体力が発達する時期である[4]。運動体力は運動を実行するのに必要なエネルギーを生産する。それと同時にこの時期は，エネルギーを生産するために必要な筋肉，心肺機能に関する呼吸循環器などの末梢器官の機能も急速な発達がみられるようになっていく。二つの側面が同時に発達することで，児童期までは未分化であった運動能力の因子が青年期に入って筋力，筋持久力，パワーなど細かく分化してくるのである[5]。

　一方，身体的（形態的な）側面から捉えると，児童期後期から青年期前期（小

学校高学年から中学校）にかけては，身長，体重などが急激に発達する「第
二急進期」と呼ばれており，特に青年期は，身体的発達が速く，これに精神
面の発達がついていけない場合，情緒的にも不安定な状態になることがある。
このような状態を「青年期の不器用」とか，「思春期の不器用」と呼んでいる[6]。

　また，児童期から青年期に入ると，次第に性差が見られ始める。青年期前
期から第二次性徴が見られ，骨格・筋肉の発達によって大人の体型への変化
が起こり，身体能力の性差が顕著になってくるからである。性差の発現は，
女子の方が男子より1〜2年早く，青年期前期で脂肪が付き始め，青年期中
期になると，特別な訓練がないと運動能力が青年期前期より落ちてくる。一
方，男子は青年期後期に入ると，一生のうちで最も運動能力が充実する時期
に入ってくる。

2．成人期以降の運動能力と健康

（1）成人期の運動能力

　運動能力全体としては，青年期でピークを迎えた運動能力は，20歳代（若
年成人期）〜30歳代前半（壮年期）を通じてほぼピークを維持していくが，
30歳代半ば（中年期の入り口）から徐々に低下していく[7]。これについて文
部科学省の新体力テストからみた場合，20歳以降は男女ともに体力水準は
加齢に伴い低下する傾向を示すが，その傾向は40歳代頃までは女子の方が
男子よりも比較的穏やかである。また，40歳代後半からは，男女ともに著
しく体力水準が低下する傾向を示している。

　同様のことが，運動の発達段階に照らして成人期の運動発達を見た場合も
いえる。タイベルと市村のモデルでは，成人初期で，運動成績がピークにな
り達成期を迎えるが，成人中期から運動成績が徐々に低下し，成人後期に入
ると運動成績の大きな低下が示されている[8]。

　この成人中期以降からの運動技能に関して，谷口幸一は，運動技能が低下
しはじめる成人期（36〜45歳）には，運動訓練により維持されていくが，

成人後期（46歳〜64歳：初老期）には，日常生活での運動技能はそれほど衰えないが，運動パフォーマンスの正確性や安定性は減退し，特にスポーツ競技での技能低下が明白になるとする。しかし，器用さや判断力は，技能トレーニングを続けることで維持されるとし，この時期がスポーツを続ける人とやめる人に分かれる時期であるとも述べている[9]。

　日頃からの運動の実施は，体力や運動能力の維持・増進に関して重要であるが，低下傾向を示す成人中期以降は特に体力や運動能力の低下が著しくなっていくので，維持する継続的な努力が求められる。

(2) 中高年の運動能力

　われわれの身体は，成人中期以降大幅な体力・運動能力の低下を来す中高年期を迎える。文部科学省の新体力テストにおいても40歳代後半からは，男女ともに著しく体力水準が低下する傾向を示し，中高齢期である65歳から79歳で男女ともほぼ直線的に低下する傾向を示している[10]。また，運動発達の段階においてもこの時期になると，運動成績の顕著な低下を示すようになっていく[11]。

　このように加齢に伴って生じる顕著な運動能力や体力の低下が見られる中高年期になると，人々は老いを自覚しはじめ，運動やスポーツを実施する意味が成人期とは異なってくる。たとえば，谷口は，バーガー（1989）がハーヴィガースト（1953）の提唱した「高齢期の発達課題に応じた運動の意義に関して」の特徴として，①体力や健康の減退に適応するために，②退職後の社会活動の場として，③同年齢の新たな仲間づくりに，④配偶者との死別後の生きがいづくりに，⑤老後の心身の健康づくり，に対して，日々の生活において実践する運動・スポーツの果たす役割について指摘していると述べている[12]。また，WHO は1984年に高齢者の健康に関して，「病気の有無ではなく，生活機能が自立していること」を挙げており，この点から考えると，高齢者の健康にとっては，日常生活動作（ADL: Activities of Daily Living）の自立度などが重要な健康の指標になってくる。

こうした運動の意義や健康の概念の変化を踏まえると，中高年期に必要な体力とは，自立した日常生活のための基本的動作を行っていくことができる体力〈生活体力〉[13] になっていくと考えられる。

個人差はあるが，中高年期から特に高齢期に入ると，体力と運動能力の維持は，成人期以前と比べて，高齢者の生活の質（QOL）を確保するうえで不可欠の要素となる。さらに，本章§1 で示した体力概念（図表 2-2-7）から考えると，成人期まで見てきた体力の主たる面は体格などの形態要素や筋力のような機能的要素から構成されている行動体力であるが，中高年期は主として免疫や適応力からなる防衛体力を重視した体力・運動能力が重要になっていくのである。

(3)　健康寿命と平均寿命

世界の最先端をいく日本の高齢化社会は，まさに一人ひとりが健康をどう維持し，どう人生を生きるかという瀬戸際にきている。

平均寿命と健康寿命の差をいかに埋めるかが，個人の生き甲斐や国の医療費等にも関係する。2010 年の男性の平均寿命 79.55 歳に対して健康寿命は 70.42 歳，女性の平均寿命 86.30 歳に対して健康寿命は 73.62 歳で，男性 9.13 年，女性 12.68 年の差がある（図表 2-2-28）[14]。

この差が不健康な期間ということになると，長患いの苦しさを抱えて生きることになる。平均寿命の延伸に伴い，平均寿命と健康寿命との差が拡大すれば，家族態様も変化しているので，自宅療養など望めない場合も多く，ケアを外部委託しなければならないことも予想される。当然，医療費や介護給付費が国税に占める割合も高まるだけでなく生活の質も低下する。そのため，国や地方自治体は，疾病予防と健康増進，介護予防などによって，平均寿命と健康寿命の差を短縮する施策に懸命である。

2022 年には，平均寿命は，男性が 81.15 歳，女性が 87.87 歳になると予測されている[15]。平均寿命の延びに伴って健康寿命を延ばすことが，これからの高齢者の課題だとすると，免疫や適応力を高めて防衛体力をつけるために

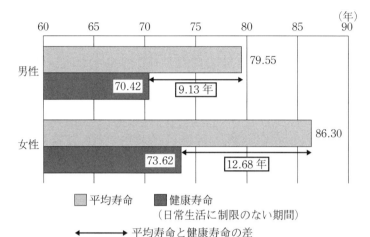

資料：平均寿命（平成22年）は，厚生労働省「平成22年完全生命表」
健康寿命（平成22年）は，厚生労働科学研究費補助金「健康寿命における将来予測と生活習慣病対策の費用対効果に関する研究」
図表 2-2-28　平均寿命と健康寿命の差
「健康日本21（第二次）の推進に関する参考資料」2012，p.25 より抜粋

は，適度の運動を毎日継続的に行うことが有効な手立てとなる。誰しも，望んで不健康な時間を生きるわけではないが，それも，幼児期からの健康な生活習慣と遊びや運動，養生に行き着くということである。

第3部

健康を志向する主体の回復

　第3部は，生涯にわたって"我を統一する主体"の回復に視点を当てて，乳幼児期からの健康を捉えるとともに，健康寿命を全うする人類の道を就学前教育という窓口から考究する。

　第1章では，自らを動かす意志の働き，自然界を生きる本能としての好奇の衝動や，やればできるという自己有能感とともに，我を忘れて純粋経験を成熟させていく遊びに焦点を当てている。また，幼児期から健康教育を行う日本の教育課程の基準の変遷と課題を取り上げて，これからの就学前教育の環境のありようを考える土台としている。

　第2章では，健やかな心身が育つためのこれからの方向性について，就学前教育はどうありたいかという視点から，生活や遊び，労作環境と運動経験の関連や指導面について考え，さらに就学前教育の担う社会的役割の重要性を示唆している。

第1章

自らを動かす意志の働き

§1 内発的動機づけと自己有能感

1. 子どもはなぜ動くのか

　私を動かすものは誰か。空腹感がわくと食べ物をあさり，満腹になると身を横たえる。畑に草が生えているとそれを抜き，果実が実っていれば手を伸ばす。人混みの中にいると，感情が揺さぶられることもある。こうして，私は私によって動かされている。誰かに指示命令されて動くときでさえ，嫌々ながらでも動けという私の命令がない限り私は動かない。私を動かす力は，社会的動物としてのそれより，野生動物としてのそれに近い。野生動物は，飢えの脅威から食物を求めて動き，寄生虫や病気の脅威から薬草となる草や苔，岩を求め，死に遭遇するような細菌や環境のストレスから逃れるために安心して身を置く場所を求めて動くからである。

　子どもはなぜ動くのか。その要因を，本節では動機づけの視点から考えていく。それは，心身が動く仕組みが働いている時間こそが生きる時間であり，

生涯を支えているものだからである。

（1）内発的動機づけと外発的動機づけ

①　動機づけとは

　動機づけとは学習の前提条件であり，意欲，興味・関心，やる気につなが
るものである。幼児期は，興味や関心をもとに対象と自分との関係を拡大し
ていくという特性があるため，興味が生まれる衝動・動機を探ることで，環
境と生理的欲求・衝動と運動との関係を構成する視点を得られると考える。

　心理学では，動機づけを「人間に行動を起こさせ，その行動を持続してあ
る一定の方向に向かわせる心的な過程」[1]と定義づける。たとえば，お腹が
空いたという空腹感が動因・欲求となり，食物を探しに行動を起こそうとす
る動機を立ち上げ，食に関係する行動が開始される。そのとき食物が目標や
誘因になるのである。

　人間は"安定したい存在である"という方向で行動しており，この方向に
動機づけられている。前述の空腹などは，適度に満腹の状態を安定している
と捉えると，空腹は不安定な状態であり，動因・欲求のエネルギーが蓄積さ
れた状態にある。その結果，心の中の崩壊を生じさせてしまい，その崩壊を
補い，安定した方向に向かうために，食物という目標や誘因に対してエネル
ギーの放出を行い，腹八分目あるいは満腹という自分が一番安定した方向に
向かうのである。この安定した方向に向かう過程が動機づけの過程である。

　幼児期が興味・関心をもって自発的にいろいろなことに取り組む時期であ
るなら，興味がこの時期の子どもの学習の前提条件となるはずである。換言
すれば，自発的な学習行動の前提条件である興味や関心を満足させるために
運動を起こしているのである。逆に，幼児が身体を動かさない（運動しない）
のは，発熱や骨折など身体を動かせない場合もあるが，健康な状態であれば，
興味や関心を引き起こす環境条件が乏しいか，あるいは興味や関心をもって
活動し充足感を得た経験が少ないことを意味している。

　人間が運動行動を引き起こす動機づけは，手段論的には大きく二つに分け

られる。一つは，何らかの目標（報酬）を得るための手段として運動やスポーツに取り組む場合で，外発的動機づけによる。外発的動機づけでは，何らかの手段で運動行動を行わせるための外的な誘因（ダイエットなど）が必要になってくる。子どもの場合によく見られる，誰かに褒めてもらいたいとか，認めてもらいたいために運動に取り組むという〈社会的動機〉も外発的動機に類する。二つ目は，外発的動機づけのような単なる手段としてではなく，活動それ自体に価値がおかれ，自己目的性によって活動が行われている場合であり，内発的動機づけによる。内発的動機づけは，活動それ自身が誘因となっている。内発的動機づけの場合，人間は周囲の状況を読みながら自分の好きなことを自分で探し，自分で問題を解決していく。そうした意味で自発的な遊びは，衝動が突き動かす内発的に動機づけられた行動として考えることができる。

　就学前教育施設で，体力づくりのためとか病気にならない体づくりのために運動に取り組んでいる活動は，外発的動機づけに基づいている。外発的動機づけが子ども自身の志向性と結びつかないかぎり，させられているのである。一方，子ども自身が主体的・能動的に活動に取り組んでいる場合は，内発的動機づけに基づいて運動行動をしている。動くことそれ自体に目当てをもって取り組んでいる幼児期の代表的な行動が遊びである。

　内発的動機づけで運動に取り組む場合，活動そのものが目的であり終わりがないので活動の継続性が生まれる。次の日もまた次の日も繰り返されて子どもは面白さを探索していく。外発的動機づけでは，活動そのものが目的ではなく手段となっていて目標が他のためにあるので，目標の終了とともに活動が止まってしまう。大人であれば，ダイエットが成功すれば運動しなくなるのである。

　② 目標達成のための手段的活動

　興味・関心はきっかけであって，年齢が低いほど興味によって衝動が働き運動行動につながるが，4，5歳になるとそれだけでは活動の継続性は生まれない。自分の内にわいた目標に向かってやり抜く継続性には，他の要因も

深く関係してくるからである。宮本美沙子は，マックレランドのやり抜く手がかりとしての「手段的活動」が継続性に有効に働くとする[2]。そして“行為的な手段的活動と精神的な手段的活動”の二つの側面とやる気との関連を学業成績において調査している。行為的な手段的活動とは，実際に行為をすることにより，目標達成のための有効な手段となる活動を探すもので，「情報収集，試行，現実検証，自己主張，訓練，状況設定，援助を活用し目的を果たすなど」[3] である。精神的な手段的活動とは，外からの行為としては観察できないが，精神的に目標達成のための有効な手段を探っており，また目標達成のための手段をもっている活動で，その項目には，「目標設定，計画性，イメージをもつ，長期の達成のため自己統制する，独自性，状況判断，熟慮性など」[4] を挙げている。

　この目標達成のための手段的活動を，竹馬での遊びを例に考えてみよう。身近に竹馬で自在に歩く他児がいてそれに刺激され，竹馬に乗れるようになりたいという内発的動機をもった幼児は，繰り返し自己練習をする。その練習過程で幼児は，今クラスの誰が竹馬に乗れるのか，その子たちは靴を履いているのか素足なのか，馬の高さは高いのか低いのか，立ち上がるためにどの壁を使っているのかなど情報を収集し，現場を確認し，まねてやってみる。ときには，竹馬を取られて待たされるため自己主張もしなければならない。支えてくれる大人が必要な場合は援助を頼み，やれる状況設定もしなければならない。行為的な手段的活動は，単に練習の繰り返しだけではなく，それを可能にする諸々の条件を必要とし，それを自分で獲得していかなければならない。また精神的な手段的活動にしても，竹馬ができるようになりたいという目標設定，竹馬に乗る身体イメージ，毎日継続すれば必ずできるという経験則が活動を支えている。さらに竹馬の練習のために他の遊びを我慢する計画性や自己統制，自己意識や自己の独自性，そして，まわりの子どもや園庭の環境，時間的条件等の状況判断，やりたい自分と可能体としての自分への熟慮なども働いて，行為的な手段的活動を支える。行為的な手段的活動と精神的な手段的活動の両方が相まって一つの活動を支えているのである。5

歳児のまねをして3歳児が竹馬にありつき，持ち歩いて乗れる気分になって喜んでいる状況とは違う身体的・精神的なやり抜く手がかりをもつようになってはじめて，継続性と自己目的がつながるのである。

このように内発的動機づけか外発的動機づけかの違いは運動の継続性に深く関連している。運動能力や体力をつけていくために最も必要なことは運動をやり続けることであり，外発的動機づけのような目標が達成されるとやめてしまうような活動では，運動能力や体力の低下に対する対策としては不十分なのである。自ら身体を動かし天命を全うするのは本人の意志，志向性で，幼児期にその出発点があるからこそ，その後，生涯にわたって自分の衝動を顕在化し方向づけるのであろう。

(2) 我を動かす好奇心
① 拡散的好奇心と特殊的好奇心

内発的動機には，いろいろなことに興味・関心をもつ知的好奇心などの好奇動機と，スリル感や新奇なことにこだわる感性動機，身体を動かしたくなる活動欲求でもある活動性動機がある。今まで見たことのないものなどに関して興味をもったり，黙って座っていられなかったり，怖いけれども高いところから飛び降りたがったりなど，人間の自由な活動の中によく見られる行動のエネルギーになっているものである。

波多野誼余夫と稲垣佳代子は，知的好奇心を拡散的好奇心と特殊的好奇心に分けている。そしてこの二つの好奇心は，人間を含む高等動物が生得的にもつ環境内の新しい事物や事象にたえず関心をもち働きかけ，情報を得ている原動力だとする。拡散的好奇心は，情報への飢えから生ずるもので方向性をもたないが「われわれの興味をひろげ，知識をバランスのとれたものにするのに役立つ」[5]もので，この方向性のなさは個人の嗜好・好みを強化する。一方，特殊的好奇心は，拡散的好奇心が情報収集を行っているうちに，「新奇性，驚き，矛盾，困惑などに直面」[6]し，深く突っ込んでいく能動的なもので，人間はこの二つの型の好奇心で興味を分担し合いながら外界に適応し

ている，とする。ふらふらと行動して拡散的好奇心で情報収集し，竹馬に没頭するとなれば問題解決のために情報収集し，特殊的好奇心を使って深く突っ込んでいく。つまり，「拡散的好奇心と特殊的好奇心を交互に働かせながら，われわれの知識は，次第に外界を正確にしかも豊富に代表するものになっていくのではないだろうか」[7]と述べている。

　好奇心と最もつながるものに好奇動機がある。また，好奇心の中でも，やってみたいとか面白そうだなと思う対象が運動の場合を運動好奇心と筆者は考えている[8]。

　感性動機は感覚器官の活動を求める動機であり，刺激量との関係が深く，退屈から逃れて適度な刺激などのスリルや興奮を求める動機である。怖い怖いと言いながらもお化け屋敷に行ったり，バンジージャンプに挑戦したりするような傾向や，流行への敏感さの背景には感性動機がある。巧技台や階段からの飛び降りに挑戦している子どもにも感性動機が働いている。

　活動性動機は，自らの身体を動かすことを求める動機であり，身体活動それ自体が喜びの対象となるものである。幼い子どもほど活動性動機が高いため，身体を使って力いっぱい活動することを好み，結果として活動することによる爽快感を感じるのである[9]。

　これらの動機は同位概念であり，実際には単独で働くのではなく，相互に共通の面をもっており複合的に関連している。たとえば，運動遊びでは，活動欲求や運動好奇心が主な内発的動機として機能していると考えられる。実際，子どもが行っている身体活動を伴った遊びには，その活動それ自身の中に活動の目的があり，内発的動機によって行動が生起していると考えられる。つまりこれが，子どもが運動遊びのような身体活動を行う主な理由になっているのである。

　②　子どもの身体活動とエフェクタンス動機（効果動機）

　内発的動機の中に最近注目されているエフェクタンス（Effectance）動機（効果動機）という動機がある。ホワイトのいうエフェクタンス動機の性質は，生得的にもつ潜在能力と，環境に能動的に働きかける自らの有能性を追求し

ようとする動機を一体的に捉えようとするものである。エフェクタンス動機
は，"自己の活動の結果，環境に変化をもたらすことができたという効力感"
で環境との相互作用において有能であることを追求する動機である。新しい
能力の獲得や能力の向上ならびに能力を最大限に発揮することなど自己有能
感に関連する動機である。このエフェクタンス動機を満たされたときに感じ
る有能さによって行動が内発的に動機づけられる。身体活動において，子ど
もは，自分の能力を最大限に発揮したことを感じ，できなかった活動ができ
るようになるとその活動の中で行った自分の努力の意味を感じとり，そこに
有能感や自己決定を味わうことになる。杉原も「内発的動機づけの本質は自
己決定と有能さ（self-determination and competence）の認知」[10] としている。
図表3-1-1 は杉原の自己決定と有能さの関係についての模式図である。この
図は，エフェクタンス動機が満たされることによって生じる有能感が高まれ
ば高まるほど，自己決定ができるようになり内発的動機づけが強化されると
いうことを示している。

　特に，幼児期の心の発達の中で重要な経験の一つが運動有能感を感じる経
験である。この有能感は，自分の力で環境との関係を変えることができたと

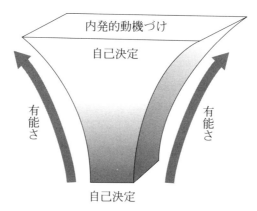

図表 3-1-1　自己決定と有能さの関係についての模式図
杉原隆『運動指導の心理学』大修館書店，2008，p.139

きに感じるものであり，幼児期の子どもは自分が「できた」という身体性に
よる自己表現によって多くの有能感を累積していく。つまり，幼児は運動（身
体活動）を介して，自分のできること，できないことを意識し，有能感や挫
折感を感じ，自己決定と有能感を認知していくのである。この運動経験で感
じる有能感のことを運動有能感と呼び，幼児期・児童期の大きな特徴の一つ
としてその重要性を指摘できよう。

　たとえば，逆上がりを例に考えたい。逆上がりができるようになるために
は練習が必要である。単にぶら下がるだけの道具と身体の関係であった鉄棒
が，自分の身体を支え，棒を軸に空間が保持され，両手で棒を握ると体重を
支える。さらに棒を握った両手でジャンプすると身体腹部を支えたり，身体
を回転させると腹部と棒を軸に身体が空間を回転したりと，新しい動きが獲
得される。アフォーダンスによって鉄棒という空間にある固定された棒が，
平地では獲得できない動きを促進してくれる。つまり，物理的環境を自分の
力で身体を回転させる道具に変えることができる。このとき人間は運動有能
感を感じるのである。誰しも初めて逆上がりができた後は，必ずもう一度回
ろうと挑戦し，繰り返し練習して安定した状態に高めていく。このように，
人間は環境との相互作用において自分を有能であると感じる存在に高めよう
とする。この有能感を追求していく動機が，エフェクタンス動機と呼ばれる
ものなのである。われわれはこのエフェクタンス動機を満足させるために自
らの行動を方向づけている。そしてこの運動有能感を，子どもは人のかかわ
りの中で感じているのである。自分ができた，うまくやれるということを感
じる世界には必ず，仲間がいる。年齢が高くなるにつれて，運動有能感を感
じる経験の場も，親子の空間よりも仲間がいる空間の方が増えてくるのであ
る。

　③　有能感と自己決定

　デシは，ホワイトとは強調点が異なるが，内発的動機は有能感と自己決定
（Competence and Self-determination）にあるという視点からその理論を提唱し
ている[11]。彼のいう有能感とは，自分はできるという自信であり，そこから

次の段階に進もう，挑戦しようという心的状況が生まれ，自己決定がなされるというものである。有能感と自己決定は，自分が現在もつ能力を最大限に発揮する行動を生みだすとともに，挑戦的に能力を向上させようとする行動を生みだす。

　身体活動において，人間はいくつになっても，自分の能力を最大限に発揮したことを感じ，できなかった活動ができるようになるとその活動の中で行った自分の努力の意味を感じとり，そこに有能感や自己決定の確かさを味わうことができる。リハビリも，達成感や有能感が支えている。この有能感と自己決定は切り離せない関係にあり，自己決定によって取り組むからこそ，できたときの有能感は高く，できたという有能感が自己決定の経験を支えるということになる。

　また，同様な考え方としてド・シャームは，自己原因性という論理を提唱している。この自己原因性とは，人間は自分が環境に影響力を出していると感じるときに効力感を得ており，行動の責任をあくまでも自己にあると認知することが重要であるという考えである[12]。ド・シャームは，これを「指し手とコマ」から説明している。これはチェスの場面で指し手は勝ち負けに関して自分で責任をもってコマを動かしているが，コマは自分の意図で動くというよりはむしろ指し手の意図によって動かされているだけであり，勝敗に関して，責任をもっていない。これを子どもの身体活動になぞらえて考えると，「指し手」タイプの子どもは，自らが主体的・能動的に身体活動に取り組むことで，さらなる身体活動への意欲を高めているが，「コマ」タイプの子どもは自ら主体的には取り組まず受動的・受身的に身体活動を行う。

　指し手とコマの違いを生むのは何か。子どもが自分の好きな遊びに没頭できる場合は，指し手として環境に作用を及ぼす感覚を得るアフェクトあるいは作用した感覚から有能感を得るエフェクタンスを味わう存在となれるが，志向性もなく他者から指示されるままに活動している場合は，一つのコマの存在として，同じ場にいても自己原因性を感じることはない。それは大人の指示の有無だけの問題ではなく，子ども同士で好きな遊びをしていても，一

方が指し手で一方がコマであるなら同じ現象が発生しているということになる。それぞれが指し手になりたいからこそ，幼児はとっくみあいの喧嘩をしたり泣いて訴えたり，あるいは効力感の得られない場を抜けたりと様々な模索をし，やがて他者との折り合いのつけ方を獲得していくのである。

(3)　面白さとフロー体験

　私たちは，運動すること自体が楽しいから運動をしている。特に，子どもは運動経験の中で運動のもつ楽しさを知り，その楽しさを求めてさらなる運動経験を行っている。子どもが求める運動の楽しさとは何であろうか。

　学校体育などの実践においては，「楽しさ」は運動それ自体がもつ特性であり，運動それ自体を学習することによって得られると考えられている。たとえば，6段の跳び箱が跳べるように練習する。最初は跳べなかった子どもが跳べるようになったときは，跳び箱と自分の身体と空間的・時間的環境を学習することで跳べるという自分の可能性を確認でき，楽しいと感じるのである。しかし，この運動の「楽しさ」の質は，発達段階によって異なる。近藤は，4〜5歳の幼児は「面白い」などの一瞬一瞬の喜びそれ自体を楽しんでいるとする[13]。夢中になって行為している喜びを感じる活動それ自体が，楽しみをもたらしてくれるのである。チクセントミハイのいうフロー体験が子どもを夢中にさせると言っても過言でない。

　フローとは最適経験のことであり，チクセントミハイは「意識がバランスよく秩序づけられた時の心の状態を記述するために人々が用いる言葉〔面接調査の中で被験者はしばしばこの言葉を用いた〕であり，どのようなことであれ，人々は自分がしていることそれ自体を追究することを望む」[14]と述べている。デシとフラストは，チクセントミハイのフローについて「フローとは，時間の感覚が消え去り，集中力が持続し，ワクワクするような気持ちで満たされ，その時間がいつまでも終わらないでほしいと願うような心理的状態を指す」[15]と述べている。このように捉えると，幼児の味わう一瞬一瞬の喜びとは，楽しさにつながる重要なものであり，子ども自身が何か目的をも

ち，そのことに直観的に集中し，没頭していることであり，一つひとつの新しい能力を身につけたときに感じる快の感情である。幼児が好きな遊びで身体を使って遊んでいるとき，この喜びを感じているのではないだろうか。

　しかし，年齢が高くなると，この一瞬一瞬の喜びを土台に運動をすることで得られる次の効力感，運動の流れの終末まで見越したプロセス自体を「楽しい」と感じるようになる。つまり，幼児期に多くの一瞬一瞬の「面白さ」を十分感じ，プロセスを楽しむことに移行する時期を迎えていく経験が，その後の運動における楽しさを感じるために必要なことであり，一人ひとりの発達的段階に応じて「楽しさ」の質に注目するがことが次の過程への移行につながる。

　この「楽しさ」は運動的行動への取り組み方ともつながっており，「楽しさ」を追求する取り組みそのものが内発的動機づけになる。子どもが，どのような目標に自ら向かっているのかということと「楽しさ」とを結びつけていくからである。そうした意味では，「楽しさ」は運動活動で満たされる生理的な欲求充足とは異なり，有能感と自己決定によって支えられる内発的動機づけによる取り組みである。同様な視点として，「楽しさ」は前向きの感覚，つまり，新奇な感覚，達成感覚によって特徴づけられるとする考えが対応する。チクセントミハイは，「実際に行っている時にはとくに快いというものではないが，後でそれらを顧みて『実に面白かった』と言い，それがもう一度起こることを望む。楽しいことの後では，我々は自分が変わった，自己が成長した，その結果ある面で自分は以前より複雑になったことを知るのである」[16]と述べている。このことも，子どもがプロセス自体を楽しんでいることを示している。

　最近の幼児の運動能力低下の背景にある運動遊びの減少は，土台にある一瞬一瞬の運動の「面白さ」「楽しさ」の経験が十分にされていないことも関係しているといえよう。このことは，今はできなくても一生懸命がんばればできるようになり，楽しさを感じるという経験をもたない子どもが増えている可能性を示唆している。換言すると「がんばれ，がんばれ」と言われても

何をがんばっているのかという過程も，がんばってできた喜びも「わからない」子どもが増えているということである。

(4) 競争する意味の獲得

　幼児期後半から芽生えてくる運動する楽しさの一つに他者との関係で遊ぶ「競争」がある。ピアジェは，ルールを媒介とした遊びは，ごっこ遊びが下火になる 7，8 歳頃から始まり生涯の楽しさにつながっていくとする[17]。遊びの面白さが象徴的遊びの段階からルールに切り替わっていく過程が，幼児の運動能力検査種目の 25m 走に見られる。2 人で直線 25m をかけっこする種目だが，この測定で見られる年齢の違いは著しい。4 歳児は，ルールを説明しても 2 人で一緒にゴールしたり，手をつないでゴールしたりする。友だちと一緒に走ること自体が楽しいのである。しかし，5 歳児になるとお互いに競争意識が生まれ，2 人が近づいて（場合によってはコースが入れ替わることもある）競争し，相手より早くゴールすることを楽しむようになっていく。4 歳ではあまり見られなかった競争の意識が 5 歳になると目に見えるようになり，遊びの中でも競う遊びが増えてくる。

　この「競争」がなぜ，楽しさをもたらすのか。動機づけの立場から捉えた場合に，外発的動機づけと内発的動機づけの二側面が関係する。外発的動機づけで「競争」を楽しむ場合，競争の楽しさは勝つこと，相手より優越していることに価値が置かれる。もう一方の内発的動機づけが作用している場合は，「競争の楽しさは，自分の持てる力を最大限に発揮したり，自分の能力の向上を実感する楽しさ」[18] である。競争の楽しさを外発的動機づけのみで捉えた場合は，勝つことによってのみ満足が生じるが，内発的動機づけで捉えた場合は，「スポーツの醍醐味は勝ち負けという結果ではなく，努力して練習した結果を遺憾なく発揮してプレーを満喫するという過程の中に存在する」[19] ことになる。

　筆者は，幼児を二人一組にして 25 m 走を実施する場合，どのような組み合わせが子どもの記録向上と関連があるかを調べた。すると，走る相手と自

分自身の記録がほぼ同じか相手が少し高い方が，子どもの記録が向上することがわかった[20]。これは，暗黙のうちに子どもに高い競争意識をもたせ，お互いが影響し合うことを引き出し，結果として自分の能力を最大限に発揮させる状況といえよう。この時，子どもは競争の結果の勝ち負けよりも，もてる能力を自分自身で最大限に発揮し，さらに能力を向上させたことによって自己決定や有能感を味わっており，「面白かった」「またやりたい」という気持ちが生まれてくる。それは勝敗を決するスポーツの世界も同じで，力関係が拮抗する相手と全力で戦う過程で得た自分自身の力の自覚や全力を出し自己発揮できる可能性への信頼といった喜びが大きいといえよう。子どもが「競争」する際に，内発的動機づけの本質である自己決定や有能感の認知が得られているかどうかが，楽しさを捉える一つの視点になろう。

(5) 遊び要素と非遊び要素

　遊びは，子どもの主体的・能動的な活動であり，有能感と自己決定を含んだ内発的に動機づけられた行動である。この自己決定と有能感の感覚を子どもは遊ぶといっても過言でない。人間の行動を考えるとき，「遊び」か「遊びではない」かという非連続的な二分論ではなく，どの程度強く内発的に動機づけられているかという連続体として捉える方が動機の複合性から考えると自然である。つまり，内発的動機づけの要素が強いのが遊びであり，外発的動機づけの要素が強いのが非遊びである。図表3-1-2は杉原が遊びをこの2つの要素の連続体として捉えたものを示している[21]。内発的動機づけによる遊び要素が増加すればするほど，非遊び要素は減少し，外発的動機づけによる非遊び要素が増加すればするほど，遊び要素は減少するという二項の比例関係である。

　園庭などで子どもがサッカーをしている状況を考えてみよう。サイドラインがなくチームの人数もバラバラでも，相手のゴールらしきものに向かってボールを蹴り合いながら，得点を取り合うようなサッカーごっこをしている幼児は，遊び要素の多いサッカーをしていることになる。一方で，サイドラ

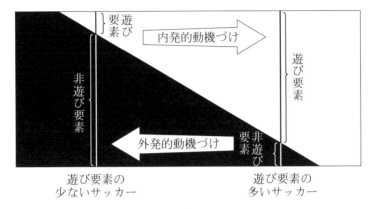

図表 3-1-2　連続体として捉えた遊び
杉原隆『運動指導の心理学』大修館書店，2008，p.146

インをきちんと引き，幼児用の規格のボールを使用し，チームの人数にもこだわり，指導者がボールの蹴り方からフォーメーションまで教え込んでいるようなサッカーは，非遊び要素の多いサッカーをしていることになる。幼児にとってはサッカー選手のつもりになり仲間と蹴り合い，得点を重ねるようなごっこ，つまり遊び要素の高いサッカーの方が楽しさを感じるであろう。

　ワールドカップやオリンピックなどでサッカーがテレビ放映された後に，自由遊びの中で流行るのがサッカーごっこである。年齢が長じてサッカー技術を高めたい，試合に勝ちにいくといった目的をもっている子どもにとっては，ルールが明確な場で，指導者がついて技術を伝授され，自分を向上させることに面白さを感じる場合もある。しかし，それが内発的動機づけの伴う技術の習得でないかぎり，年齢が長じた分，外圧を与え続ける指導者への反発に変わる危険もある。

　そこに，幼児であれ学童であれ，二分論では捉えきれない動機の複合性がある。

2．パーソナリティの発達と運動有能感

　子ども，特に幼児期の子どもの心身の相関関係は，「心が動けば身体が動く」，「身体が動けば心が動く」というように，どちらが先ということではない一体のものである。あえて言うならば身体が動くから心が動くという状況が多いといえよう。ここでは，幼児期の運動経験は心の発達にも影響する点に焦点を当て，運動と幼児の心の育ちを高めていくために幼児期に必要な運動経験のありように関して考えていくことにする。

（1）運動経験と自己イメージ

　遊びの本質に関して，守屋光雄は，「真に能動的，自発的活動こそ人間を人間として成長発達せしめる創造的思考を育てるものである。そして，こうした内発的な自己活動の本質が遊びなのである」[22]と述べている。これは前述した遊びを，「子どもたちの主体的・能動的な活動」と定義づけたものと同じ視点である。運動遊びも，子どもが自らの興味に基づいて自発的に展開する自由なものであり，それぞれの活動自体のもつ面白さ・楽しさを追及する自己目的的なものである。これを動機づけの考え方に当てはめると，遊びそのものが"単なる手段としてではなく，活動それ自体に価値が置かれ，自己目的性によって活動が行われている"内発的な活動であると考えられる。同様な観点として，吉田伊津美は遊びを「何をしているかという活動をとらえて遊びとするのではなく，なぜその行為をしているのかという動機づけによって遊びは判断される」[23]と述べており，さらに，杉原は内発的に動機づけられた活動こそが遊びであると述べている[24]。ウェンナーは，最近の遊びに関する研究をレビューし，「自由で創造的な遊びは，社会性や豊かな感情を育て知的な発達を促すために重要だ」，「遊びによって，うまく適応できるようになり，賢くなりそしてストレスも軽減される」[25]と報告している。

　また，ビョークランドとペレグリーニは，進化発達心理学的な視点から遊

びを定義したとき，遊びの基準として最も一般的に認められているのは，即時的な「目的をもたない」ことであるとする。そして，基準は「目的より手段」を重視する心理的傾向と関連しているとし，子どもは行動のプロセスそれ自体に関心があって，行動の結果は気にしないと仮定していると述べている[26]。これらの研究報告からもわかるように，幼児期の遊びは，人間の進化（個体発生的，系統発生的）を左右する重要な経験であり，幼児期の自由な遊びの経験の有無が他者とのかかわりや創造性の発達，ストレスの緩和，そして新たな環境へ柔軟性をもって適応していく力の発揮に関して差を生じさせることになる。

　2，3歳児が遊ぶかくれんぼでは，「もういいよ」と隠れている子が鬼に自分の居場所を教えることがある。2,3歳児は童謡「ひよこのかくれんぼ」（かわいい尻尾がみえてるよ）のように，隠れるといっても自分の視界から鬼が見えなくなるだけで頭や身体の一部が見えていても隠れたつもりになっている。ところが5歳児になると，鬼は見えない仲間がいる場所が予想でき，逃げる側は鬼から見えていない自分の身体をイメージできるようになる。つまり，自分が他の人（かくれんぼでは鬼）からどのように見られているかがイメージできるのである。この状況の中にある自分のイメージ，心理学でいう自己概念が，パーソナリティの形成に関係してくる。

　一般的に日本人は，謙遜を美徳とする文化があるので，自己イメージを語るとき自分を他者より低く置くことによって相手とのよりよい関係を築こうとする。土産を差し出すにも「つまらない物ですが」と言ったり，自分を現すとき「私のような未熟な者が」とへりくだった言葉を使ったりして，これが慣用句のようになっている。なぜ長所や自分の良いところを相手に告げることに抵抗を感じるのか。私たちが自己イメージを語るとき，たとえば"私はあなたから頼りないように見られているのですね"という，相手に見られている自分を前提にして対話をするからである。それを性格という言葉に置き換えて「内気な性格だから」「諦めやすい性格だから」といった表現の仕方でお茶を濁す場合も多い。その意味では形成される自己概念・自己イメー

ジは，私たちの性格・パーソナリティの核になっていくものでありつつ，他者の目によってつくられるものでもある。

　図表3-1-3は運動経験と自己概念およびパーソナリティの関係についての模式図である[27]。杉原は，この図の示すように，自分が運動遊びを上手と認識する経験をした子どもは，自己イメージを肯定的に捉え，「やった」，「できた」という有能感を感じ，行動傾向として積極性や活動性を示し，再度運動に挑戦しようと試み，運動する機会が増大する。逆に，一生懸命がんばったのにうまくいかないなどの失敗経験を通して運動遊びを下手と認識する経験をした子どもは，自己イメージを否定的に捉え，「やっぱりだめだった」などの無力感を感じて否定的な自己概念を形成してしまう。それが重なると劣等感を積み上げ消極的な行動傾向を示してしまうとする。そして，できない自分を感じることが嫌なので，できない行為を回避しようと試みるため，運動をする機会が減少するという悪循環を発生させるのである。

　運動は，もちろん繰り返すから上達するのであり，運動を回避してしまえば結果として運動が上達しない。運動が上達すればするほど有能感を感じ，より積極的な行動パターンをとるようになるが，運動が上達しなければ無力

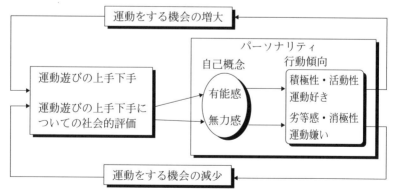

図表 3-1-3　運動経験と自己概念およびパーソナリティの関係についての模式図
近藤充夫編『保育内容健康』建帛社，1999，p.54 杉原隆の資料より著者作成

感を感じ，より行動パターンが消極的になるのである。このように運動経験はパーソナリティの形成に影響を与え，形成されたパーソナリティが運動経験に影響を与えるという二重の負の連鎖の中にある。なお，この自己イメージに基づいて生じる行動傾向を含めてパーソナリティと呼んでおり，よく性格検査などで診断された結果は，この行動傾向で表現されている。自己概念がパーソナリティの形成に影響を与えることについては，第2部で述べたとおりである。運動経験はこの自己概念の形成と深く関係し，心のありようを左右する。

(2)　運動有能感と学習性無力感

　発達心理学者のハーロックは，幼児の発達における運動の意味として以下の6つの点を指摘している[28]。

　　1)「子どもの発達と幸福に不可欠なよい健康は，ある程度，運動に依存している」
　　2)「情緒的カタルシスになり，その結果，健全な精神衛生が促進される」
　　3)「子どもが自分ひとりで楽しめる」
　　4)「子どもに社会化の機会を与える」
　　5)「子どもの独立を達成する」
　　6)「子どもの自己概念にとって重要である」

　これらは，健康にとっての運動の必要性と，自立と社会化にとっての運動の必要性，そして自己概念の形成にとっての運動の必要性を示している。

　しかし，運動をすれば必ずこれらが獲得されるのかはいささか疑問である。筆者は，幼稚園時代から運動が嫌いだったという教員志望の女子学生に出会ったことがある。彼女にその理由を聞いたところ，「幼稚園のリレー」がきっかけだったと言う。「リレー」や「かけっこ」では，いくらがんばって走ってもいつも最下位という幼児期の彼女の経験は，とても辛い経験として記憶

されたものだったのである。一生懸命に努力しても努力が報われなかった経験である。同様に，体育嫌いや運動嫌いを引き起こす原因の一つに鉄棒の逆上がりがある。逆上がりができるようになるためには練習をしなくてはいけいない。しかし，練習をしたからといって，みんな逆上がりができるわけではない。一生懸命練習して逆上がりができた子は，努力が報われるので運動有能感を感じるが，逆に一生懸命練習してもできなかった子は無力感を味わうのである。もちろん最初は子どもはできると思って練習しているのであるが，結果としてできないときにこの無力感が発生してくる。換言すると無力感は初めからもっているものではなく，努力してもできないという経験の中で学習されていくのである。やがて，成長するに従い自分の特性に気づくようになると，逆上がりができなくても，他にできること，得意なことを見いだして自己有能感を形成していく。

　ただし，幼児期から学童期に限って言えば，否定的自己概念を感じて消極的・劣等的な行動傾向を示す子どもは，その根底に運動経験の中で無力感を学習している場合が多い。今日では青年の段階になってもこの無力感を克服できない者も増えている。この学習性無力感はセリグマンが犬の実験を通して提唱したものである[29]。それは，回避不能な電気ショックを受けた犬の群は，回避できる状況でも無駄と諦めて回避行動を学習しなかった。一方，何もされなかった犬の群は，別の場所に逃げて回避したというものである。この学習性無力感とは，自分の努力ではどうすることもできない統制不可能な状況において，自分の意図や行動が結果（嫌悪刺激の回避）を伴わないとする非随伴性を学習し，認識してしまうのである。その結果，無気力的な行動傾向（消極性，劣等感，失敗に対する過敏性など）が形成され，最終的には，動機づけの低下や学習障害，情緒的混乱を生じさせるのである。つまり，無力感は学習によって形成されているのである。

　これを逆上がりに一生懸命取り組み，練習してもうまくできなかった子どもに置き換えて考えると，統制不可能な状況が続いてしまうと，できない逆上がりを回避するようになり，逆上がりができないまま嫌いになっていき，

最終的には運動嫌いを形成していくという悪循環に陥るということである。幼児期の運動経験の中で無力感を感じるような経験を学習してしまうと，否定的な自己概念を増幅する。やる気のない子どもや運動が嫌いな子どもが初めからいて消極的な状態にあるのではなく，経験や学習の中で形成された学習性無力感がそうさせていくのである。ここに，生活や遊びの中で身体を動かして獲得する有能感を味わう経験の少なさが潜んでいる。農業や漁業など一次産業の時代は，家族の仕事の手伝いや家族の一員であるという意識の中で，何らかの身体技術を磨き有能感が得られたが，身体で覚える機会の減少が昨今の青少年に無力感を累積しているといえよう。

（3）身体行為を通して幼児にかかわる者の影響

　幼児期の運動経験がパーソナリティの形成や有能感の形成に重要であるとするなら，身体行為を通して幼児にかかわる者も，その影響を考えて関係をつくることが必要になる。ハーターの割引仮説[30]から，幼児にかかわる者の影響を捉えてみよう。

　図表3-1-4のA・B2人の生徒は，同じような有能感をもっているのに，自尊感情に大きな違いが認められる。Aは自尊感情が高く，Bは低い。その理由は，図内で有能感の各尺度の点数と同じところに引かれている破線が意味をもっている。実線は運動に関する有能感の得点を示しており，AもBも変わらない。ところが，A・Bそれぞれの有能感での重要度を表している破線は異なる。Aは認知する有能感とその重要度が一致しているのだが，Bは一致していないのである。ハーターは，この違いが，自尊感情と同様の全体的な自己価値に関して影響を与えているとする[31]。彼女は，自分にとって重要度の高い領域で成功しなければ，全体的な価値（自尊感情）が低くなることを指摘し，これを割引仮説と呼んでいる。つまり，自分にとって大切だと思うところで有能感を感じることが自尊感情を高めることにつながるということである。またハーターは，自分にとって重要度の高い領域に関して，特に幼児期の子どもは親や教師・保育士等といった大人からの影響が大き

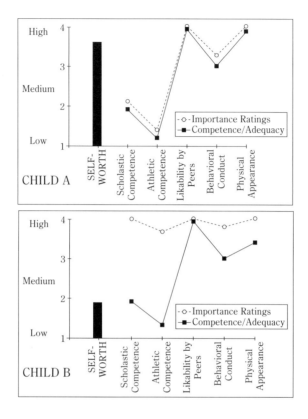

図表 3-1-4　類似した有能感をもっていながら全体的価値の異なる 2 人の生徒
Harter, S.『The Construction of the Self』The Guilford Press, 1999,　p.149

く，第三者からはうまくできていないように見えても本人ができたと思い，
親や教師・保育士等がそれを評価してあげれば，全体的な価値（自尊感情）
は高くなるとする。このように高められた全体的な価値が，本人の自信を高
めていくのである。

　たとえば，教師の目の前で幼児 A が縄跳びを跳んでいたとしよう。子ど
もは跳んでいることを教師に認めてもらいたくて一生懸命である。どうして

も1回転1跳躍の連続で跳べず，初期段階にみる駆け足跳びのような形で跳んでいる。教師もその様子を温かく見守っていたが，教師の目の前でもう一人の幼児Bも跳んでいた。Bは1回転1跳躍でリズミカルに跳んでいるのである。そのとき教師は，Aの一生懸命跳んでいることを認めながら一言，「Bちゃんぐらいまでになるといいね」と伝えた。するとAは縄跳びを跳ぶことをやめてしまう。Aは教師にやっていることを認めてほしいだけだったのが，Bの技術と比較されたことで自尊感情が傷つき，跳び続ける意欲を失ったと思われる。

　子どもは活動している今の自分を認めてほしいのである。誰かと比較して上手か下手かを比較してほしいのではない。比較評価に慣れた大人の不用意な言葉は，子どもの自尊感情を傷つけることも，逆に発憤させることもあるが，今のありのままを見てほしい気持ちをそのまま受け止めればいいのである。幼児期の有能感は今に対する認知的な部分が強いため，誰かと比較してできたという気持ちよりも自分でできたという気持ちをもつことが重要であり，自己価値を高めるような有能感を抱くには，そこに共感する大人が必要である。

　極端な言い方をすれば，幼児期は自己価値や自尊感情につながる有能感を経験するには親や教師・保育士等といった周囲の人々の受容が自己受容と密接に関係する。一方，自分の思考や行動を対象化するメタ認知が発達してくる小学校高学年では，自ら比較する目があるので，単なる他者の受容だけでなく，解決するための具体的な対策や手がかりが得られるような支えを求めるようになる。

　外で身体を使って遊ぶという活動の減少は，結果として子どもの主体的・能動的な活動の減少を意味する。しかし，運動能力低下の原因を単に運動不足と捉えた結果，運動の塾化の問題などが発生している。それが，ますます子どもが自ら興味や関心をもって自分で身体を使って遊ぶ時間や空間を奪い，外から指示を受けなくては身体が動かなくなっている状況を生んでいるのである。主体的な運動経験の減少は，運動面だけでなく，生活全般にわたっ

て指示待ちの子どもを増加させていく。運動遊びの減少の結果生じた主体的・能動的な経験の低下は子どもの心の発達に影響を与えてしまうのである。そしてこのことが,「(自ら)生きる力」そのものを低下させ,発達の歪みをかかえることになる。

§2 健康を目指す教育課程の基準

1.社会を生き抜く力

日本の経済発展が,識字率100％を保障し,豊かな物資を提供し,文化の発展に寄与したとはいうものの,1980年代に入ると学校は校内暴力,いじめ,不登校,引きこもり症候群といった廃頽的な現象に見舞われた。運動能力低下とこうした学校のもつ諸々の問題傾向は,ほぼ同じ時代に進行して表裏一体をなすもので,子どものSOS現象ともいえよう。生活リズムの乱れが身体の不調をもたらし,身体の不調が心のバランスを崩し,耐性の弱さが夢を小さくしていくといった相乗作用によって,閉塞感が広がっていく一方,その閉塞感を打ち破り大きな夢をもって世界に飛び出して行く若者も増えている。特にスポーツ界では,粘り強く果敢に未知の世界に挑戦していく若者の情報がマスメディアに取り上げられて,まさに二極化にある。

本節では,乳児期の保育から就学前教育へと発展する時期の,「生きる力」に注目したい。

(1) 見えない根を見る就学前教育

今でも多くの発展途上国の子どもは,生きるために幼い頃から水くみや食糧,燃料の確保などの仕事に追われている。学校に行く時間や遊びの時間なども保障されないどころか,病気になっても治療する金も薬もない状態にあ

る。生きる身体技術をもって大地を生きる子どもに比すと，生きる力を強調すればするほど，日本の子どもの脆弱さが浮かび上がる。

　台風などが過ぎ去った後に，道路上に風になぎ倒されている木々を目にすることがある。どのような木が倒れているかというと，根っこが地面いっぱいに張っておらず，一塊になっている木が多い。その一方で，地面の下に根を張りめぐらしている木は，見た目が弱そうな木でもちょっとやそっとの風では倒れない。実際，何百年もの間倒れずに残っている木々は，確実に地面いっぱいに根を張っているのである。このように木々の成長は地表面から見える部分のみで判断するのではなく，どのくらい強く，広く根を張っているかという見えない部分も含めて捉えることで全体が見えてくる。

　幼児期の教育は，小学校以降の教育とは異なり，見える技能や知識としてその変化を捉えにくい。しかし，幼児期が終わると児童期になるわけで，幼児期のない児童期などありえない。つまり，幼児期の上に児童期が成り立っているのである。幼児の根っこを知らない者は，子どもの成長を大人にどのくらい近づいたか，木にたとえれば地面からどれくらい伸びたかを成長の指数に考えやすく，見える部分で子どもを評価しやすい。しかし，本当の意味での成長は，木の高さでは理解できない。見るべきものは，地下に張っている根っこの部分である。木々の地表からの伸び率を求めるのではなく，どのくらい根を張り，本性を発展させているかで評価されるものである。

　根っこを育てる思想は，乳幼児期の教育の特徴である。ルソー，フレーベルに始まり，シュタイナー，ニーチェなど近代教育学の始祖は，生（生活・人生・生命）への生命論に教育哲学の基軸を置いた。土中の根の先にある成長根が，水分や栄養素といった生きる糧を吸収するために，自らしっかりと根を張る。教育は，木が木の特性に応じて生成発展するよう適切な土壌や日当たり，水分などの環境を用意するのであるが，育つのはあくまでも樹木の生命なのである。その生き抜く戦略や身体機能は子どもであっても同じで，ここに生命論と自由の問題提起がある。

　ニイルは，「自由とは単に圧制，束縛等から解放する意味でなしに，自分

で自分を統御し，自分自身の生活をいとなみうる真の自由人となることを意味すると言っている。それゆえに自由の子ども（free child）は結局において，自律の子ども（self-regulated child）であらねばならぬ」[1]とする。自ら根を張り，安定した生命体を形成するためには，自分を統御し，自身の生活を営める自律した自由が保障されることが必要なのである。

(2) 生涯にわたる自己教育力

自己教育力とは，自ら学ぶ意欲や態度であり，また，自らの可能性を自ら開発していく動力である。つまり，自らに課題を与えてそれに挑戦する本能衝動を力として，課題解決あるいは課題の克服に向かって挑戦する意欲や態度のことである。高度経済成長が終焉を告げ，少子高齢化社会へと時代が推移する中，教育機会を学校だけに留めるのではなく，生涯を通して学んでいく生涯学習の考え方へと移行するために，中央教育審議会第1次答申が出たのは 1971 年である。その後，生涯学習の振興方策や機会の充実方策などが答申された。2008 年には，知の循環型社会の構築を目指して社会教育行政のあり方も再構築されている。このような生涯学習社会への環境整備は，40年ほどの間に徐々に進んできたといえよう。生涯学習社会環境を活用し，自己教育力を高めることですべての世代が，社会を生き抜くこと，自己実現を図ることが期待されている。

1989 年の幼・小・中・高等学校・大学まで一貫する教育課程の基準の大改訂を前に，1987 年に臨時教育審議会の「教育改革に関する第4次答申」が出された。明治の学制発布，第二次世界大戦敗戦による教育改革は，外圧による国家社会体制の政治的変革であったが，「明治以来 100 年にわたる追い付き型近代化の時代をこえて，日本人と人類がこれまで経験したことのない新しい国際化，情報化，成熟化の時代に向かうという大きな文明史的な転換期」[2]と位置づけて，政治，経済，教育等，根本的に見直す改革が始まったのである。それは生涯学習社会への移行を意味し，学歴社会から脱皮するため「まちづくり」を含めた壮大な構想である。

その中にスポーツの振興策も盛り込まれており，教育・研究・文化・スポーツ施設を社会の学習基盤として有機的に活用できるよう，インテリジェント化する高度通信機能と本格的な環境整備を謳っている。自ら健康を維持・増進して，快適な生活空間を保有することにより，自己管理しながら能動的に生きる意味を見いだすことへと転換したのである。未知への挑戦者たちはいち早く国際化，情報化，そして生涯学習時代に自らの個性を開発し時代を前に進める役割を果たしていったといえよう。しかしながら，平成元年に始まった幼稚園教育要領・保育所保育指針・小中高の学習指導要領の改訂は社会の大変革への道のりとはつながらず，子どもの体力は落ちる一方である。そこに生まれたキーワードが「生きる力」である。

　1996年の中央教育審議会第1次答申「21世紀を展望した我が国の教育の在り方について」の中で，生きる力は次のように説明されている。

　　我々はこれからの子供たちに必要となるのは，いかに社会が変化しようと，自分で課題を見つけ，自ら学び，自ら考え，主体的に判断し，行動し，よりよく問題を解決する資質や能力であり，また，自らを律しつつ，他人とともに協調し，他人を思いやる心や感動する心など，豊かな人間性であると考えた。たくましく生きるための健康や体力が不可欠であることは言うまでもない。我々は，こうした資質や能力を，変化の激しいこれからの社会を［生きる力］と称することとし，これらをバランスよくはぐくんでいくことが重要であると考えた。

しかし，外圧ではなく内部の成熟化からの脱皮には，時間がかかる。その後も子どもの体力は低下する一方で，ついに中央教育審議会青少年スポーツ部会は「子どもの体力向上のための総合的な方策について」（2002年9月30日答申）の中で，体力低下の問題を次のように述べている。

　　体力の低下は，子どもが豊かな人間性や自ら学び自ら考える力といっ

た「生きる力」を身につける上で悪影響を及ぼし，創造性，人間性豊かな人材の育成を妨げるなど，社会全体にとっても無視できない問題である。

　つまり，生きる力を支える体力，健全な身体が育まれなければ，どんなに個性を伸ばそうとしても豊かな人間性を培おうとしても無理な話だということである。単に運動能力が低下してきた理由を運動しなくなったという観点だけで捉えるのではなく，人間性の根本にある課題として浮上させている。

　この「自分で課題を見つけ，自ら学び，自ら考え，主体的に判断し，行動し，よりよく問題を解決する資質や能力」「自らを律しつつ，他人とともに協調し，他人を思いやる心や感動する心など，豊かな人間性」という生きる力を，生涯にわたって生き抜くための社会力として位置づけようとするのである。ここでいう社会力とは，門脇厚司によれば，「社会を作り，作った社会を運営しつつ，その社会を絶えず作り変えていくために必要な資質や能力ということである」[3)]，さらに「人が人とつながり，社会をつくる力」[4)] のことであり，社会を維持し発展させ，その社会の中で人々が幸せを感じ充実した日々を送ることができる社会をつくるために，構成員一人ひとりが備えているべき資質能力のことであるとも述べている。

　こうしてみると，国のいう生きる力，そして門脇がいう社会力とは，まさに，幼児が仲間と遊んでいる姿そのものと重なってくる。園空間の中で流行っている団子づくりに触発され，自分から固い団子をつくろうとして，他者の手の動きや砂と土と水の割合を取り入れたり聞いたりしながら繰り返し，ちょうどいい調合具合を発見し，成功するまでやり遂げる。その喜びは他者に泥団子づくりを教えることをいとわない。自己課題を見つけ，自ら学び，主体的に判断し，行動し，問題を解決して達成感を味わう。そこに仲間がいる。自らを律し，目的を共有して協調し，心が共振する，そんな場が遊びの中にある。

　遊びの減少が，「自ら課題を見つけ，学び，他者と共振する」という生き

る力・社会力の低下とつながっていくのは必然である。換言すると，1985年以降の幼児期の子どもの運動能力低下は，「生きる力」の低下，「社会力」の脆弱さそのものを意味している。そこに子どもの時間や環境を握る大人たちはもっと注目することが必要であろう。

２．教育課程の基準の示す方向性

　日本の就学前教育の教育課程の基準（幼稚園教育要領等）は，生涯にわたって学び自己実現できる健康な心身を，自己教育力によって形成していこうとするものである。しかし，その変遷の過程でときには基本から離れ，ときには実践現場とつながらず，法があってなきがごとき状態も発生している。それほどに健康は日常に依存し，自立した習慣なのである。欧米のように，学校教育において教科「体育」や領域「健康」などがない国では，学校での遊びの時間と家庭での生活がそれを担っている。学校教育において，日本ほど健康に心する国は世界にも類を見ないのではないかと思われるが，それが長寿国日本の土台づくりだとするならば，その良さを本質的に追求していくことが重要であろう。

（1）自己責任を謳う「保育要領」

　古賀徹は，明治時代の学校体操は，「学制期」（1872 ～ 1879 年：外国体操直訳の時代），「教育令期」（1879 ～ 1886 年：体操伝習所による選定の時代），「学校令期」（1886 ～ 1912 年：普通体操と兵式体操並立の時代）に三区分できるとしている[5]。軍隊養成の目的ではなく学校教育の体操として参考にされたものは，幕末に洋楽をカリキュラム編成していた南校教科目で，ドイツ人であるシュレーバー（Schreber, D. G. M. ）の著作 "Ärztliche Zimmergymnastik"（1855 年に初版刊行）が「東京師範学校体操図」とともに「小学校体操のテキスト」として指定されていたとする。

　わが国最初の保育内容は，東京女子師範学校附属幼稚園規則（1877 年）に

始まり，物品科，美麗科，知識科の 3 科目 25 子目から構成されている。25 子目の中には，20 恩物と唱歌・遊戯・説話・博物理解の他，体操が位置づけられている。5 歳児は，体操を保育の余間に行うとされているが，3 歳児，4 歳児は，30 分ほど，唱歌と組み合わせて行っている[6]。1881 年改訂の附属幼稚園規則では 3 科目が廃止されているが，体操はそのまま残されている[7]。保育内容に「体操」が位置づいたのも，「室外ノ遊ヲ最緊要」[8]として小学校教科目の影響があったと推察される。もともと文武両道を目指した藩校では，武術・水泳・体操を取り扱っており，幕末に夜警国家が崩壊する中で，新しい西洋の体操を学校教育に入れることに心したからである。

　同附属幼稚園の保育内容から体操が抜けたのは 1884 年で，遊びとしての遊戯に収斂されている。1899 年の「幼稚園保育及設備規程」では，遊戯，唱歌，談話，手技として整理され[9]，輸入した幼児教育から国産の幼児教育への転換が図られていくことになる。それは，恩物主義からの脱皮であるとともに，ナショナリズムの台頭による日本の子どもの遊びに注目した，小学校の予備的教育からの脱皮でもある。やがて，それは世界新教育運動の流れを受けて児童中心主義へと発展していき，遊戯の位置づけが拡大していった。

　そして第二次世界大戦敗戦により，ちまたには浮浪児があふれ，疫病も流行り，教育によって国を再建することになる。

　1948 年に出された「保育要領」では，最初に幼児の心身の発達特徴が挙げられ，身体発育，知的発達，情緒的発達，社会的発達の項目分けをして，整理されている。こうした全人的な発達特徴を踏まえ，地域の実態に応じて幼児の生活指導を行うことになる。そこには，健康な生活を子どもにさせるように努める親や教師への呼びかけや，まだ予防注射など確立していない時代の病気の早期発見と養生の基本があげられている[10]。以下に骨子を示す。

1．生活全体にわたって健康な生活ができるよう，よい環境を整え，十分な栄養と適当な運動をさせ，休養と睡眠をとらせ，病気の予防に万全を期す。

2．病気の早期発見と予防，伝染性の病気の早期隔離を行う。

3．毎朝，幼児の健康と清潔を調べる。元気，顔色，血色，皮膚の張り，動作・眼球の光沢と動き，のどのかげん，目やにの有無，せきの有無，皮膚の色つやなどから健康状態を把握し，下着や手ぬぐい，皮膚，頭髪，つめの清潔に注意し，着せすぎのないよう温度調節をする。

4．じっとしていないのが幼児の本質で，かすり傷，突き傷，切り傷などをしやすいことを考慮して安全な環境を用意し，傷の手当ての方法を記す。

　また，健康は心と切り離せないという前提の上で，知的発達，情緒的発達，社会的発達についての指導のあり方が掲載されている。これらは筆者が運動能力と知的発達，情緒的発達，社会的発達を関連させて縷々述べてきたことと重なる。

　知的発達の項目の中に，子どもの言動には子どもなりの目的があること，子どもの中からわき起こってくる興味から出発した経験を大切にすること，自立の習慣を身につけ自分で考える力が発揮できる機会を提供すること，そして，「子どもに責任をもたせよう」という内容がある。生活や遊びにおいて子どもに責任をもたせる意味は，その後70年以上，幼稚園教育要領，幼保連携型認定こども園教育・保育要領，保育所保育指針には掲げられていない言葉なので，少し長いがその意味を知るためにここに掲出する。

　　生活の責任を持つということは自分で始末し，自分で処理できる世界を持つということである。子供の能力はこのように自分の力で切り開いていく世界の中で，はじめて発達することができる。食事のことも，排便のことも，すべて自分できちんと始末するだけの責任を持たせよう。おもちゃのあとかたづけも，着物の始末も，帽子やはきものの始末も，自分で責任を持つようにさせよう。三歳の子供は三歳の子供なりに，四歳の子供は四歳の子供なりに，子供の発達に応じて，すべての生活の責

　任を持つようにさせよう。どんなに簡単なことであっても，子供自身の
　責任の範囲を定めて，生活の責任を持たせるように，親も教師も考えな
　ければならない[11]。

　子どもが心身ともに健康で自立に向かうということは，自分で処理できる
世界を切り開いて自信をもって生きる根本である。当時の子どもの自立度，
自ら社会を生き抜かざるを得ない力は，その必然から運動能力と同様，今日
とは比較にならないほど発達していた。それが，幼児とはどんな存在なのか，
自立とは何かといった「保育要領」の基本がぶれなかった要因であっただろ
う。

(2) 遊びの責任を放棄する時代の到来

　その後，「保育要領」は，1956年に「幼稚園教育要領」として全体的な生
活の範囲が6領域に区分され，領域「健康」が設けられる。第二次世界大戦
敗戦後の食糧事情が悪く栄養失調児が多発し，蚤や害虫の発生で衛生状態も
悪かった時代から抜け出て，子どもの健康は良好になっていった。併せて幼
稚園設置基準（1957年）や学校保健法（1958年）の制定によって，子どもた
ちの健康管理が十分に整っていったといえよう。それぞれの領域に関して指
導書が編纂されたが，領域「健康」の指導書が編纂されたのは，6領域の指
導書の最後で1969年のことである。ここでは，健康の概念規定を「単に病
気ではないという状態だけでなく，日常生活を楽しんでいける心身ともに完
全な状態」[12]としており，WHOの定義や近藤が挙げる健康の状態[13]と近似
している。

　① 日々の生活が円滑に行える体力をもち，心身が環境に適応できて，
　　疲労は休息によって回復できる。
　② 心身の発達が順調である。
　③ 食欲があり，食を楽しみ，食物を適当にとる習慣や態度が形成され

ている。

④ 治療が必要な病気をもたず，病気をもっていても治療を必要としない。

⑤ 姿勢が正しく保たれる。

⑥ 自他の健康に関心がもてる。

　このような状態を健康としており，身体の発育は，体格，歯，骨格，脳や神経について解説され，生理機能として体温，呼吸，脈拍，排尿，発汗，睡眠，消化が挙げられている。また運動機能として，筋機能，神経機能，呼吸・循環機能，感覚機能，関節の機能の説明と，運動能力（瞬発力，持続力，調整力）との関係が運動能力調査結果と関連させながら説明されている。さらに指導計画から遊びの内容，怪我の処置，学校保健法の説明から健康診断票の記入法，幼稚園設置基準に至るまで具体的に書かれていて，まさに指導書1冊持てば，幼児の健康に関する総合的な知識の全体が網羅されるというものである。

　そして，1964年から四半世紀たった1989年告示の「幼稚園教育要領」の領域を規定する第2章のねらい及び内容には，「幼稚園教育要領の第1章に示している幼稚園教育の基本に基づいて幼児が幼稚園生活を展開し，その中で心身の発達の基礎となる体験を得ることによって行われるものである」と，再度その意味を強調し，「幼児期は，生活の中で自発的，主体的に環境とかかわりながら直接的・具体的な体験を通して，生きる力の基礎となる心情，意欲，態度などを身に付けていく時期である」[14]とする。そして，幼稚園教育全体を通して幼児に育つことが期待される心情，意欲，態度などを「ねらい」とし，それを達成するために教師が指導し，幼児が身に付けていくことが望まれるものを内容とするとして，幼児の発達の側面から5領域に再編している。

　領域「健康」はそのままの名称が保持されており，まず領域の分野を「心身の健康に関する領域：健康」と明記している。そのねらいは，かつての，

①健康な生活に必要な習慣や態度を身につける，②いろいろな運動に興味を
もち進んで行うようになる，③安全な生活に必要な習慣や態度を身につける，
から，

① 　明るく伸び伸びと行動し充実感を味わう
② 　自分の体を十分に動かし，進んで運動しようとする
③ 　健康，安全な生活に必要な習慣や態度を身に付ける[15)]

として，①に自発的に動く充実感，②では全身を十分に動かして運動する意
欲や態度を挙げ，③に旧基準の健康・安全を一つにして習慣化していくこと
を掲げている。

　ただし，1989年の教育課程の基準には具体性がない。それは一つに半世
紀近い幼稚園教育の実践が積み重なり現場に多様性が生まれていること，ま
た各地域，各園の独自性を生かした創意ある教育を展開することによって次
の時代への展望を描いてほしいこと，また主体的に環境とかかわる具体的な
体験を捉えて生きる力の基礎を培うためには，一人ひとりの子どもの発達に
即すことを実現するためと思われる。従来から教育要領は一貫して，「幼稚
園教育における領域は，それぞれが独立した授業として展開される小学校の
教科とは異なるので，領域別に教育課程を編成したり，特定の活動と結びつ
けて指導したりするなどの取扱いをしないように」とされ，総合的であるこ
とを繰り返している。近藤は，この点を踏まえ，運動や運動遊びを通して，
幼児がどのような経験をしているかを的確に捉えて，総合的な指導をするこ
とは，領域「健康」の指導の基本であるとしている[16)]。

　1998年の「幼稚園教育要領」の第1章総則の第2節には，「幼児期におけ
る教育は，家庭との連携を図りながら，生涯にわたる人間形成の基礎を培う
ために大切なものであり，幼稚園は，幼稚園教育の基本に基づいて展開され
る幼稚園生活を通して，生きる力の基礎を育成する」[17)]と述べられ，さらに
第2章のねらい及び内容では「ねらいは幼稚園修了までに育つことが期待さ

れる生きる力の基礎となる心情，意欲，態度などであり」[18]と生きる力が強調されている。幼稚園教育が，小学校以降につながる生きる力の基礎を培う時期，つまり，健康な心身と子どもが自ら学び，自ら考えるという力の基礎，土台を育てていく時期だということである。

　本来，遊びは子どもがアフォーダンスを見いだし，探索し，相互作用する過程で生じる様々な問題を担いつつ，解決する面白さが味わえるものだけに，自己責任が伴う。しかし，教育課程基準は，生きる力を謳いながら自由を保障しても責任を負う自尊心は保障されない，つまり，遊ばせてもらう中での生きる力に変わってきた可能性が考えられる。

　"健康な心と身体を育て，自ら健康で安全な生活をつくり出す力"，つまり生きる力の基盤は，基本は子どもが遊びという主体的・能動的な活動を通して学び構築していくものでありながら，大人が子どもの身体を維持し，快適に調整してやり，発展させることによって園生活の充実を図るところにきている。ここには，生物の一員として自己組織化する人間の神秘さも，心身を統一する身体システムのすばらしさも見失われ，人間関係，それも大人と子どもの関係に集約されている。

（3）自然界から遠ざけられる子ども

　2000年には，教育時間外の教育課程として預かり保育が謳われ，園に長時間滞在する子どもが増えていく。さらに認定こども園が本格的に動きだした2015年からは，一元多様化の中，幼児は11時間から13時間施設内に収容されるようになっている。施設に長時間いる子どもの生活は，サーカディアン・リズムを乱し，狭い空間に押し込められている場合には発散の場所もなく，遊びが定型化して変化に乏しく，経験内容の広がりも困難で，悲惨な状況である。家庭の貧富格差の広がる中，子どもを預ける園による経験格差は著しい。

　次に示したのは，ある市街地の幼保連携型認定こども園の3，4歳児の生活実態調査の結果（図表3-1-5，図表3-1-6）[19]である。

　朝は自然に目覚めるのが子どもの健康な状態だが，起こさなければならな
い子が3歳，4歳ともにほぼ半数いる（図表3-1-5）。寝るのが遅いか睡眠時
間が不足している子どもたちである。A園では，4，5歳児の昼寝は選択制
にしているが，就寝が大人と一緒の時間になる子どもはテレビを見て夜を過
ごす。そして昼寝を2時間から3時間とるといった本末転倒した生活である。
また寝付きが悪い子どもも多く，昼間の戸外での運動時間が少ないことと関
連している。さらに，就寝が遅いため，朝食が進まない，欠食するといった
状態も発生すると考えられる。（図表3-1-6）。運動不足，食べ物の偏り，起
床睡眠リズムの不調，不規則な排便など，生活活動の悪循環が子どもの活力
を奪っているのである。
　園庭のない幼保連携型認定こども園や保育所は，さらに多くの課題を抱え
ている。園庭は子どもの戸外での遊びを保障する空間であるが，それがない

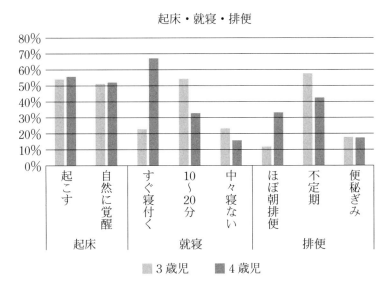

図表3-1-5　A園，起床・就寝・排便の実態（2015年7月調査）
青木久子「基本的な生活習慣実態調査2015」

ために近隣の公園を使うことになる。園庭のない困難をＡ園の保育教諭たちがまとめたものによると，その概要は，大きく次のように区分できよう。

① 　公園で遊ぶと市民からの苦情が市役所に寄せられ，市役所から苦情の連絡が入り，結果として公園を使う回数を限定しなければならない。

② 　遊びは継続する場と時間と仲間が必要だが，公園を転々とするために，遊びの継続性，発展性は望めないうえ，移動時間がかかり，集団で歩く経験にはなるが遊びにはならない。

③ 　園庭であれば，季節にあった遊具（竹馬，三輪車やスクーター，一輪車やペダルなし二輪遊具といった乗り物，けんかゴマやボール，縄飛び用の縄，シャボン玉や水遊び道具，プール，凧や紙飛行機，落下傘などの作った物）などが出せるが，公園に持ち込む遊具には限りがある。

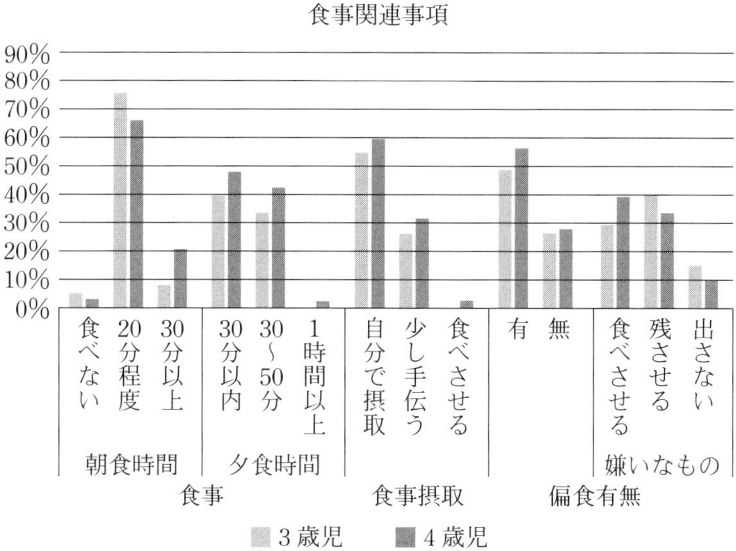

食事関連事項

図表 3-1-6　Ａ園での食事に関して（2015 年 7 月調査）
青木久子「基本的な生活習慣実態調査 2015」

④　公園にある施設は，砂遊びと2歳児用の滑り台程度で，発達年齢に
あった固定遊具も木登りできる樹木などもないため，3歳以上児が全
身を動かして遊ぶ環境がない。

⑤　保育室と連続した遊び空間ではないため，公園に行くと1日の生活
が細切れになり，没頭して遊ぶ時間がとれないため，目的もなくふら
ふらする子どもが増えやすい。

⑥　室内での遊びには限界があり，また遊び道具も限られるため，同質
の経験しか提供できない。

　室内にいる時間が多い結果，喧嘩も多く，叱ったり注意したりすることが
多くなり，子どもも諦めて生活することが多くなる。園庭のない幼保連携型
認定こども園の教職員の苦悩は，やがて少子化が進行すれば自然解消する問
題だとは思えない。市民が町に出る子どもを受け入れる文化，公園を子ども
が育つ場として保障する行政の姿勢や態度，何よりもただの広場ではなく子
どもの運動機能を十分陶冶する魅力ある公園づくりが必要である。安易に庭
のない幼保連携型認定こども園を増やしていく市町村も，それを施策として
打ち出す国も，子どもの最善の利益を謳うならば，子どもに発達の歪みが現
れ，その対策に追われる前に，太陽光がさし，汚染のない新鮮な空気と安全
な水と土壌のある園庭を最低限は保障することではなかろうか。

　園庭をもたなくてもよいとされた幼保連携型認定こども園では，戸外遊び
の活動を保障できない。このような園において室内での運動を組み込むとし
たら遊びではなく課業になる。幼保連携型認定こども園という新しい形の保
育施設の登場は，幼児期の教育に新たな展開をもたらすと同様に，幼児の健
康の保障のために解決すべき新たな課題を発生させているのである。

　幼児期の運動発達の重要性を考えたとき，このような課題を克服するため
の新たな叡智が求められている。外で遊ばなくなってきたのではなく，外で
遊べないのである。

　幼児は日々の遊びの中で生きる力を身につけている，という点に注目すべ

きであろう。子どもが生きる力の基礎を培う機会が減少していることは，幼児の運動能力の低下から読みとることができる。これを裏返して考えれば，幼児が外で身体を使って遊び，その結果として運動能力が増加するならば，生きる力の基礎が培われているということである。一方で生きる力を提唱しながら一方で遊び場もない，このアンビバレントな行政の混乱に，教育・保育関係者は何も言えないのが現状であろうか。

　現在の就学前教育制度改革による長時間保育は，子どもの生活リズムをどれだけ改善できるのか，遊びがどれほど保障されるのか，園庭のない園でどれだけ戸外遊びが保障できるか，あるいは放射能汚染等の心配もなく戸外に出せるのかなど，新たな課題が山積している。これらの課題は，就学前教育の中の"生きる力"の実践の中に組み込まれており，その解決策が実践によって今後さらに検討されていくことが求められている。

　2017年に幼稚園教育要領，幼保連携型認定こども園教育・保育要領，保育所保育指針が改訂（定）された。一元多様化に向かい内容の整合性が図られるとともに，幼児期の終わりまでに育ってほしい姿が明確化された。その姿の最初に「健康な心と体」があげられるとともに，領域「健康」のねらいでは「見通しをもって行動する」が追記された。また，幼保連携型認定こども園，保育所においては，特に生命の保持や情緒の安定など行き届いた養護，健康への留意が掲げられており，制度改革途上の歪みを最小限にするための布石がしかれている。

3．スポーツか運動遊びか

　幼児期にふさわしい運動活動は身体を十分に動かす遊びでありスポーツではない。なぜ，スポーツではなく遊びなのか，この問題に答えるためには，その違いに関して考える必要がある。社会が成熟し，スポーツ全盛の時代は，かつて「体育」が小学校から下りてきたように，スポーツが就学前教育に下りてきて，本来の遊びを歪めかねないからである。

（1）卓越性や競争性を求めるスポーツ

　たとえば，縄跳びを例に考えたい。この縄跳びを二つの空間的・時間的側面から分けてみると，一つは世界縄跳び選手権（仮に）という大会での縄跳びと，もう一つは公園や園庭等の空間で行われている縄跳びである。縄跳びという呼称は同じであるが，そこで行われている内容は全く異なったものになる。世界縄跳び選手権で行われている縄跳びは，ある特定の選抜された人々のスポーツであり，公園や園庭等で行われている縄跳びは子どもの遊びである。

　スポーツか遊びか，この二つに区分する根拠は明白である。杉原は，「スポーツは，高度に組織化・制度化されているという点にその違いを求めることができよう。すなわち，スポーツは卓越性（複雑で高度な動きや優れた記録など）と競争性（相手に勝つこと）を強く追求するために，運動技術が体系付けられ，ルールが細かく整備されている」[20]と述べる。世界縄跳び選手権は，世界中の人々が共通のルールのもと，お互いに勝敗を競う競技であり，勝敗を決するためのルールを規定する組織が必要になる。サッカーのワールドカップなども同様である。言葉の壁を越える万国共通のルールをつくるのは，縄跳びが FISAC–IRSF（国際ロープスキッピング連盟）であり，サッカーが国際サッカー連盟（FIFA）で，大組織が管理運営しているからこそ，世界のスポーツになるのである。

　それでは，運動遊びはどうであろうか。1960年代の幼児の野球ごっこは，人数も9人そろわずベースも4つはなくキャッチャーもいないルールで，3番は長嶋，4番は王と役を演じて打順を楽しんだ。野球はスポーツではなく，鬼ごっこやかくれんぼ，固定遊具などと同じ遊びであった。サッカーごっこにおいても園庭に向かう前にまず製作コーナーに足を運び，そこで長方形の紙を数枚用意し（紙を黄色に塗る子どももいた），それをポケットにいれてから園庭に向かう子どもをよく目にした。サッカー審判が使用するイエローカードに興味をもったり，サポーターに興味をもったりしてその総体をサッカーとして認知しているのであった。

　そこには公式のスポーツのルールに縛られない自由な子どもがおり，子ども主体の Play がある。杉原は「運動遊びは卓越性や競争性の追求はスポーツに比べて非常に希薄である。そのかわり，自由性や自発性がスポーツよりずっと大きい」[21) と述べている。確かに 5 歳頃になると競争心が目覚めてくる。しかし，運動遊びにおいては，競争心よりも自分たちの遊びを継続して楽しむために，自由にルールを変えたり付け加えたり，抜けたいときに抜けたりして面白さをつくりだすのである。そのため，運動遊びでは同じ名称でも各園で生み出されたルールや決まりごとがあり，それは学年によっても学級によっても違うのである。このように，スポーツと運動遊びの違いを考えて杉原は，「幼児にスポーツを指導するということは，組織化・制度化された運動を卓越性と競争性を追求するというかたちで行わせることととらえられよう」[22) と述べて警鐘を鳴らしている。

（2）運動指導の弊害

　卓越性や競争性を求めるようなスポーツ指導では，早くから大人の技能を目指してしまうため，幼児期の身体面，精神面の発達の両面に過大な負荷を与えてしまうことになり，子どものためにと思ってやっている指導が子どもを壊してしまうことになりかねない危険がある。

　幼児期から青年期は，多様なスポーツへと発展する運動の基礎がつくられる時期であり，ある特定の運動を特殊化・高度化する時期ではない。幼児に特定のスポーツ指導をしてしまうと，ある種の運動をかなりの時期に渡って反復練習することになり，幼児の運動経験の幅を狭めることになる。このことが，状況に応じた身体活動の適応力を狭め，スポーツ障害の発症の若年齢化を生じさせているのである。

　なぜこのような現象がスポーツ指導では生じてしまうのか。あるスポーツが上手いという場合，大人の技術に近い子が"上手な子"と捉えられている。早い時期から大人に近い技術を反復（ドリル）形式で練習して身につけた子である。大人がやっている動きと同じ動きをするのは，発育途上にある身体

の一部に大きな負担をかけることを余儀なくされる。まだ完成していない子どもの身体では，この負担は彼らの身体の成熟の妨げとなり，結果として，スポーツ障害（オスグッド・シュラッター病など）を引き起こしてしまい，彼らの将来を台無しにしてしまうことになる。これでは，健康のために運動をしているはずが，記録や勝敗のために運動がなされ，かえって健康を阻害してしまうといえよう。

(3) 主人公は子ども

　運動は本来，人間の生得的なプログラムに埋め込まれた生きるための活動である。遊びは，衝動を動力とした飛翔への面白さを遊ぶので，誰かに支配されるわけでも指導されるわけでもない。しかし，大人から降りてきた技術反復を中心としたスポーツ指導は，今日，運動障害だけでなく精神発達においても大きな問題を引き起こしている。なぜなら，大人の能力に合わせて工夫し発展させた技術的方法や内容を，より早く子どもに効率的に伝えようとすると，その方法の一つは，一方的な教え込みの形をとっているためである。運動遊びのような自由性や自発性はなく，一方的に大人が決めたマニュアルに沿って運動技術を身につけさせていくのである。

　幼児期の学習の仕方は，試行錯誤しながら能動的にいろいろなことをやって多様な動きの経験を獲得していくので，活動に対する自発的な意欲・興味が学習のための前提条件になっている。アフォーダンスを探索し，興味や関心をもったものに主体的にかかわっていく時期である。内発的動機づけに基づき，興味関心をもって自己決定を行い，有能感を感じる経験が大切な時期に，一方的に教え込まれることが優先すると，自己決定を行うことができず，たとえできなかったことができたとしても結果に対する有能感をもちにくくなる。ド・シャームがいうようにチェスのコマは，動かされているだけで行動の原因を自己の問題として捉えにくい[23]のである。たとえ，努力してできたとしても自己決定性が低いため達成感も薄く，肯定的な自己概念が形成されにくいため，継続性が弱くなってしまう。スポーツクラブに所属してか

なりの競技成績を上げていた小学生が卒業を機に引退する。運動発達から捉えるとこれからだというのに，彼らはもう十分だと判断するのである。また，運動を行う理由が，他人よりも優れていることや優越感を求める外発的動機づけに縛られていると継続性が低くなってしまうことも考えられる。ここにスポーツと遊びの大きな違いがある。幼児期に遊びを飛び越えてスポーツを提供するのではなく，自分で選択する自発的な遊びの中で有能感と自己決定の経験を積むことが重要だといえよう。

　スポーツであれ運動遊びであれ，いずれも他者との関係の中で行われるから面白い。演じる人・興じる人がいて見る人・共感する人がいる。その中で，自分が見えてくる。スポーツが高度に組織化・制度化されて，卓越性や競争性に立脚しているものであれば，他者は自分を映し，自分を磨き高め，互いに尊敬する存在としてある。自分を十全に発揮して，勝つこと，記録を残すこと，他者と共同すること，他者を生かし自分も生かすことが関係を築くもとにあるからである。また生涯スポーツの時代は，己自身と競争する仲間集団が，動きと対話と共感性を生みだしていく。チェスのコマになるのではなく，自ら健康な時間を維持する喜びをつくりだしていく。

　また，運動遊びは流行の中にある。流行から面白そうなものを取り入れ，自発的に繰り返し遊ぶ時間・空間で他者との関係を築く。しかし，就学前教育施設でフォーマルに組織された学級集団には，教師・保育士等の存在があり仲間の力関係があり，軋轢や葛藤も発生して，遊びがいつも楽しいわけではない。それでもなお，子どもは遊ぶ，たくましい存在である。

第2章

健康からみた人類の道

§1　身体の改善と快感の回復

1．もてあます青少年の身体と社会性の発達

　幼児期にフロー体験するほどに遊び込んできた経験のない世代，仲間と対話し，切磋琢磨して競い合い，自己抑制もしながら助け合ってきた経験のない世代が，青少年期を迎えたらどうなるのか。利那的な興奮を求めて後先もなく衝動的に行動する青少年の幼児期には暗い影が見え隠れする。遊びや労働に没頭し，熱鬱を放つ経験のない子どもは自らの身体をもてあまし，行き場のない鬱屈を秘めている。

　本節では，他者との良好な関係を結びにくい子どもに視点を当てて，自己を統一する主体を捉えていく。

(1)　スクールカーストにみる存在の無視

　今，関係の貧困の時代といわれる。人間の関係性はどうなっているのであ

ろうか。

　国を挙げて「暴力行為のない学校づくり」を目指さなければならないほど
に年々，青少年の反社会的行動が増加する傾向は，運動能力が低下しはじめ
た時期と時を同じくする。急激に中学生の暴力の発生件数が増加しており，
子どもを囲む環境の変化が運動能力を低下させ，運動能力の低下は，反社会
的な行動だけでなく不登校や引きこもりなどの非社会的な行動に対しても影
響を与えていることが予想される。

　①　いじめの増加と子どもの自殺

　いじめの認知（発生）件数は，2003（平成 15）年に比べて 2008（平成 20）
年には，高等学校では，3 倍強になり，2015（平成 27）年には 2003 年に比
べて 6 倍強に増えている。

　また，児童生徒の自殺の状況に関しては，1975（昭和 50）年に比べれば減

図表 3-2-1　いじめの認知（発生）件数の推移

	60 年度	元年度	5 年度	10 年度	15 年度	20 年度	25 年度	27 年度
小学校	96,457	11,350	6,390	12,858	6,051	40,807	118,748	151,692
中学校	52,891	15,215	12,817	20,801	15,159	36,795	55,248	59,502
高等学校	5,718	2,523	2,391	2,576	2,070	6,737	11,039	12,664
特殊教育諸学校	—	—	—	161	71	309	768	1,274
計	155,066	29,088	21,598	36,396	23,351	84,648	185,803	225,132

文部科学省「平成 27 年度児童生徒の問題行動等生徒指導上の諸問題に関する調査」

図表 3-2-2　児童生徒の自殺の状況　　　　　　　　　　　　（単位：人）

区　分	50	55	60	元	5	10	15	20	22	25	27
総　　数	290	233	215	155	131	192	138	137	156	240	215
小学生	—	10	11	1	4	4	5	1	1	4	4
中学生	79	59	79	53	40	69	35	36	43	63	56
高校生	211	164	125	101	87	119	98	100	112	173	155

文部科学省「平成 27 年度児童生徒の問題行動等生徒指導上の諸問題に関する調査」

少しているが 1998（平成 10）年頃から中高校生で上昇傾向にある。「いじめ防止基本法」などの様々な施策も効果がなく，人間関係の軋轢を人間関係で修復する難しさがある。北海道家庭学校の第 5 代校長だった谷昌恒は，教育は「目にみえないものに対する恐れの思いを養うことだ」[1] という。彼の著書『教育の心を問いつづけて』の冒頭に詩のような目次がある[2]。

目に見えない命の流れの中で，自分で汗してやるしかない，今の教育で忘れてしまったものは「この流汗でしょう。しかし，汗を流すことをしないと，わからないのです」[3] という谷の言葉は人間の本質をついている。汗を流さなければわからないこと，つまり身体を動かして初めてわかることを法律や言葉で教える教育の積み重ねが，子どもの身体を通してわかる経験とつながっていないのである。

目に見えない命の流れの中で
自分でやる以外にない
不幸にうちかち，自分にうちかつ
八つあたりはやめよう
水面の下には言い分がいっぱい
汗を流すことでみえてくるもの
一本一本の木が天に向かって
子どもも大人も一緒の土俵で
苦難が人間を育てている

図表 3-2-3　谷昌恒『教育の心を問いつづけて』目次
岩波書店，1991

② スクールカースト

ここ 10 年来の学校現場の話題に「スクール（教室内）カースト」といわれるテレビドラマでも取り上げられる社会的な問題がある。スクールカーストに関して，鈴木翔は，「主に中学・高校で発生する人気のヒエラルキー（階層制）。俗に『1軍，2軍，3軍』『イケメン，フツメン，キモメン（オタク）』『A，B，C』などと呼ばれるグループにクラスが分断され，グループ間交流がほとんど行われなくなる現象」[4] という定義を紹介している。

筆者は，中学校や高校のカウンセラーとして，生徒の問題に介入させてもらっている。生徒の話題から，仲良しグループを超える階層的なグループが存在している事例に出合うときがある。特に，女子学生や学校内で問題を起

こしているグループの生徒間にこのような階層化が著しい。生徒と会話しながら，幼稚園や保育所のときの人間関係を覚えているかと聞くと，「幼稚園は楽しかった」や「先生は優しかった」など，筆者の問いが求める遊びの面白さに没頭したような答えはなかなか返ってこなかった。

　学校での大きな問題として取り上げられる最近の「いじめ」という現象について，鈴木は「いじめ」だと認識される問題の多くは，「スクールカースト」があることによる弊害の一部なのではないかと述べている[5]。滝充が日本とイギリスとオランダとノルウェーを比較したデータによると，日本の「いじめ」は，他の国に比べて，「教室」で起こりやすいことが報告されている[6]。つまり，日本では，教室という「閉じた」世界において行われやすく，そこでは，いじめの相手の存在自体を全体が無視してしまうような，あるいはコミュニケーションを無視するような「いじめ」が行われているとする。日本での「いじめ」の特徴は「コミュニケーション操作系」のいじめと考えることができる。

　つまり，中学・高校で生じてくるスクールカーストそのものが，コミュニケーション機能の阻害を生じた集団であり，幼児期に経験してくるべきことを十分に経験してこなかった集団の姿を示しているといえよう。幼児期の遊びでは，場に共感性が生じ，相互に認め合うという経験が蓄積され，集団が階層化するというより信じ合える仲間として変化していく過程を歩む。もちろん，幼児期にも力関係の上下は発生する。しかし，その関係が逸脱する場合，幼児は隠すことがなく逸脱がよく見えるので，教師・保育士等が環境調整する役割を果たすことができ深刻な状態にはならない。しかし，児童期の中頃から子どもが徒党を組み出し，俗にいう"ギャングエイジ"に入ってくるとそれぞれの集団の中での地位のようなものが見え始めてくる。その時期に幼児期に経験した仲間との共感的な経験がうまく機能すれば発達に伴う人間関係を正しい方向に変容させていくだろう。しかし，一旦スクールカーストが生じてしまうと，幼児期と違って関係が複雑になり他者の介入をシャットアウトするので大人たちにも見えない。ここに，幼児期の多様な他者との

かかわりの経験が低下していることを感じるのである。もちろん，これだけがいじめ現象の原因とは言い切れないが，耐性が弱くストレスを解放に向ける身体活動の欠如がかなり大きなウエイトを占めていることは間違いない。

　学童期にカーストが発生したり人間関係の軋轢が表面だったりする場合，教師が他学級との縄跳びやドッジボールなどの対抗戦や鬼ごっこやダンス，あるいは集団行動を導入したりと腐心するのも，遊びを再興して仲間と汗をかき身体が共振することにより，人間関係を調整するためである。その意味でも，幼児期に必要な"他者とのかかわり"を経験できる"遊び"の経験を支えることに意味がある。

　確かに，昔から運動ができる，勉強ができる，何かに秀でているという子どもは，どちらかというとクラスでは一目置かれる存在であった。その意味では，カーストの上位にこれらの子どもが位置づくという縦の序列が構成されやすいのは昔から変わらないのかもしれない。ただ近年では，このカーストの上と下の区分が熾烈になってその様相が変わっている。上位と下位の入れ変えは存在せず，初めからその位置に格付けられてしまうと，それが固定され，定位された自己からの逸脱への不安を抱かせてしまうのである。このような格付けは，幼児期に運動優位な子どもがリーダーとなる傾向と似た状況であり，固定的な視点で子どもの能力を捉えてしまう傾向とつながっている。この傾向が中学・高校になっても抜け切れていないということは，最近の中学生，高校生がまだ幼児期の段階から精神的に抜け出せない状況にあることが考えられる。

　1996年の中央教育審議会第1次答申にある「生きる力」は，①いかに社会が変化しようと，自分で課題を見つけ，自ら学び，自ら考え，主体的に判断し，行動し，よりよく問題を解決する資質や能力，②自らを律しつつ，他人とともに協調し，他人を思いやる心や感動する心など豊かな人間性，③たくましく生きるための健康や体力，という3視点を実現する，つまり，自立と他者との共生と健康や体力とを関連づけて捉えている。人間は社会的動物である以上，生きる力は社会性の発達と切り離しては考えられないといえよ

う。

　実際に，コミュニケーションのとれない子ども，いじめの増加，子どもの
自殺，スクールカーストなど現代社会に生じている子どもたちを取り囲む社
会的な問題の背景には，幼児期での多様な他者とかかわる経験機会の減少と
社会性の低下という生育歴が抱えてきた発達課題の積み残しを考えていく必
要があるといえよう。

(2) ソーシャル・スキルと運動経験

　わが国における社会という言葉の歴史を振り返ると，江戸時代において，
世間や浮き世といった概念はあり，それが近世以降の社会を意味していた。
社会という言葉が使われるようになったのは幕末から明治にかけてである。
富永健一は,「長峰秀樹がギゾー『欧羅巴文明史』を英訳から重訳したさいに,
第6巻までは,「世間」とか「邦」とか「人民交際の道」などと訳されてい
たが第7巻以降「社会」の語を用いて普及させた」[7]とする。そして，1874
年から1875年に森有礼が編纂した『日本教育策』[8]や1875年に福地源一郎
が書いた『東京日日新聞』の社説には「社會」という言葉が見られる。福地
は英語の society の訳語として「社会」を当てており,人間の共同生活の総称・
集団の営みをいうとしている[9]。

　社会性が育くまれる時空に関して富永は，社会とは,「複数の人びとの集
まりが，一定の条件をみたすもの」として，以下の4つの条件を提案してい
る[10]。

　　(a) 成員相互のあいだに相互行為ないしコミュニケーション行為による
　　　 意思疎通が行われていること
　　(b) それらの相互行為ないしコミュニケーション行為が持続的に行われ
　　　 ることによって社会関係が形成されていること
　　(c) それらの人びとがなんらかの度合いにおいてオーガナイズされてい
　　　 ること

（d）成員と非成員とを区別する境界が確定していること

　また，富永は社会を，この4条件を満たすマクロ社会，この4条件の一部あるいは全部を満たさないマクロ準社会，そして，マクロ社会の「社会レベル」に対して「個人レベル」のミクロ社会に分け，これらの社会を「狭義の社会」とした。そして，人間にとって所与である自然に対して人間がその意志的な活動を通じてつくりだしたものの総称としての「広義の社会」とその諸要素の一つとして「狭義の社会」に分けて考えている。ここでわれわれが考える社会とは，基本的にはマクロ社会を基本に考えている。

　宮代真司は早期教育の問題を考える立場を，社会システム論に置いている。世界（ありとあらゆる全体）を世界体験に変換する関数として，パーソンシステム（自我）や社会システム（社会）があると考え，関数だからこそ，別の関数（別様の変換可能性）を考えることができるとする[11]。彼はその代表的教育として，シュタイナーの実践教育を例にとり，シュタイナーは関数を決まりきった約束（ルーティン）から解放しようとしたとし，「我々の感情の幅（レンジ）や感覚の幅を自明のものとしないで，広く深く拡大するべく，なるだけ感情的・感覚的に幅広い体験をさせていくことを目的としたものです」[12]と述べている。つまり，感情的・感覚的に幅広い体験を幼児期に積むことは，子どもの社会化につながるものである。さらに，彼は「感情や感覚の幅が広い人間であるほど，他人が置かれている状況や，それが彼や彼女に与える影響を理解できます。それを理解できる人は，他人を幸せにできるし，他人を幸せにすることを通じて自分も幸せになることができます。感情や感覚の幅が狭い人間には，それがすごく難しくなります」[13]と述べている。

　このような感情や感覚の経験をすることで，相互への影響を感受し合って，私たちは社会性を獲得している。この点について，井上健治は社会性について，「一般的には，社会の規範や慣習などに適合した行動がとれるようになる」ことだとし，社会性の発達は「社会的個の確立への過程」であり，「真の社会性は自己の発達によって支えらえている」[14]という。また，小学校中学年

頃になると，子どもは自分の判断や行動の拠り所を，親や教師などから仲間・友人へと移していき，いわゆる仲間集団への同調傾向が強まる。この同調傾向に関し「社会的」であるためには，単に仲間と同一行動をとるのではなく，その背景に，同調することに対する自己の判断と責任が伴っていなければならないとしている。これら諸説からみても社会化とは，ある社会の中で個人が他者との相互的な関与によって，パーソナリティを形成していく過程であり，社会化の過程に教育が密接に関連していると考えられる。

　①　「中当て」にみる社会的相互作用

　社会は，最低二人以上の人間がいて初めて成り立つ世界であり，社会性を形成するには集団の中で他者に対して自己をコントロールし，関係の軋轢を解決しながら双方にとって快の人間関係を形成していく力が必要である。幼稚園で「中当て」を初めて導入した際の子どもの姿の観察からそれを捉えてみよう。

　初めは，投げられたボールや外に転がっていくボールに子どもが集中してボールの奪い合いが始まる。「中当て」は円や方形の枠外にいる子どもが枠内の子どもにボールを当てる集団遊びであるが，最初の段階は，枠やチームにこだわることもなくボールを追いかける感じで進むためゲームにはならない。しかし，この遊びを続けていく中で，子どもはただボールを追いかけ集まるだけでは楽しめないことに気づきだす。誰が最初にボールに触ったか，同時の場合はじゃんけんで所有権を決めたり，自分たちで「中当て」が続くように約束や決まりごとをつくったりしていく。その結果，「中当て」から「方形ドッジボール」へと遊びが発展していくのである。経験が積み重なった5歳児になると，自分たちで仲間を集め，参加人数に応じた枠を引いている。楽しさをもたらすために，人数と枠の大きさとボールの大きさ・固さを自分たちで判断する。さらに，遊びの面白さを維持・継続するために，枠の線から出ない，敵は枠内に入り込まない，ボールを取ったら10数えるうちに投げていつまでも持っていない，固いボールは強く投げない，顔には投げない，強い子は両チームに分けるなど，了解し合ったルールで遊ぶので面白さが生

まれる。中当てが苦手な幼児が入った場合は，強い子は手心も加えるように
なってくる。

　本来，集団遊びの中で必然から生まれる約束やルールを，大人が既存のルー
ルとして一方向から伝達しても定着はしない。子どもが自ら楽しさを維持す
ためにルールを守り，さらにはルールを創造しているのである。この経験の
過程を通して，ルールを仲間とつくる，臨機応変にルールを変えた場合は了
解をとりつける，ルールを守るとスムーズにいく，相手の弱点を攻めない，
公平性をつくりだすために知恵を使うなどの関係をよくする経験を獲得す
る。

　これができるのは子どもが，社会的に行動ができるようになっている証で
ある。井澤信三は社会的行動とは非言語的でも言語的であっても人との相互
作用に関連する行動であるとし，相互作用を通して獲得・発揮されるとして
いる。また，社会的相互作用は人と人との関係を成立・発展させる働きをし
ていると考え，社会的行動の連鎖であるとしている[15]。つまり，子どもはルー
ルのある遊びなどを通して，人と人の関係を成り立たせる社会的行動をとり，
さらには社会的相互作用ができるようになり，社会性が発達していくのであ
る。しかしながら，小林正幸は，「小学生が変になってきた」と感じ始めた
のは，1985年くらいからで，変になってきた背景に社会性にかかわる問題
がますます際立っていると指摘している[16]。

　② ソーシャル・スキル

　今，子どもたちの社会性を育むために必要なこととして，人間関係に関す
る知識と具体的な技術やコツを総称したソーシャル・スキルの学習が大切に
なってきている。渡辺弥生は自分にとっても他者にとってもお互いに有益で
好ましい結果をもたらす行動能力をソーシャル・スキルと定義している[17]。
このソーシャル・スキルを身につけることで他者との関係性がうまくとれる
感覚が発達していくと考えられる。

　また杉村仁和子らは「児童・生徒用ソーシャルスキル尺度の開発」[18] に当
たって，国内版の社会的スキル測定項目として，①基本的マナースキル，②

会話スキル，③関係開始スキル，④関係維持スキル，⑤意思表示スキル，⑥
感情統制スキル，⑦教師とのコミュニケーション・スキル，⑧集団活動スキ
ル，の8項目を挙げ，中学生を対象に予備調査を実施した。その結果，最終
的に，関係開始スキル，基本的マナースキル，他者への配慮スキル，意思表
示スキル，感情統制スキルの5つの下位尺度から構成された児童・生徒用
ソーシャルスキル尺度を作成している。この尺度は学校生活の中で獲得され
ている社会性の程度を調査したものであるが，社会性を捉える視点として一
つの参考になろう。遊びは，子どもがいる場所で自然発生的に集まる段階か
ら仲間を集めてルールをつくりだし，維持・継続していくスキルが獲得され
るところであり，杉村らが述べているような5つのスキルも自然と獲得して
いるのである。

　つまり，集団の場における遊びで何を経験するかが社会性と関係し，とき
として経験内容を間違えると，集団での遊びはむしろ社会性の発達を阻害し
てしまう可能性もある。幼児は集団生活に入り，集団の中で身体を使って遊
ぶという運動経験を通して社会性の基盤を形成するのである。

（3）集団での遊びによる"もまれる体験"

　就学前教育という集団生活に入った幼児は，養育者の保護から自立して外
の世界とかかわり始める。一般的に，3歳頃では，主に物や場とのかかわり
が中心であり，教師・保育士等を介して他者とのかかわりが成り立っている。
この時期はまだ自己中心的な時期であり，自分の気持ちを一方的に表現して
いる。それが自我の芽生えには大きな意味をもち，環境の中から自分の興味
あることを選択し，自己決定して思いきり自分を出す快感を味わう一方，思
うようにならない集団の厳しさも感じつつ自己有能感を形成していく。パー
テンは，遊びの型の発達過程を次のように示している（図表3-2-4）[19]。

　3歳児の多くは，砂場で砂をカップに入れたり出したり，型抜きしたりケー
キや団子に見立ててつくったりする一人遊びや，教師・保育士等を挟んでの
ケーキ屋さんごっこ，固定遊具や物を媒介に他者と同じような動きをしてい

く並行遊びを中心に行う。

　4歳児になると，他者とのかかわりが遊びの中心になり，子ども同士が「群れて」遊ぶようになる。群れて，遊びたい相手を特定して，一緒にいたい，同じように行為したい，そこで対話したいという気持ちが強くなってくるのである。2人から3人になると，関係調整が高度になってくる。2人という人間関係は安定するが矛盾が生じず社会性を深めるための経験にはなりにくい。3人になると矛盾や対立，1対2といった力関係が発生し，関係が不安定になることも増える。しかし，2人より3人の方が情報量も多くそれぞれの違いが知的好奇心を刺激し，ごっこなども活性化して活力が生まれるため，気の合う相手を求めて流動的になる。ときには従属し，ときにはリーダーになり，ときには同一化して共感性を増しながら，不安定を安定に変えるための模索をする。そして関係が固定化してくると安定状態を示し，いつも同じ仲間で遊ぶようになるのである。この安定

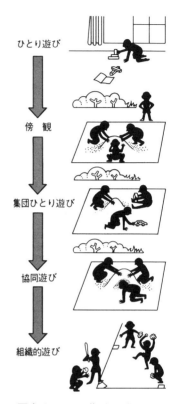

図表 3-2-4　遊びの型
（パーテン）
人間の行動科学研究会編『目でみる教育心理学』ナカニシヤ出版，1996，p.29

状態がいつまでも続くと，再び力関係が生まれ閉塞的になる。それを打ち破ってくれるのが，学級変えや任意のグループ活動，個々の課題活動，行事などである。遊びと生活のバランスの中で，関係を揺さぶる意図的な教師・保育士等の働きかけが，仲良しの良さと学級全体で活動する良さを子どもに感じさせ，新しい友だちとも遊びを工夫するようになる。

　5歳児になると，遊びの仲間関係を軸にしながら学級の誰とでも自在に組んで遊ぶようになる。この時期から仲良しに流されず自分がやりたい遊びを選択していったり，自分の興味や特性に合う相手を見つけたりして，友だちの選択基準が広がっていく。5歳児は，人間関係の矛盾に対して，解決の方法が多様になり，遊びの面白さ，楽しさを維持するために，遊びのルールを形成していき，それぞれの納得をつくりながら人間関係が形成されていく。

　こうして，他者とのかかわりが3歳から5歳の3年間で個々の経験からみんなの経験へと変化していくのである。

（4）自己制御とルール

　幼児期は乳児期を土台に，児童期は幼児期を土台に発達しているため，幼児期の社会性の発達は児童期以降の人間関係の発達の土台になっていく。幼児が他者との関係を豊かにすることは，安定した関係において発達の変容がもたらされることである。

　3歳未満の幼児は養育者との人間関係の中で安定を維持しているのであるが，就学前教育施設に入ると最初は教師・保育士等との関係で生活の安定，情緒の安定を維持し，長ずるにつれて友だちとの関係で安定を維持している。

　この人間関係が安定しているとき，自我は調和がとれた状態にあると考えられる。幼児期に目覚めた自我の成長と社会性の発達は深く関連しており，柏木恵子は，「自分」・「自己」の誕生に関して幼児は最初，他者と衝突をしているが，その衝突から調整をするようになる。そのため公的自己を形成し，自分の行動を自分でコントロールする。このコントロールする自己が形成されると自己制御が成立するようになる[20]，とする。

　鬼ごっこの発達的変化をみると，最初の段階では，鬼に捕まえられても自分は捕まっていないと言い張りトラブルになるが，鬼ごっこは面白い，やりたいという意識は残る。鬼ごっこを続けていくためには，鬼に捕まったら逃げることができないというルールを守らなければ継続性が失われることに子どもが気づきはじめると，鬼につかまると逃げたいという気持ちを抑えて，

つかまったことを受け入れるようになっていく。このとき，子どもは自分の気持ちを自分で制御して約束や決まりを守るという行動をとることができるようになっているのである。楽しく遊ぶために，自分の思い通りに行動するだけではなく自己制御し他者の楽しさも大事にするという関係が，安定をもたらすのである。

　集団遊びの媒介となっているものがルールである。遊びの楽しさを共有させる核となる遊びのルールは，子どもが楽しさを持続していくための鍵である。状況に応じて変化させる自由さを維持しつつ，遊びを壊さないという子どもの知恵が，子どもならではの規律を維持していくことにつながる。大人は法律や規律，常識という世界で生活を行っているが，なぜそれを守るかというと，今ある生活を円滑に安心して過ごすためであり，他者と共存するためである。この法律をつくり，規律を守って生活に納得をしていく態度は，実は幼児期における仲間との集団遊びの中で形成される楽しさ，ルールの共有から始まっているのである。

　自分ができた，うまくやれるということを感じる世界には必ず，仲間がいる。運動有能感を感じる経験の場も，年齢が長じるにつれて一人の空間よりも数名以上の仲間がいる空間が増えてくる。4歳頃から数人での遊びが増え，5歳頃になれば遊びの中での他者とのかかわりが増えてくることにより，エフェクタンス動機が充足されていく。実際，桜井茂男は学習や運動に対する有能感は仲間からの受容感と父親からの受容感に支えられているとしている[21]。そして，年齢が上がれば上がるほど，仲間の比重が大きくなってくるとする。

　外で身体を動かす遊びの減少により，運動能力が低下するだけでなく仲間関係が生まれる機会が減少して他者とのかかわりが稚拙になり，結果として有能感を感じる機会も少なくなり，志向性をもって自己制御する経験も減少するという悪循環が生命現象にも影響を与えている。

2．対人関係的自己

　人間関係は，周りの環境（人）との相互作用によって多くの影響を受けて
いることを見てきた。特に幼児は，親や教師・保育士等といった大人の環境
に非常に敏感である。教師・保育士等が環境の構成者になるとともに，動き
のモデルとしての役割を演じることで，動きの共感者になること，子どもの
動きの目的になることなど，その及ぼす影響を認識することが大切である。

(1)　社会的アフォーダンス

　人的環境のもう一つの視点として，子どもを取り巻く仲間の存在に目を向
ける必要がある。筆者は，ナイサー（Neisser, U 1988）の自己認識（self-
recognition）の一つである「対人関係的自己（interpersonal self）」という概念（幼
児期のごく早い時期に現れるが，特有の感情的関係の信号とコミュニケーション
によって特定される。この対人関係的自己の欠損していると思われる代表例が自
閉症である）に基づいて，幼児同士の身体の共振（physical resonance）（双方
が随時信号をやりとりし合い，同時に影響を与え合っている）について研究を行っ
ている[22]。その結果，日常の遊び行動の中での子どもの身体の動きは，従来
の単なる身体的な活動としてだけでなく，社会的な相互作用を通して得られ
る環境（他者）との行為可能性（action possibility）（行為が起こりうる可能性）
の情報を知覚するための環境と接触していることがわかった。このことは，
人的環境の一つである教師・保育士等や友だちの動きは，それを知覚した本
人の動きを引き出してくれることを示している。つまり，友だちと遊ぶとい
うことは，その動きがアフォーダンス[23]として知覚者の行動を引き出す多
くの可能性をもつ。その可能性は，人間関係をも広げることにつながってい
るということである。

　他者とのかかわりを深めるのは，魅力的な人的環境に触れることから始ま
る。しかし，昨今の子どもは，兄弟姉妹も少なく，縦社会に所属することが

なくなり，憧れるほどの魅力ある対象も見失って，子ども同士の世界が減少し，結果として運動能力の低下にもつながってきたのではないだろうか。

　この「対人関係的自己」に関してナイサーは，ギブソンの“自己を知覚することは環境を知覚することと避けようのない対をなす”という考えに基づき，自己知覚の問題を捉え直している[24]。彼は，対人関係的自己は，物理的環境との関係でアフォードされ知覚される「生態学的自己」と同様に，幼児期のごく早い時期に現れ，特に特有の感情的関係の信号とコミュニケーションによって特定されるものとしている。この対人関係的自己は生態学的自己と同様，アフォーダンスと関連のある自己であるが，ここでのアフォーダンスは社会的な相互作用（社会的アフォーダンス）とつながる自己であり，そこで知覚されるものは，他者の行動だけでなく，それに関する自分自身の行動との相互性でもある。そして，この自己は，他者と直接的，非反省的な社会的相互作用にかかわるものであり，客観的に存在する情報に基づいて直接知覚されるものである。また，そこでの情報のほとんどが本質的に動的であり，時間的広がりをもつものからできている。

　ナイサーも対人関係的自己について，直接知覚されるものであり，ギブソンの指摘する社会的アフォーダンスの一部であると述べている[25]。このアフォーダンスを知覚するためには「からだ」を通しての環境としての他者とかかわることが重要になってくるといえよう。

(2) 運動遊びと社会的機能

　遊びが十分保障される就学前教育施設では，5歳児になると互いにルールを守りながら仲間関係を維持して遊ぶようになっていく。「いないいないばあ」に始まり「まてまて」と親子で関係を遊んだ頃から成長し，追う役，逃げる役がわかって遊ぶようになると，鬼ごっこの場も役も内容も変化する。物語性のある「オオカミと子ヤギ」や「あぶくたった」や「おおかみさん今何時」などのわらべうたは物語を遊ぶ。役になったつもりで，言葉の掛け合いをして意識を集中し，定番の逃げる動きへと意識を拡散させる。緊張と解

緊のバランスが面白く，幼児は毎日やっても飽きない。鬼ごっこの内容も高鬼，氷鬼，開戦どん，島鬼，しっぽ取りといった様々な態様になり，それぞれの役割とそれぞれが守るルールが形成され，ルールを守りながら鬼ごっこを楽しむようになっていく。カミイとデブリーズらは，よい集団ゲームの基準として，

　　1）どうやったらよいかを子どもたちが自分で考えられるような興味性と挑戦性がある
　　2）子どもたちが自分でゲームの結果を判断できる
　　3）ゲームに全員が積極的に参加できる

の3つの基準を挙げて，一人ひとりが自分で考えること，判断すること，参加することの重要性に触れている[26]。さらに，就学前教育における集団ゲームの目標として，

　　1）「大人との関係」においては，大人の権威を可能な限り減らし，子どもとの信頼ある関係を通して自らの自律性を発達させること
　　2）「仲間との関係」においては，子どもたちを脱中心化させ，自分と他人という異なった視点を協応する能力を発達させること
　　3）「学校との関係」においては，子どもたちが事物を自分で思い描き，自分で考えていることを素直に言えるように，自分の能力に敏感で，好奇心をもち，そして批判的で，自信をもつようになること，同様に子どもたちが自主的になること。すなわち興味ある考えや問題を提案し，事物を関係づけていかせること

を挙げている[27]。
　東京都区内のある幼稚園では，多国籍の幼児が入園しているため日本語でのコミュニケーションが難しかった。そこで教師たちは，すべての子どもが

意欲的に活動に取り組むための工夫の一つとして，鬼ごっこを導入した。その結果，5歳になっても言葉の問題で自分の意思を友だちに伝えにくかった子どもも，鬼ごっこという共通のルールのある遊びを通してそれぞれが役割を理解し，その役割を分担しながら関係を遊ぶことができるようになっていった。言葉以上にルールを媒介に身体を共振し合う遊び経験が，子どもの社会的機能を活発にし，社会性を培っていったのである。

　運動遊びから集団のゲームに移行する際に，子ども同士で，自律性をもちながら，自信をもち，自主的に自分の意見を言える経験がなされていることに意義がある。このとき子どもは，互いに役割としての社会的機能をもち，その機能を使って運動遊びをするという社会的経験をしているのである。

§2　生物共生の循環構造

1．遊び再考のための環境

　乳児期から幼児前期までは，多くの子どもは自分の健康を自分で守り増進することはできず，親などの養育者によって守られながら生活をしている。ところが，幼児後期に入ると，徐々に安全に身を処し，自分の健康を自分で守ることができるようになっていく。彼らは，これまで養護され守られていた家庭等の養育を中心とした生活から，少し大きな同年齢あるいは異年齢で構成するフォーマルな集団の中で，自立に向かう自らの歩みを始める。もちろん，健康に関心をもち，自立への構えが芽生えるのは個人差も大きく，また年齢差も大きい。しかし，昼間の時間の半分以上，あるいは大半を親から離れて就学前教育施設で教師・保育士等や友だちとともに過ごし，他者に映る自分が見えるようになってくる。

（1）遊びの量と質

　就学前教育施設での一日の中心をなすのは遊びである。園によっては，それぞれの地域や園の理念に基づき，遊びを中心としながらも課題活動を組み込んだり，イマージョンプログラムやモンテッソーリ・メソッド，国際人養成カリキュラムなどを取り入れたりしているところもある。子どもはその置かれた環境の中を生きる。子どもが就学前教育の環境を選ぶわけではなく，親の願いや都合，地域社会の文化によってその環境に置かれるのである。それだけに，すべての子どもによりよく生きる場がもたらされるよう，大人たちが環境をよくすることが必要となる。

　幼児期の発達に直接的に影響を与えるものは，身体の運動を通した直接的な経験であり，その経験を支え，影響を与えるのが生活環境である。生活環境に自発的にかかわることによって得られる子どもの経験内容が発達を促進する要素となる。

　すべり台は，一般的には手すり付きの階段があり，階段を上ると滑り面がある固定施設としての環境である。アフォーダンスに価値を探索する子どもは，階段を上り身体が滑り面を滑るスピード感，スリル感，優越感や征服感を楽しむ。そこでの経験は，階段を上る順番や下から滑り面を駆け上がらないというルールを守り，滑る面白さを経験する。しかし，川和保育園（横浜市）には階段がないすべり台が置かれている。幼児はすべり台の滑り面を下から登る。なかなかうまくいかず，手すりにつかまったり駆け上がったりし，それでも滑り落ちると素足になり繰り返しチャレンジする。滑り面が満員で登れなかったり別の道から行きたかったりするとき，幼児はすべり台脇にある垂直の形の何種類かの梯子や登り棒を登ってすべり台に渡っていく。それも不可能な場合は，立体的に作られた砂場の頂点から，アスレチックを経てすべり台に到着することを発見する。すべり台を滑るための道は何通りもあり，どの道が今の自分に可能な道なのか自身の身体で感じ，対象にアフォーダンスを見いだし，選択し，行為するのである。川和保育園では，「自分で考え，自分で遊べ，子どもたち」[1]という教育目標が掲げられている。この目標の

実現に向けて子どもが考え，仲間と対話し，体験してまた考えるという遊ぶ
ための園庭がつくられ，そこでは 40 年前に野山を駆け回って遊んでいた子
どもの姿と変わらない子どもの姿を目にすることができる。この園庭では，
大人も遊びたくなるアフォーダンスがふんだんに埋め込まれている。

　いずれも他者の動きを見て取り入れ，自分の可能性を試み，滑る爽快感を
味わい，高低感，速度感，登坂力，社会性などを経験するものである。一般
的なすべり台は，流れに沿っていれば滑るチャンスが得られる。しかし，川
和保育園のすべり台は，滑るための道を探し，自分の能力に向き合い，可能
性を選択し，やっと滑るという目的達成までの多様な道のりが選択でき，そ
の道のりはそれぞれ難易度が違う。遊んでいることに変わりはないが，使用
する運動量も運動技能も前者と後者では比較にならない。自分の身体に向き
合い多様な動きを試み，繰り返し獲得する経験は，遊びの面白さを増幅させ
ている。

　こうした経験の中身，つまり経験内容の質を捉えるには 3 つの視点がある。

　一つは環境に込められた教師・保育士等の願いがどこにあるか，安全性へ
の配慮がなされているか，遊びに没頭する子どもの衝動や地域の実態を理解
しているか，管理中心ではなく遊びの自由度，不確実性が保障されているか，
繰り返す過程が多様に用意され個々に目標を上げていく工夫がなされている
か，遊びが流行る時間・空間・仲間が用意されているかなど，環境の質を評
価していく視点である。

　二つには，やることが見つからずつまらなそうにぶらぶらしている，ブラ
ンコを取り合って喧嘩が発生した，年間通してあまり遊びの種類が生まれな
い，教師・保育士等が入ると遊ぶが入らないと遊びが続かないなど，子ども
が遊ぶ姿から彼らが何を欲し何を経験しているかを把握し，逆に物理的な環
境や指導が抱える課題を浮き彫りにして，問題解決につなげていくという視
点である。

　三つには，子どもの園生活のリズムや遊びの時間，帰宅後の遊びの時間や
生活リズムといった一日，一週全体の中での調和を把握し，保護者とともに

協力し合って改善していく視点である。

　運動能力測定が環境や指導，遊びの経験度合いや遊びの多様性を見直す指標になるというのも，経験内容の量を数値で見て，質をこれら3つの視点で問い直すということは前述した。幼児にとって遊びが重要な学びであるというテーゼも，実践という具体と結びつかないと空論が飛び交うだけになる。注意しなければならないことは，遊びが幼児にとって必要というだけではなく，遊びでどのような経験をするのかが重要だということである。第2部でみてきたように，経験の中味によって，子どものその後の発達の姿が変わってくることになる。同じ時間を同じように過ごしているかに見えても，そこでの経験が異なれば，その差が後々大きな違いを生みだすのである。

　人間の発達の初期の差は時間が経つにつれて大きな差へとつながっていく。そのため，幼児期に生活や遊びの中で経験を成熟させ学んでいるものを，第1部でみてきたような生理的，脳科学的な成長のメカニズム，生態学的にみた集団生活する高等動物の相互作用，健康に関する歴史的な観点等を踏まえ，また第2部で捉えた運動能力の読みとき方や運動能力によって見える幼年期の発達特性を捉えて環境とつなげていくことが，健康の量と質を考える手立てとなろう。

(2) 物理的環境が及ぼす遊びの過程と質

　幼児にとって必要な遊びの経験を保障する環境，幼児自らが動きたくなり動けた有能感を味わう環境とは，どのような環境であろうか。ここでは「幼稚園設置基準」を通して，物理的環境が及ぼす遊びの過程と質について考える。

　全身を動かして遊ぶ環境として，屋外が適していることは前述してきた。幼稚園設置基準第8条に，「園舎及び運動場は，同一の敷地内又は隣接する位置に設けることを原則とする」として，最低基準は2学級以下の場合，330＋30×（学級数−1）平方メートル，3学級以上の場合，400＋80×（学級数−3）平方メートルと定められている。この基準は，2学級60人程度と

仮定すると一人当たり 6 ㎡，3 学級 90 人で約 4.5 ㎡，9 学級 270 人で約 4 ㎡ということになる。つまり一人当たり 4 ～ 6 ㎡の保障が最低基準なので，これ以上の屋外遊び空間を用意することが環境の質の基本である。そこに用意する固定遊具や施設・設備は一定の規格があり，少人数でもある程度の広さが求められるのは当然といえよう。

　1899 年制定の「幼稚園保育及設備規程」から半世紀余経った 1956 年 12 月に告示された「幼稚園設置基準」には，すべり台やブランコ，砂場は必ず設置する施設・設備として挙げられ，さらに鉄棒やジャングルジム，回旋塔などの案も掲出した子どもの遊び場づくりの知見が盛られている。幼稚園教育要領と同時期に告示しているため，どこの園でも最低限，これらの施設設備は用意されていた。急増する幼稚園需要に対して施設設備の基準の必要性が生じ，国は環境基準によって保育の質の最低基準を保障することになったのである。

　1956 年の「幼稚園設置基準」を解説した『幼稚園のつくり方と設置基準の解説』（以下，1956 年設置基準解説書）では，屋外が子どもの遊び場であり生活の中心になることを次のようにいう。"従来，庭園とか遊園と呼ばれていた幼稚園の運動場は，playground，遊びをする場所である。屋根のない保育室で kindergarten の字義から解すると幼稚園では運動場が主であると考える方が適切である"と。その設計に当たっては「都市の幼児は，村落の幼児に比してより自然的な環境のもとで生活する必要があろう。―（中略）―運動場は面積を広くとり，樹木や草花を多く植え，小山を作り小川を流すなどして，できる限り自然的につくり上げ，幼児が自由にのびのびと活動できるようにすることが望ましい。―（中略）―村落にあってはこれと反対に，砂遊び場や花壇を設け，多くの運動用具を備えて，より人為的，文化的な遊びができるようにすることが必要である。なぜならば，村落においては，幼児たちは自然そのものの中で生活し，幼稚園の近くに自然的な遊び場は至るところに求められるから」[2]とする。

　その中心的なまとまりを生みだす場所の形態として「運動場は，ぶらんこ・

すべり台等の固定運動用具を設備した場所，樹木や草の繁った土地，および平坦な広場は欠くことができない」「主として固定運動用具を使って遊ぶ場所，広い平坦な場所，起伏のある林，小山，小川等のある場所，いいかえれば，人工的な機械・器具を使っての遊び，人間関係を中心とした遊び，自然を中心とした遊びの3つの場所から構成されることが望ましい」[3] とある。

　①　砂遊び場

　1956年設置基準解説書では，砂遊び場について「造形的遊びをする場所だけでなく，多分に体育的遊びもする場所として考えることにする。すなわち，小山をつくりトンネルをほり，おだんごなどをつくって遊ぶ外に，跳びっこ（走幅跳，立幅跳，跳びおり）や押し出し（すもう）などもする施設として考える」[4] として，砂場の多様性を謳うとともに，

- 位置は暖かい風よけのできる場所で，比較的保育室に近い場所に設ける
- 形は矩形，六角形，楕円形など周囲との調和を図り
- 大きさは最低2，3坪，できれば6，8坪で園規模が大きい場合は大小いくつか設ける
- 年齢差の幼児に適するよう，年長と年少を別に設ける
- 川砂で排水がよく（深さ40から50cm以上で）砂の洗浄ができるように設備する

といった基本的なことの他に，安全，清潔への配慮事項が縷々述べられている。さらに一角に陳列台や飛び降り台なども設けると遊びが多面的になることがつけ加えられている。今日，ドイツの幼稚園は，どこにいっても砂場には恵まれているが，フレーベルの教育を取り入れた日本でも砂場の位置づけは東京女子師範学校附属幼稚園が開設された当初から重視されてきた。ロバート・フルガムが「人生に必要な知恵はすべて幼稚園の砂場で学んだ」[5] というほどに，砂場での遊び経験の時間は量的にも多く，また質は多様性に

富んでいる。

　その多様性の質を吟味する一つの例として，砂と水の位置関係を遊んでいる幼児の様子を捉えてみよう。砂場での遊びが盛り上がっていくときに重要なものの一つに「水」がある。「水」は素材としての砂がもっている性質を変化させていく。その面白さで幼児は，水を探し，砂場へ運んできて水を利用する。砂場の中や縁近くに水道を設置した園では，遊びの崩壊が早い。また，教師・保育士等が水を求める幼児の欲求を先取りして，砂場の近くにホースやタライを設置すると，砂場は池のように水浸しになり，やはり遊びは早くに崩壊する。幼児の自分で「水」を探して砂場へ運ぼうという気持ちも消してしまうことになる。幼児が水を欲しいという欲求と，身体を動かしたいという衝動を引き出すのが環境であるなら，水は砂場とある程度の距離を置くことが必要になる。カップで運ぶ，バケツで運ぶ，あるいは交代で，リレー形式で運ぶことも遊びになり動きになる。3歳児は水運びの途中で興味のあるものに出合うと他の遊びに移っていくこともある。当然，そうした過程を歩みながら，自分でやりたいことを選択し，面白さを追求する経験の質が高まるのであって，可塑性のある砂が幼児を虜にすることは万国共通なのである。

②　固定遊具

　砂場と同様，1995年の幼稚園設置基準改訂から消えたすべり台，ブランコは，今日では，斜面を利用したりロープを太い枝にかけたりしてその機能を残している。しかし，中には設置基準から抜けたことを機に，固定遊具がない平坦なだけの園庭もあり，こうした屋外の遊び施設・設備に対する設置者の認識の違いが園庭環境の質の低下を招いているところもある。

　固定遊具とは，かつて自然の野山の木々や起伏や蔓などで遊んだ場を模して人間がつくりだしたもので，運動量の少ない都市部の子どもの活動量の確保や運動経験を多様にするための遊具や施設である。1956年設置基準解説書には，

　　主として懸垂の機能を発達させるものとしては低鉄棒・のぼり棒・太
鼓橋・雲梯などが代表的なものである。跳力としてはとびおり台，縄跳
びの縄など。投力としてはまりやまりなげの用具など。幼児にたいせつ
な平衡感覚のものとしてはぶらんこ・遊動木・回転塔などの動的な用具
や固定円木・平均台などの類。手と足の連結運動としてはジャングルジ
ムやキャッスルジム・肋木・3輪車の類などがあげられよう[6]。

と，遊具のもつ特性を挙げている。
　また，幼児が遊ぶとき，「幼稚園の遊具は教師がそばについていて，いち
いち監督しなくても遊べるものであること」とともに，配置に当たっては

　①　一つの種類に偏しないこと
　②　幼児の遊びが連続するように配置すること
　③　遊ぶのに要する面積を算出して配置すること

が挙げられている[7]。それは，各幼稚園が敷地の形状や気候条件，自然環境
等と関連させて工夫研究し，考案して制作することが最もよいことで，教育
科学の進歩とともに改良されるものであるとしている。教師が固定遊具や起
伏ある園庭環境，自然環境に対する知識をもち，地域の実態に即して園の施
設設備計画の中に組み込むことが遊びの質を捉えるポイントになる。
　③　遊具の安全性と複合性
　遊動木やシーソー・箱ブランコのような固定遊具は今日，就学前教育施
設・保育施設だけでなく公園からも撤去されている。その主な理由は，これ
らの固定遊具で事故が多いことが挙げられる。事故は，遊具と子どもの関係
の中で発生しており，特に情緒的に安定していない幼児では事故が起こりや
すいと考えられる。また，事故発生原因を考えると，幼児自身の運動技能が
まだ遊具を使用するのに未熟な場合や，動線の交錯による衝突のような周囲
の状況判断ができない場合が多い。その際,怪我に至る過程としては,〈転倒,

落下，衝突，滑る〉などが挙げられる。荻須隆雄らは，この中ですべり台とブランコでの事故が上位であることを報告している[8]。

　もともと就学前教育施設・保育施設に設置される固定遊具は公園の遊具と違い，ある年齢層を対象にした遊びの教育的・保育的意味に基づいて設置されている。そのため，遊具の構造，配置，教師・保育士等の環境設定など，子どもの動線に配慮し，年齢や個々の特性も考慮していく必要がある。しかし，近藤が指摘している[9]ように，これらの固定遊具が置かれている園の中で何十年も事故が起こっていないところもあり，昔から幼児の運動遊びに使われてきた固定遊具は，幼児にとってはむしろ安全なものであるとも考えられる。また，アグデらも指摘している[10]ように，安全を確保する措置は「遊びの価値」に対立するものではない。安全のために，固定遊具などでの遊びを抑制してしまうと，それに伴い遊びの楽しさ・面白さは減少していくのである。その意味では，「安全に対する望ましい幼児の行動の基本は，安定した情緒のもとで，幼児が主体的に行動できること」[11]であり，子どもたちが主体的に遊ぶ中で，安全面は学習されていくと考えられる。もちろん，この場合，環境や固定遊具の点検および教師・保育士等のかかわりが安全面の確保に関して重要なことはいうまでもないことである。

　2017年改訂の幼稚園教育要領，幼保連携型認定こども園教育・保育要領でも，領域「健康」のねらいに「健康，安全な生活に必要な習慣や態度を身に付け，見通しをもって行動する」と危険の予知や見通しのある行動が挙げられ，内容には「危険な場所，危険な遊び方，災害時などの行動の仕方が分かり，安全に気を付けて行動する」と明記されている。2016年に出された「教育・保育施設等における事故防止及び事故発生時の対応のためのガイドライン（平成28年3月）」では詳細なリスク管理が求められている。そして2017年の改訂に伴って，全体計画の中に「学校安全計画」「学校保健計画」の作成が盛り込まれたのも，リスクが高まっている時代の要請といえよう。

　一方，事故防止の視点から固定遊具が撤廃されていく中，最近，園や公園で総合遊具を見かけるようになった。実際，1956年設置基準解説書の中に

は巧技台を使った組み合わせ遊具に関しては書かれているが，屋外の総合遊具に関してはまだ国内に範たるものが少なかったので，ジャングルジムとすべり台といった組み合わせ程度しか取り上げられていない。しかし，運動用具を設備するに当たっての考慮事項[12] として

　　イ．幼児が喜んで，楽しく，自由に，のびのびと遊ぶことができるか
　　ロ．管理や指導に便利であるか
　　ハ．危害が十分に防止できるか
　　ニ．保育室や他の施設および設備との関係はどうか
　　ホ．遊具相互間，他の施設や設備，園地全体との調和がとれているか

が挙げられ，これらの施設が保育室と関連し，遊具と遊具とを関連させて遊びが発展的，持続的になるようにすることや，狭い園庭では一つの遊具でいく種類もの遊びができる複合遊具の設置も提案されている。

　この複合遊具や総合遊具は，ブランコやシーソーといった単独での固定遊具とは異なり，複数の固定遊具の機能を有し，アスレチック的で冒険的な要素を含んだ総合的な大型遊具である。総合遊具では固定的な遊び方にとらわれず，滑る，くぐる，登るなど一つの遊具でいろいろな動作を経験することができる。その代表的なものとしてはフィールドアスレチックがあり，その主な特徴として松本尚は，「(1) 自然の環境・地形・材料などを使って器具や道具が作られている。(2) 都会では，自然に近い環境を人工的に作り出すことにより，自然をイメージした全身運動を行うことができる。(3) 木材や石・水などを使った遊具で遊ばせることにより，都会ではなくなってしまった大自然の感覚が育つ」[13] と述べている。つまり単体の遊具より総合的に組み合わせた遊具の方が，遊びの興味を持続させ多様な動きを誘発するのである。

　④　移動遊具や用具，手具
　運動遊びを促す環境として，移動遊具や用具，手具などがある。運動はも

ともと回旋したり転がったり這ったり体操したりと身体そのもので促進するのが基本だが，長ずるにつれて遊具や用具，手具を操作する面白さが遊びとなっていく。その手がかりとなる遊具として，昔から遊びに使われてきた竹馬やコマ，メンコのようなものを操作したり，運動的活動につながる縄（短縄，長縄），サッカーやドッジボールなどボールを操作したりする遊びがある。また，直接的に運動遊びにかかわるものではないが，ごっこの拠点を構成する木材やタイヤなども全身の運動を促進する。また，一輪車，ペダルなし二輪遊具，三輪車，二輪車やゴーカートのような乗り物の操作は，運動面の発達だけでなく，ごっこのきっかけとなり，友だちとの関係性をつなげることも可能である。

　これら移動遊具や用具，手具に関して，1956年設置基準解説書では，運動に必要な最低の基準として「すべり台，ぶらんこ，ジャングルジム，遊動木（橋），固定円木または平均台，シーソー，メリーゴーランド，太鼓橋，低鉄棒，のぼり棒，はしご」といった固定施設・遊具の他，「ごむまり，ボール，たまいれ台およびたま，マットまたはたたみ，綱引用綱，縄飛用縄，輪なげ，三輪車，スケート，その他車のついた乗物，砂遊び場，砂遊び道具（バケツ，シャベル，わん，ふるい，ます等），木馬，笛，ストップウォッチ等」[14]といった具体名が挙げられている。幼児教育を知らない者でも，こうした必要な設備，用具を揃えて最低の環境は準備できるという具体性がある。この具体性は，各園の創意工夫を縛る一方で，逆に遊びを知らない世代が教師・保育士等になっている時代には，最低の環境基準が見えることで，幼児の経験内容の偏りや園環境の工夫の余地が把握できるという良さもあろう。

（3）最低の環境基準による遊びの質の維持

　憲法や教育基本法，児童憲章といった理念法は高い理念を掲げて社会が共有する思想を創造していくが，学校教育法や児童福祉法，あるいは設置基準などの施策法・基準・規則等は，最低の基準を示すことによって，環境の質を維持しようとするものである。

　第二次世界大戦後の一律に定められた遊具ではなく，それぞれの園の地形や樹木等の自然環境を生かし，時代に合った庭環境とするために，1997 年に幼稚園設置基準に代わる幼稚園施設整備指針が出され，すでに 5 回改訂されて，各園が環境整備に力を入れるような全体的デザインの方向性が示されている。1956 年当時の夢に燃えた遊びの庭づくりの思想は，今日，自然の中にアフォーダンスをふんだんに埋め込んだ環境づくりに燃える園と，庭がない，あるいは庭への関心を失った園とに二極化している。

　つまり，幼稚園設置基準が大綱を示すものに改訂され，その後出された幼稚園施設整備指針には，理念や考え方などが掲出されているが，それはほとんど設置者レベルが読むもので，日々保育する担任が子どもの遊びとつなげる内容はもっていない。また幼稚園教育要領，幼保連携型認定こども園教育・保育要領，保育所保育指針も理念とねらい及び内容，実施に関する留意事項ともに抽象的なもので，これを具体化できない場合には環境の質も子どもの経験の質も上がらない。かつて「指導書」として担任が必携したような実践の具体を，市井にあふれる文献や情報等を精選しながら各園がつくりだす努力をしないかぎり衰退する一方である。教育・保育の主たる場所である園庭のつくり方は，自然の起伏を生かし，地勢や気候により生育する樹木を選び，水辺の知識をもち，子どもの運動を誘発する生理的，脳科学的，運動的，社会的，情緒的な知見がないとそのデザインを描けない。結局，あるがままの環境で教育・保育するしかないところが多い。それが 1956 年当時の最低基準にさえ満たない状態でも，子どもの経験内容に偏りが生じる状態でも，あるいは運動経験が欠乏する状態でも気づく情報がない。というより情報過多の中で情報に無関心になっていて，保育関連業者のカタログをめくる程度で，日々が慢性化しているといえようか。

　保育所と幼保連携型認定こども園については，保育室または遊戯室の面積は，「幼児一人につき 1.98 平方メートル以上」，屋外遊戯場の面積は，「幼児一人につき 3.3 平方メートル以上であること」が規定されている。しかし，「幼保連携型認定こども園の認可基準」(2016)，「児童福祉施設の設備及び運営

図表3-2-5 幼稚園・保育所・幼保連携型認定こども園の運動場・屋外遊戯場の基準抜粋

幼稚園	保育所	幼保連携型認定こども園
・運動場 ・園舎と運動場は同一敷地内又は隣接地 【現行幼保連携型の特例】 適正な運営に実績を有する既存施設から移行する場合， ・付近の適当な場所で代替可（通知） ・屋上（一定の場合）を含む取扱い可（通知）	屋外遊戯場（満2歳以上児を入所させる場合）付近の適当な場所で代替可。ただし，以下の要件（通知） ・利用時・移動時の安全確保 ・所有者等が信用力の高い主体	保育所と同じ。ただし，既存施設から移行する場合，付近の適当な場所で代替する場合，以下の要件 ・安全確保 ・日常的利用時間の確保 ・適切な教育・保育の提供

に関する基準」（2014）では，図表3-2-5のように屋外遊戯場は「付近の適当な場所」でよいことになっている。

　ここに環境基準を引き下げた結果として，子どもの遊び環境の保障が非常に難しくなっている。遊びの継続や遊びの流行は，一定の保障された空間があって可能なのであり，代替があるといってもそれは社会的経験の場としては適切であっても子どもが夢中になって遊び込む場所にはならない。園庭のない施設の増加は，屋外での全身を使った遊びの継続性や持続性が保障されないために，子どもの運動能力の低下だけではなく，身体的な自律神経系統の発達にも悪影響を及ぼすことが懸念される。人工的な空間に長時間おかれ人間関係の軋轢にさらされるストレスは，奇声を発したり室内を走り回ったりして発散するしかないが，室内ではそうした動的な動きは制限され禁止される。また自然体験の不足は，生物の生態や自然現象への興味関心をもつ機会を失い，サーカディアン・リズムも変調をきたす。子どもの最善の利益を謳いながら環境の質が低下する現象を食い止める叡智が緊急かつ広域にわたって必要な時代を迎えている。

2．動きたくなる環境の条件

　子どもが動きたくなる気持ちを引き出す環境には人的環境としての教師・保育士等の役割と物的環境である物や場の2つの捉え方がある。筆者はこの視点から，運動遊びを高める環境の条件として，

　　1）動きを引き出す環境
　　2）運動有能感を引き出す環境
　　3）環境としての教師・保育士等の役割

の3つの観点から考えたい[15]。これら3つの観点は，関連し合って環境としての効果を上げていくのであるが，便宜上，それぞれの観点から捉える。

（1）動きを引き出す環境
　環境の中に，子どもの動きを引き出してくれるものがある。たとえば，筆者は，子どもたちの登園時に，園庭の地面の上に，昨日はなかった波型の白線を引いておき，登園してきた子どもがどのような行動をとるか観察した。すると，線の横を沿って歩いていく子，線を跳び越して部屋に入ってくる子などいろいろな子どもの動きが観察された[16]。この子どもの動きを引き出したのは，園庭に引いた波型の白線と，そこでいろいろな動きをしていく子どもの動きが，次の子どもの興味を湧かせるという社会的アフォーダンスの広がりである。同様に，すべり台，巧技台，ブランコ，築山や樹木など，子どもの周りにある物理的な固定された環境は，子どもの動きを引き出す。子どもは，環境が提供する情報に自分にとっての価値を見いだし，それぞれの発達に応じた動きで対象と自分の身体との関係をつくっていく。ブランコやすべり台のような固定遊具は，3歳児のときは，滑ったり揺れに身を委ねたりするものとして使用しているが，5歳児になると，鬼ごっこの場所や基地な

どイメージを加えた遊びの場所に代わっていくのである。

　物理的な環境と動きの関連だけでなく，遊びの道具・遊具も動きを引き出す環境要因の一つである。竹馬やかんぽっくり，一本下駄，三輪車やペダルなし二輪遊具，一輪車，あるいは縄やゴム紐，様々な種類のボール，紙飛行機や風車，さらにスコップやシャベル，鋸や金槌といった道具類まで，子どもの興味・関心の対象となると遊びに使われる。冬場になるとコマが流行りだし，コマを回している風景を思い出してみると，一人で黙々と回そうとしている子もいるが，どちらかといえば，数人が集まって回している姿の方を多く見かける。よーいドンで回すわけはないが，一人が回すとそれにつられるように数人が続けて回しだす。一人の子どものコマを回すという動きが伝染して他の子どもたちが回すという動きを引き出しているのである。

　また，運動会の前後になるとバトンやそれに代わる道具があるとリレーごっこが流行りだす。よく見かけるのが，エンドレスリレーであり，その際，2つの環境が遊びを方向づける。一つは，数十メートル離れた地点にコーンなどを立ててそれを回り，戻ってきてタッチをする直線リレー，もう一つは走るコースを楕円のトラックにしてその周りを走るというやり方である。筆者は，5歳児になると楕円の方を推奨している。リレーではどうしても早い人と遅い人がいる。その結果，一周遅れなどが生じてしまい，早い方のチームの子はわざと歩き出すこともあるが，後ろがある程度追いついてくると慌てて走り出し，追いつかせないようにする。ここに重要な点がある。つまり，どこで走り出すかである。自分と競争している他児との距離が，ここまでなら追いつけないという予測があるから，子どもはわざと歩いたりして，走り出すタイミングをうかがっている。この距離感を感じやすいのが楕円でのリレーだからである。

　道具が動きを引き出す例として，幼児が網を持ってトンボなどの虫取りをすると，始めのうちは必ずと言っていいほどトンボと一緒に走り出し，走って網で虫を取ろうとする。つまり，網が駆け回るという動きを子どもの中につくりだしているのである。やがて，トンボが草や棒などに止まったときを

狙うようになる。トンボの特性をつかみ，同時に動く方が有効なのか，静止したときに自分が動く方が有効なのかの関係がわかってくるからである。

さらには，生活環境自体が子どもの動きを引き出す。金井幼稚園（横浜市）では少し高台にある保育室に行ったり園庭に降りたりする中間に，階段とスロープと垂直の崖とすべり台があり，いずれかの通路を選択して行き来する。園舎の裏には，飼育小屋があり，その脇に起伏ある畑があり，窪地があり，園内を移動するだけでいろいろな動きと相当な運動量を経験する。施設自体を運動する生活や遊び空間として活用しているのである。

あるいは，あゆみ幼稚園（横浜市）には，保育室から一段上に広場と畑のある園庭，さらにはその上にも広場と遊具がある園庭があり，自然の起伏のある地形を生かし，遊びや生活の必然から縦空間を移動することで，子どもたちは一日中動き回る。地方の大自然が動きを誘発するスケールではないが，都会にこれほどの起伏ある空間を用意できるのも，かつての設置基準では実現できなかった環境であろう。安部幼稚園（横浜市）も，一つの山を子どもが育つ時空としているので，生活が大きな動きと運動量を引き出すことに変わりはない。

こうした大自然の中で生活や遊びを軸においた教育・保育が，今，全国的に展開されるようになり，北は北海道から南は沖縄まで，挙げたらきりがないほどに子どもが自然に還る環境を用意する兆しが見られる。恵庭幼稚園（北海道）の園庭の自然は，森へとつながり川で魚釣りをしたり森を駆け回ったり，デイキャンプをしたりと保護者にとっても憩いの場ともなっている。また，こどもの森幼稚園（長野県）は，起伏に富んだ森を生活や遊びの場とし，さらに飯綱高原一帯を保育の場としている。ささやかに飯綱高原から始まった日本における森の幼稚園のうねりは，全国的ネットワークを組んで広がりをみせている。三瀬保育園（山形県）のように，海と山と雪のある大自然の空間を保育の場としているところもある。1956年設置基準解説書で，“村落の子どもは自然そのものの中で生活し，自然的な遊び場は至るところに求められる”と言われたのは半世紀前のことで，大自然があっても村落の子ども

は遊んでいない。そうした中で今，大地に根を張った新たな取り組みが始まっているのである。

　しかし，自然の中で生活や遊びを充実させる園と，庭もない幼保連携型認定こども園，保育所とのギャップは広がる一方で，子どもにとって何が法に謳う最善の利益かと疑念を抱かざるを得ない。10 年後，少子化により待機児童問題が解消して環境の質向上が再び施策として浮上するのか，さらに悪化していくのか，学童保育も含めて子どもの居場所を検討していくことも日本の課題であろう。

　もちろん現時点では，園庭がなければないなりに工夫するしかない。和式トイレがなくなったために，しゃがんだ姿勢が維持できないといった日常の生活も運動に大きく影響することを考えて，室内でも生活の仕方を見直すことになろう。ある園では，5 歳児になっても玄関で 10 分ほど座って靴を履いていたり，床に座って着替えをしたりしている。登降園のかばんを保護者が持つだけでなく，バギーに乗って登降園する幼児もいる。遊び道具の出し入れも教師・保育士等がやり，絵筆や水入れを洗うこともしない。部屋の掃除もしなければ，絵本も出しっぱなしである。園舎はバリアフリーで綺麗に建て替えられているが，生活活動に覇気がない。つまり子どもは自分たちの生活でありながら，すべて大人に依存し，動かず，管理されているのである。そして秋から春までは暖房，夏は冷房を効かせるだけでなく，冬の弁当は暖めて夏の弁当は冷蔵するといった，まさに生きることから隔離された子どもの生活である。

　バリアフリーの良さを生かし，それを必要とする子どもには手厚く配慮しつつ，発達に合わせて生活環境に困難を埋め込むことで動きが引き出され，覇気が戻ってくる。まったく戸外で運動ができない環境であれば，ぞうきんがけや給食の配膳，保育室の掃除，使った物の手洗い洗濯など全身を使う運動で室内での動きを増やし，公園等との併用を考えていくことも一つの知恵である。

　園庭や公園，町に，どれだけ子どもが自分にとっての価値を発見し，かか

わる対象があるか，また子どもが外で身体を動かして遊びたいと思うために，物理的な環境が用意されているかが，未来の健全なる心身の健康，ひいては健康寿命と深く関係するといっても過言でない。

(2) 運動有能感を引き出す環境

　運動有能感を引き出す環境とは，子どもが運動に自分で挑戦し，環境との関係を自分の力で変えていくような機会を含む環境である。この有能感を得て自分の自信に変えるのは，ハーターの研究が示すように，それを確認する親や教師・保育士等といった大人の存在が必要になる[17]。児童後期の子どもは大人からの確認を取らなくても自分で有能さの意味を理解できるが，幼児期の子どもには大人の支えが必要なのである。支えるといっても遊びを支配するのではない。子どもが親や教師・保育士等，あるいは身近な大人に対して，「見て！見て！」と訴えかけてくる，その見てほしいことを見るのである。筆者はこの現象を“見て見て現象”と呼んでいる。この状況で，大人が訴えかけてきた子どもに対して，「見たよ，見たよ」と喜びに共感し，ときには本人が確認してほしいところを「よくできたね」と確認する。それは，褒めるとか，励ますとかいった大人側の評価ではなく，あくまで子どもが見てほしいことに共感し，一緒に笑い，喜ぶことである。

　たとえば，ボールを持って走ることは両手の振りでバランスを取ることができない上，足もとから前に向けた視線がボールによって遮られた状態なので3歳児には結構難しい動きである。だからこそ，大人にとっては単純と思える動作でも，できたときに子どもは教師・保育士等に自分のその雄姿を見てほしくて，「見て見て」と繰り返しアピールする。また，子どもが単に鉄棒にぶら下がれたとき，ぶら下がるときの手のにぎり，身体の重さを手に感じる感覚，空間に身体を浮かす感覚を感じ，その感覚を確認し伝えるために，やはり見てほしいとアピールするのである。同様なことは，プールの伏し浮きの事例においても見かけられる。たとえば，水に顔をつける，偶然浮いてしまった自分の感覚，それを何回か動きで確認して「見て見て」と誇らしさ

を伝えようとする。こうした場面で大人が単に「できた」とか「すごい」という評価だけではなく，子どもが何を見てほしいのか，また，どこを見るかという視点をもちつつ共感し，評価を返していく対応が，子どもの行動の拠り所を形成していく。

　幼児は，見てもらった，共感してくれた，喜んでくれたということがわかるまで，あるいはわかってもなお，訴え続ける。共感してくれないことは社会的な行動としては評価されないと悟るからである。自らが感じた自己有能感に大人が共感してくれたと思うと，それが次の行動の自信へとつながる。子どもにとって大人は，その有能感を支え認めてもらう存在である。5歳頃には他律から自律へと変容し，既経験になると見てほしい要求は減り，自分で判断して動くようになる。他者を自己の成長を確認する環境として利用しそこで得た受容が，やがて自分を自分で受容することにつながっていくので，自己有能感が安定してくるのである。

　自己有能感を味わう場は，室内より戸外の方が多くある。室内の家具調度，道具などの工作物は大人用に，しかも壊さないようにつくられており，散らかさない，壊さない，騒がない，汚さないといった子どもにとっては"いけないづくし"の環境のため，叱られることは多くても認めてらえることは少ない。まして，配膳を手伝って「見て」と言っているうちにこぼしたり，食器を割ったりすることもある。遊ぶための子どもの遊具や玩具も，すでに使い方の意味が付与され，室内では基本的に壊さない，汚さない，散らかさない，騒音を立てないことが求められるのであり，自己有能感につながりにくい。

　子どもは戸外に出ることで多くの環境に出合い，そこで今までやらなかった動きや活動が引き出され，新たな挑戦に挑む。2歳児でも，落ち葉を拾って「見て，見て」と言う。「きれいな色だね」「はっぱだね」「拾ったのね」と応じるだけで，喜びを表す。穴に石を投げたり，拾った棒ですべり台を叩いたり，砂をパラパラ投げたりしても社会通年からみた逸脱や，迷惑になる他者がいなければ咎められることもない。こうして子どもは，許容される範

囲で動きを引き出してくれる環境を見つけ出していくのである。

　自分で何か挑戦してみようと思う環境は，自分が初めに出合ったときの環境との相互関係から，新たな環境との相互作用の形成という方向に行動を引き出す。そこには二つの作用が一つになる状況がみられる。就学前教育施設は，親や兄弟姉妹ではなく，教師・保育士等や友だちという第三者とともに生活する場である。この生活の場には，今まで自分を守ってくれた親の存在がない代わりに，お互い刺激し合い，共振し合い，ときには非難し仲間はずれにしても，認め合う友だちの存在がある。その仲間が少し努力すればできそうだと思わせるモデルとなって，今までできなかったいろいろなことに挑戦する機会が生まれる。子どもが階段から飛び降りをしている風景を見かけることがあるだろう。3歳児は，一段目からの飛び降りが成功すると，次はもう一段上へと飛び降りる高さを上げていく。飛び降りる高さを上げ，成功することが子どもに自己認識され，さらに新たな変化を求めていくためである。数人が群れて同じように高いところから飛び降りる遊びになると，次第に自分と階段という関係だけでなく，他児の存在が意識される。飛び降りる高さを上げ，成功することを他児にも見せ，他児もそれが見えることで，さらに個々が新たな変化を求めていく。5歳児になると，この挑戦は自分だけの挑戦ではなく，仲間と共有する目的となっていく。鉄棒の前回りができるようになると友だちが自分のことのように喜んでくれる，そこで得る，仲間から受け止められているという気持ちは，重要な有能感の役割をする。その意味では，仲間関係というものも有能感を引き出してくれる大切な環境の一つである。"もの""こと""人"の関係の中で自己有能感は形成されていくからである。

　筆者は，なかなか遊び込めないでいる5歳児について，担任から相談を受けた際などに，コマで一緒に遊んでみたらどうかと提案することがある。コマを最初からすぐに回せる子どもなどいない。しかし，何度も練習を重ねていくことで回せるようになっていく過程に遊びが生まれる。遊び込めない子どもに活動が生まれ，繰り返せばいつかはできるようになる。この経験の積

み重ねによって，コマと自分の関係が変化していくのである。回せないというモノとの関係から回せるという関係になる。回せるようになった子どもは自分で環境（コマ）との相互関係を自分の力で変え，そこに有能感を感じることができる。今までなかなか遊べなかった子どもがコマを回せるようになると，友だちと話をしながら回したり手に持ったりしながら，他の遊びにも参加しようとする。これは，コマという遊具が子どもの有能感を引き出しているからである。3歳児が手回しコマに夢中になるのも，4歳児が糸引きコマに凝り，5歳児が投げコマに凝るのも，年齢相応に積み重ねる有能感が違い，満足度の深さが違ってくるからである。だからこそ，こうした遊びは子どもの世界で伝承されていくといえよう。各園の保育年限に応じて，子どもが遊びで得る有能感の広がりと深まりを環境に埋め込んでいくことが，教師・保育士等の仕事である。

(3) 環境としての教師・保育士等の役割

子どもは親や教師・保育士等の背中を見て育つ。よく見ているだけに，自分の影響を子どもの姿から読みとることが必要になる。戸外で伸びやかに育つ力を生かしたいと願う担任は戸外にいる時間が多く，その組の子どもも戸外の活動が多い。逆に室内で静的な活動を好む担任の組は，子どもも室内にいることが多いというように，担任の好み，言動を映すのは，良きにつけ悪しきにつけ，それだけ身近なモデルとなっているからである。

子どもが戸外で伸びやかに丈夫に育ってほしいと願うのであれば，まず教師・保育士等が外に出ることである。チームティーチングや学年の協働が可能な場合は，一人が登園時の持ち物始末などを見守り，もう一人が登園する幼児を外で出迎えながら何かしていると，必ず幼児はかばんやリュックなどを自分のロッカーに片付けると，すぐに外へ出てくる。教師・保育士等に限らず親や親しい人がいるところが，幼児が遊び場所を選択する一つの条件になっているからである。ガマの油売り，バナナのたたき売りではないが，人がいるところ，群れるところに集まるのが人間の本性である。それは，危険

を感じず快適そうで，興奮した人の動きや歓声・さざめきがあり，夢を見られる期待や，良い物を手に入れたり満足や感動を得たりすることができそうだと思わせる空気があるからである。園庭にいる教師・保育士等は，そんな子どもの夢や期待や興奮を提供してくれる存在としてある。霜柱を見つけた，蛙がいる，遊具を倉庫から出した，その続きを引き受けて子どもが活動できる予感があるからである。教師・保育士等が外にいるということは，子どもの目を外に引き出し，全身での動きを経験する機会を提供する環境となっているのである。教師・保育士等は子どもの「動きを引き出す」ための鍵になるといっても過言でない。

　人的環境のもう一つは，学級・学年・他学年の子どもが群れていることである。そこには同様の期待以上のわくわくした感じ（それは大人がいる以上のものである）があるからである。子どものいない公園に子どもは集まらない。狭くても遊具が少なくても人が集まるから集まるのである。園庭が子どもの集まるところとして魅力を醸し出す場所にすることが求められる。

　泥団子づくりの広がりを見るとそれがよくわかる。一人の子が黙々と泥砂団子をつくり始めると，それを見ていた子どもが自分もという形で同じように団子をつくり始める。団子自体は自分一人でつくるのであるが，友だちが団子をつくりやすい泥を見つけ出し固めだすと，後で始めた子がまねをして同じ泥を使って同じようにつくっていく。初めは一人だった泥団子づくりに，クラスの多くの子どもが自然と参加しはじめてくる。彼らが遊ぶための材料は団子をつくりやすい泥と少々の水である。この活動は基本的には一人遊びのような形で進められるが，全体の活動を眺めれば並行遊びの形をとっている。材料の泥の選択やつくり方を見ていくと，子どもの間で情報伝達が行われており，そこには，小さなコミュニティもどきの関係が存在している。同様なことは，シャボン玉遊びでも見られる。一人がシャボン玉をつくって遊び始めると，最初は，そのシャボン玉を捕まえようとする子などが集まってきて，次第に道具を探しに行き，シャボン玉を始める。その際，面白いことに，後からシャボン玉を始めた子どもたちは，それぞれの場所でシャボン玉

を飛ばすのではなく，最初に始めた子や自分より先に始めた子の側に寄って
来て一緒にシャボン玉を飛ばす姿をよく目にする。また，5歳児のやってい
た鬼ごっこなどの遊びを見ていた4歳児が，進級後，自分たちで同じ遊びを
同じ時期に始める様子もよく目にする。このように遊びは物と場を媒介に学
年を越えて伝承されていく。ある時期がくると，5歳児が昨年やっていたの
と同じような遊びが出現して，学年を越えて伝承されていくのである。

　次世代への遊びの伝承は，日々の模倣の積み重ねでもある。5歳児が使っ
ていた遊び道具を3歳児が偶然見つけてきて，同じように使おうとするのだ
が，発達的な違いがあるため，どうしてもうまく使いこなせず，最後には，
自分たちに合った形で5歳児の動きに近づけようとすることもある。さらに，
おしくらまんじゅうやはないちもんめのような遊びでは，遊びそのものの動
きが子どもの中に動きや歌のリズムに合わせて伝承されることもある。5歳
児の動きが社会的アフォーダンスとなって4歳児・3歳児の動きを引き出し
ているのである。しかし，こうした他学年との共振も，教師・保育士等との
関係の安定があってこそのものである。子どもにとって教師・保育士は園で
安心して生活するための軸となる存在であり，子ども世界の人間関係をア
フォードしてくれる重要な他者である。子どもはまず教師・保育士等との関
係性を直接知覚することで対人関係的な自己を知覚しているのであり，そこ
では，言葉でのつながりよりも，第三者である教師・保育士等の身体の動き
と本人との相互作用を通して得られる情報によって対人的な行為が成立して
おり，そのとき，当然子どもも動いているのである。

3．健康からみた就学前教育という共同体

　ルソーが乳幼児期の子どもの心身の健康のモデルとしたのは，貧民の子ど
もである。日々の生活に追われ，たとえ幼くても家の手伝いに明け暮れ，粗
食で粗末な衣をまとう。その子どもの方が手厚く保護された富貴の家の子ど
もより免疫力が高く，食料も自力で調達し，生きる力をもっている。それは

富貴な人々へ，というより人類への大きな教訓であった。

　人間も自然界の一員である以上，その掟・法則が支配しているのであって，自然の法則を己が支配できるのではない。これほどに文化が発展した現在では，自分の身体でありながら自分の身体を自然に戻すことが難しい。ここでは動物の健康法に学びたい。

（1）動物の自然健康法

　野生動物の健康に関心をもつのは，筆者だけではあるまい。人類は，野生動物に学んで多くの知見を得てきた。しかし野生動物の棲息環境を脅かしてきた人間は，今なお生態系の破壊を行い，絶滅種を増やしている。エンジェルは，「世界自然保護基金（ワールドワイド・ファンド・フォー・ネイチャー）の調査によると，地球上の動植物の三分の一以上が地表のわずか 1.4 パーセントにとじこめられている」[18]という。汚染物質で汚染されていないところは地球上にはほとんどなくなっている現状から，気候変動，森林保全，海洋保全，水産物管理，綿花や砂糖などの農産物，水など多岐にわたる人間の持続可能な環境づくりの活動を行っている世界自然保護基金に賛同した同基金では，絶滅の怖れのある野生生物を救うだけでなく，「野生生物が生きる上で必要な森，海，草原，湿地などの生態系を保全する活動」を 100 か国以上にわたって展開している。

　それは生物界の自然の循環を取り戻す作業で，それぞれの生物が健康に生きる環境の保障である。生物の棲息環境を守ることは，生物が健康に生きることを保障する取り組みでもある。

　エンジェルは，「生存はすぐれた資質の重要な側面である。たんに生き延びるだけでは十分でない。野生動物は他個体との競争に勝って繁殖するためにできるだけ健康な状態で生き延びなくてはならないのだ」[19]として健康な状態を生き延びる環境との関係に注目する。クロード・ベルナールがいう恒常性のメカニズム（生体の内部や外部の環境因子の変化にかかわらず生体の状態が一定に保たれるという性質，状態を指す）は 1859 年に提案され，キャノンが「ホメオスタシス」と命名した概念である[20]。

　恒常性の保たれる範囲は，体温や血圧，体液の浸透圧や pH をはじめ病原微生物やウイルスの排除，創傷の修復など生体機能全般に及ぶ。元に戻そうとする負のフィードバック作用をつかさどるのは間脳視床下部の指令を伝達する自律神経系や内分泌系（ホルモン分泌）が担っている。自然環境破壊は，そこを壊していく。それでもなお，生物はホメオスタシスによって健康法を自ら実践する。エンジェルは，生物は「生理と行動はたがいに補いあって体内状態の『バランス』をとり，それによって健康をたもっている。健康維持行動は恒常性で説明できる面が多い。その他，グルーミングや休息や絶食などの行動は自己管理とよばれる」[21] とする。さらに生物には養生法としての自己治療がある。

　植物は身を守るために棘やいがなどの形状，構造的な防御力をもつだけでなく，タンニンやアルカロイドなどの二次化合物を合成し，それは 10 万種類にのぼるといわれる。多くの有毒な二次化合物は，苦い味がする。その二次化合物で植物は昆虫や菌類，細菌の攻撃からわが身を守る。また，植物は攻撃を受けたとき，二次化合物を放出してわが身を守る。草食動物からの被害を免れるために，成長や生殖を妨げるカフェインやニコチンを生体内に保有し，被害を最小限に抑えるといった働きや，他の植物との生存競争を減らすために二次化合物を放出して，枯らしてしまうといった働きもする。さらに，植物は，種子の皮に天然の保存料となるタンニンを含み，果実の腐敗を防ぐとともに，未成熟の果実は味を悪くし，成熟して種を拡散してほしい果実は甘くして，動物の消化管内に滞留しないようにする。こうして植物は，動物の健康と行動を支配しているのである。

　一方，動物はこの植物のつくる毒を利用して，自己治療を行う。植物が自己防衛のためにつくった二次化合物を利用し，摂取量を調整して下痢や痛み止め，疫病，止血などに活用する。たとえば，ジャガイモの塊茎の緑色の部分に含まれるソラニンは，食べ過ぎると流産したり胎児の二分脊椎のような先天性欠陥を引き起こしたりするとされるが，少量のソラニンをマウスに与えた場合，細菌性の感染症を防ぐ。人間が赤ぶどうに含まれる抗菌物質をぶ

どう酒から摂取して心臓病や癌にかかりにくくするように，すべての動物は，植物だけでなく，昆虫食で毒を取り入れて身体防御に役立てている。2015年にノーベル生理学・医学賞を受賞した北里大学の大村智特別栄誉教授も，土中の微生物を培養し，微生物がつくる化学物質から 25 種以上の医薬品を実用化しているように，動物は，土や糞や自らの角や尿，あるいは同類の骨なども摂取して体調を整え，病気を治療していく。

　必要な栄養素をどのように見つけ，バランスをとっているのかについて，エンジェルは，「快楽フィードバック」と「摂取後フィードバック」といわれる作用があるとする。自然淘汰に打ち勝ち生き延びてきた動物は，エネルギー豊かな甘い食物を好み，苦い味を嫌い，塩味をおいしく感じる快楽フィードバックをもつとともに，食べたものの因果関係を学習し，摂食を調整し不足を補う摂取後フィードバックをもった動物たちだとする。

　また，エンジェルはモーリス・メッセゲの言葉「野生動物は毒とは無縁に生きている。なぜなら，彼らはどの食物を選べばいいかしっているからだ。それは，野生動物が家畜になると失われる本能である」[22] という 行（くだり）を引用する。野生からはるか遠くに位置し文化発展を享受する者には失われた本能なのかもしれない。しかし，エンジェルは，「哺乳類のこどもは母親の子宮内で，母乳から，また母親の食べているものの味見をすることによって，安全な食物の味と匂いを学習する」[23] として，ラットは子宮内ですでに危険なものの匂いを嫌い，安全なものの味を好み，ヒツジやヤギの赤ちゃんは母親や仲間から食べるのに適したものとそうでないものを学び，象の赤ちゃんは母親の口から食物をとって自分で味わい安全なものを確認する，そしてたびたび味見して体内に解毒酵素をつくっていくとする。哺乳類が毒性の強いものを食べた場合，嘔吐や下痢で毒を体外に出すか，土や泥，粘土などを食べて毒を消す。ただし，こうした物質には寄生虫や有害なバクテリアも多く，見極めることが必要になるため，蟻塚の下層土を選んだり，山火事でできた炭などを食べたりする知恵を遺伝子に埋め込んでいく。

　こうした植物と動物と細菌や微生物とが，互いに相手の特性を利用し，自

然界の好循環を生みだしていることが，生きることである。今日でもマサイ
族の集落には薬屋があるわけではない。民族によっては，動物と同じように，
植物界や鉱物界から薬を調達し，毒でもって身体の毒を制することを実践し
ている。人間の子どもに母乳を勧めるのも，生まれるときは野生の本能が備
わっているということであろう。

　文化が発展した先進国の人間だと自負していることは，生きるという点に
おいてはすでに自然淘汰される側に仕分けされた人間だともいえる。それを
物語るのが，運動能力の低下，耐性の低下，生きる力の低下といった本書で
述べてきた課題とつながるところであろう。

(2)　"天命我にあり"を実践する実践共同体

　生物界が循環する不可思議な世界であるならば，健康を考える根本は大地
に生の営みが満ちるような自然と共生する環境・文化を生みだすことであ
る。疫病も鳥インフルエンザも，あるいは空気汚染も，一国では解決できな
い問題に遭遇しているということは，地球号の住人のすべてが一つの社会を
共有しているということである。ルソーが，「自然は体を強くし成長させる
ためにいろいろな手段をもちいるが，それに逆らうようなことはけっしてす
べきではない」[24)]と述べているように，自然の中で遊ぶ子どもは身体が鍛え
られ，成長している。このように，戸外遊びという運動の経験の中で幼児は
「生きる力」を自然と学んでいるのであり，「生きる力」を学ぶために運動遊
びをしているわけではない。遊ぶことで自然と学びが成立していくような環
境を私たち幼児にかかわる者だけでなく社会全体がいかに提供していくか
が，子どものよりよい環境を生きる権利（環境権）を保障することにつなが
るのではないかと考える。

　しかし，住田正樹は，戦後の日本人の社会意識は，公共的・公務的な意味
での「公」生活から私的なことという意味の「私」生活へと変化していると
する[25)]。自己意識が増した転換期の第一期から，高度経済成長期が決定的な
転機になった第二期の「家族主義的私生活化」を経て，第三期の「個人主義

的私生活化」へと移行しているということである。このような宇宙的規模の社会を生きながら私人としての小さな枠の中にいる。この社会意識の変化が，子どもを取り巻く社会環境を変容させ，結果として身辺の自立や運動などの健康問題にも大きく影響を与えているといえよう。

　就学前教育の教員・保育士等の資格を目指す学生たちは，サーカディアン・リズムの話などほとんど知らない。多くの学生が深夜 1 時過ぎに床に就くという。なかには寝ないといけないといった強迫観念にとらわれて布団に入ってもなかなか寝付かれないという学生の訴えもある。昼間，10 分程度日光に当たり，1 キロほど歩行するだけでも十分な活動量だという認識である。こうした学生が，自覚症状もないままに食事や睡眠のリズムの乱れを抱えていることは，子どもの教育以前の問題であろう。

　内閣府食育推進室の「平成 21 年度大学生の食に関する実態・意識調査報告書」[26)] では，朝食摂取の状況は，「ほとんど毎日食べる」者が約 6 割（61.1%）となっている一方，「ほとんど食べない」者も 1 割以上（13.3%）存在している。そして，夕食開始時刻が遅い者ほど，朝食の欠食頻度が高くなっている。また身体面の健康状態（自己評価としての健康状態）との関係をみると，健康であるという回答者，栄養バランスへの意識が高い回答者ほど朝食の摂取頻度が高くなっている。

　朝食をとらない者は当然，夕食の時間も不規則であり，夜 10 時，11 時以降に食べている。朝食をとらない理由は，もっと寝ていたいから（60.5%），身支度などの準備で忙しいから（39.1%），朝食を食べるのが面倒だから（32.1%），朝食の時間がもったいないから（27.3%），食欲がないから（25.2%），朝食の準備や後片付けが面倒だから（21.2%），以前から食べる習慣がないから（9.2%），お金がもったいないから（5.7%），太りたくないから（4.2%），その他（4%）である（複数回答）。

　おそらく，この学生たちも幼児期からの生活リズムの乱れが慢性化していて，自分の生活リズムがおかしいとも，疲労が蓄積されているとも感じない状態が日常になっていると思われる。

　それは，総務省統計局が5年毎に実施している社会生活基本調査にみる日本人の睡眠時間が先進国の中でもかなり短いこと[27]からもうかがえる。世界の最長寿国といわれながら，一方で睡眠時間がかなり短い国というズレは大きい。学生の世代が親になって，またこの世代循環を繰り返していくうちに，昼行性の動物から夜行性の動物への適応を獲得する者が出るのではないかと危惧されるほど，生活リズムは私的なものになっている。

　筆者が幼い頃よくした遊びに「缶蹴り」がある。鬼になった子どもは隠れている子を探して見つけたら缶を踏まなくてはならない。その際，見つかった子は走りこんできて，鬼が缶を踏む前に缶を蹴ろうと試みる。その瞬間的な時空間の把握，両者の競り合い，鬼が自分で缶を踏まない限り交代にならないというルールの厳しさがこの遊びの面白さである。筆者の記憶では，大体いつも鬼になった子が最後は泣いて終わるが，その泣いた子を含めてまた翌日も同じ遊びを繰り返していたように思う。この遊びは建て込んだ町家の近隣でよく見かける遊びの一つで，空間の狭さや死角が多いことが遊びにスリル感をもたらし，面白くするもう一つの要因である。

　しかし，缶蹴りを最近めったに見かけない。筆者が教えている学生にこの遊びを聞いても良く知らないという学生が非常に多い。こうした遊びが伝承されず子ども時代に缶蹴りを経験しないまま成長してきた若者や親が増加しているといえよう。若者たちは教室で勉強などしている場合ではない，まずは自立し，自己組織化する能力を高め，自己治療するだけの自然を取り戻すことが先決ではなかろうか。缶蹴りでも竹馬でも農作業でもいい，没頭して戸外で活動することが先ではなかろうか。そんな疑問もわいてくる。

　自然界は，自己組織化する能力を失った者から自然淘汰される。そう考えれば，これからの保育や教育が目指すものは，子どもに自己組織化できる時間と免疫と自然を提供することであろうか。子どもをどう遊ばせるか議論をしている余裕などないほどに，まずは，大人の問題を解決しないかぎり，次の時代の子どもは救われない。

（3）就学前教育施設の新たなる役割

中村和彦は，遊び時間，遊び空間，遊び仲間という三間に大きな変化がみられるとする[28]。外遊び時間の減少，外遊びから室内遊びへの移行，遊び集団の縮小と，この三間が消えているのである。猿渡智衛も子どもの心の成長・発達につながるような遊びの三間の確保が非常に困難となっているとする[29]。

仙田満はまた，年々破壊されるあそびの原風景[30]から，遊び環境の大きな2つの変化を捉えている。まず，第一の変化は，1960年代をピークとした変化で遊び集団の減少が起こり，縮小の変化を示している。また，第二の変化は，質的な変化で，「あそび時間，あそび空間，あそび集団，あそび方法といったあそび環境の要素に影響を与えるのは，社会構造，文化構造，都市構造である」[31]とし，これらが複合する影響によって歪みを生じているとする。

佐藤一子は，1970年代から90年代にかけての「地域の教育力」の捉え方は，地域社会の地縁的・規範的価値から住民参加による合意形成と地域づくりへ，そしてさらに子ども自身が主体的に参加し，大人とともに育ち合う人間同士の共同関係づくりの模索へと，意味内容が変わってきている[32]，とする。このような地域の教育力を高めるコアになるものが，以前は地域のコミュニティであったが，現状は前述したよう就学前教育施設や学校が地域のコアになり，中心となってコミュニティを広げようとするのが現状課題ではないかと考える。

長寿の村，健康な町といったスローガンを打ち出し，国を挙げて長寿社会への対応に追われている。子どもの遊びを保障できる村や町が生まれるとしたら，それは健康寿命が長い村や町からであろうか。また，遊びの中に生活があり，生活そのものが遊びである幼児に，生活や遊びを通した学びを保障してくれる新たな地域の役割を担う場が，就学前教育施設や学校になっていくという発想の転換によって，新たな村や町が生まれてくる可能性もある。学校等は従来の3R'S（読み書き計算）を家庭に返し，生きることを学ぶ場と

しての地域の中核的役割を担うのである。

　そんな逆説的な思考実験を検討する意味があるのではないかと思うほど
に，地域社会がばらばらになっている。高度経済成長前までは，遊びや生活
の場の核となっていた地域社会も今は崩壊している。地域社会が消滅すると
いうことは，子どもの遊べる場がなくなってきていることを意味しており，
結果として，幼少期から子どもの「生きる力」の基礎を培うことが困難になっ
てきたことを意味する。

　子どもが安心して遊べる，学べる場である地域社会を再興していくことは
容易ではあるまい。少子高齢化による限界集落も増える一方であり，女性就
労の波が子どもを長時間施設に収容しているため，人影すら見あたらない町
もある。子どもの発達を保障し，結果として運動能力の向上，生きる力の向
上につながっていく社会を形成することが急務である。こうした見地から，
就学前教育施設の役割が大きく変わってきている現状を踏まえ，新たな地域
の創造にそれぞれが果たしていく役割を国民の叡智をもって考えたい。それ
は待ったなしの大事業であろう。

おわりに

　乳幼児期の保育および就学前教育における健康を考える基礎は，生物学・生理学と生態学および生命体を取り巻く社会文化と関連させた環境学にあるとするのがシリーズ編者である私の持論である。もちろん，健康については健康運動科学・体育運動科学あるいは薬学や医学の分野といった生を取り巻く諸々の分野の学が深く関連するのだが，乳幼児期の健康を考えるには部分ではなく生命体そのもの，生命体を取り巻く全体の中にある視点を抜きには語れないと思うからである。

1．生命体のホメオスタシス

　生命現象を研究する生物学の一分科として，生命現象を機能の側面から研究する生理学が含まれるが，本稿で扱ってきた生理学の視点は生命現象と身体内部のホメオスタシス（恒常性）の機能が主である。第1部に挙げた身体の仕組みは，健康を語る基体の機能の概要，つまり生物学であり生理学である。人間の生命現象をつかさどる生命体の構造，諸機能，諸器官の働きを知ることが"我"の存在を証明する一つである。

　なぜなら，身体は開放的な系として外界と自由に交換しており，常に消耗され破壊されながら常に修復の過程をつくりだし新たに築きなおされる驚くべき生命体だからである。キャノンが生命体の「『内部環境』の不動性こそ，自由で独立した生存の条件であり，生命を維持するに必要な機構はすべて，それらがいかに変異に富んでいようとも，ただ一つの目的を有している」[1]というように，生存の条件を一定に保つ身体生理が，健康に生きる原点だからである。それを学び実践することが3歳からの教育に始まり，義務教育で自然（生命）は全体として一つである世界観に至るといってもよい。

　キャノンが，「生物が，自身のからだをつねに一定の状態に保つ能力は，

長いあいだ生物学者たちに強い印象を与えてきた。病気が，からだに備わる自然の力，『自然の治癒力』でなおるのだという考えは，すでにヒッポクラテス（紀元前460〜377。ギリシアの哲人。医学・生物学の祖とされる）が抱いていたもの」[2]というように，古代ギリシアの時代から，生物は正常な状態がかき乱されたときに，ただちに作用してそれらを元の状態に戻す様々な力があることが示されている。生物は，不安定で変わりやすい特徴をもつが，それが環境の変化に対して不変性を維持し，安定を保つ方向に作用するからこそ，環境への適応を獲得し種として進化してきたのであろう。

　身体を満たしている液質（血液やリンパ液）の流れは，互いに連絡し合い，小川の流れが湿地の中を通って，よどんだ水を浄化しているように「液体の性質と，それらを絶えず動かしつねに新鮮，均質に保って，体内の細胞を取り巻く環境を細胞につごうよくしている仕組み」[3]が体内環境を浄化し，一定に保っているのである。こうした細胞と流れる血液との間で交換される物質は，すべてリンパ液の中を通り抜けて不動性を保つという恒常性を，キャノンは様々な生理現象によって解明している。

　皮膚の表面層が傷つくとリンパ液で満たされた水ぶくれができる。もっと深い部分が傷つけば血管が破れて血豆ができる。裂傷になると血が出て血漿がゼリー化し凝固する。出血量が多い場合は，血漿の凝固する速度が増す。末梢血管が収縮して出血部位の血流を減少させ，脳や心臓の器官には必要量の血液を補給する。体内環境の恒常性を保つために，一刻も休まず働く身体を，私たちは日常，あまり意識しないで生きている。

　出血して毛細血管内の圧力が下がるとリンパ液中の水分は血液の方に提供され血液が元のように回復していくが，水分を提供したリンパ液は水分補給を求めて喉の渇きを訴える。喉が渇いたと感じる自分がいたとき，私たちは水を飲み塩分の補給をする。私たちは，身体を満たす液質が失われる危険が生じたとき，いつでも作用できる内部環境を生得的にもっているのである。

　体温の恒常性も，温血動物が一定に保つ内部環境の一つである。ヒトの体温は，最低温の午前4時頃は36.3度で，一番高い午後4時頃で37.3度とい

われる。私たちが健康状態の把握に体温測定を行うのは，体温の恒常性が維持できない原因を探るためである。42度を越えると脳の神経細胞に悪影響をもたらし，24度以下では動けない。体温が一定に保たれない両生類や爬虫類は寒さによって活動を停止し冬眠状態になるが，体温の恒常性をもつヒトは，酸素供給の恒常性と同様，熱を各器官が働くことによってつくりだしている。

　激しい運動をして熱をつくりだしたとき，血管運動神経は小動脈を太くして血液が大量に流れるようにするため皮膚は赤らむ。しかし，外の暑さが熱をもたらしたときは，汗によって蒸発する水分から体熱を発散させ，乾きを水分補給によって補い恒常性が保たれる。寒いときは，逆に発汗は押さえられ表層の血管は収縮して体熱を逃がさないようにする。寒さで鳥肌がたつのも寒冷に対する防護反応である。こうした恒常性を保つ生得的にもつ能力を高めるために，薄着にし，運動し，適量を食べ，休息するリズムをつくりだす。また，体温を調節するサーモスタットにあたる部分は間脳にあるといわれることを利用して，私たちは首の周りを温めたり冷やしたりと，夏冬の衣服をデザインし，調節機能を促進させている。

　身体の恒常性を維持するための防衛機構も生得的にもつもので，くしゃみや咳などの反射作用，鉛筆を長時間持ってできる指のたこ，手術部位の修復作用，酸素供給の危機を訴える高山病，細菌感染に対するにきびやおでき，膿などの防衛作用，アレルギー抗体といった防衛作用など数え切れないほどに，内部環境の恒常性を保とうとする機構がある。

　キャノンが注目した怒りや怖れといった情動も防衛機構の一つで，危険から逃げる，攻撃するといった興奮状態の際には「呼吸は深まり，心臓ははやくうち，動脈の血圧は上がる。血液は，胃や腸から中枢神経系及び筋肉に移動し，消化管の働きは止まる。糖が肝臓のたくわえから放出され，脾臓は収縮して，なかの多量の赤血球を押し出す。アドレニンが副腎髄質から分泌される」[4]という。悲しいから泣くのではなく，情動の興奮状態に防衛機構が働いて涙が出る。それを私たちは状況の推移に照らして悲しい涙と

か，うれしい涙として意味づけ解釈しているのである。乳幼児期から，攻撃するな，泣くなと，この情動を外部で抑制していたら，情動の防衛機構は眠ったままになる。情動を発露し，相手の情動とぶつかり合う経験が，やがて双方の意志によって調整され問題解決に向かおうとするのである。

　スペインの征服者たちは，戦争が強かったわけではなく，致命的な病気（はしか等）を持ち込んだから先住民をほぼ全滅させたとされる。今日の野生動物も，人間という征服者によって生息環境を破壊され，群れがもたない病原菌を持ち込まれて，絶滅の危機へと進んでいる。野生動物が人間や家畜に口蹄疫や鳥インフルエンザをもたらす危険以上に，野生動物もまた危険にさらされているといえよう。

2．生態系のバランス

　エンジェルは，「野生動物は人手のはいっていない生息地に自由にくらし，高レベルの汚染にもさらされず，極端な環境の変化にも出会わなければ，ふつうは健康でいられる」とし，野生動物の「くらしている生態系は，まさに生き残ってきたことでその生理と行動とがよく適応した生態系だからである」[5] とする。幼いときからその土地の病原菌にさらされ，免疫システムが出来上がっていて抵抗力があれば，生命はさほど脅かされないのである。日本では水道の水でも山からわき出る水を飲んでも下痢はしない。しかし，海外に出かけた際，現地の水を飲むと下痢に見舞われることが多い。その土地に住んでいる人々にとっては多少の濁り水でも免疫があるが，他国に住む者にはその免疫がないからである。

　ある生態系に住む類が生命の危機ともなるほどの体調を崩すのは，旱魃，汚染，食物の欠乏，過密，新しい病原菌の進入といった環境条件の崩壊の場合である。エンジェルの言に従えば「健康というのは，個々の個体と，同じ生息地に住む他のすべての生物とのバランス」[6] であり「動物が最高の健康状態を手にする方法は，適応度を増すための中心的なメカニズム」[7] という

ことになる。つまり，適応度（繁殖するまで生き延びた数）は，健康な状態を生き延びた数の方が有利だというメカニズムである。人間がもし絶滅危機種への道を歩み始めたとした場合，生息地の環境を健康な状態で生き延びる数が減っているということになる。

　それだけではない。回虫の研究者である藤田紘一郎は，腸が第2の脳として心と密接な関係にあることを挙げ，「生体においては，神経系と内分泌系とが車の両輪のように相互に密接に関係しながら，体の恒常性（ホメオスタシス）の維持に重要な役割を果たしている」[8]とする。「神経系では神経伝達物質，内分泌系ではホルモン，そして免疫系ではサイトカインを介して三者は相関しており，これら三者の関係は『ホメオスタシスの三角形』と呼ばれる」[9]もので，心身は二分することができないのである。そしてこの三者の関係を維持するものが食物であり，排泄物によって食性を知ることができるとする。

　動物の薬は医食同源といわれるように生態系の中にある食べ物である。食物と薬は連続的なものであり，チンパンジーは苦い植物，甘い植物，繊維質の植物，果実や種子などを主にしながら，ときおり昆虫で動物質の栄養を補う。温帯のダマシカは，草を食べるのは夏だけで，草が枯れる秋にはどんぐりやブナの実などの果実食に切り替え，冬はキイチゴ，ツタ，モチノキなどの葉を食べ，春からはふたたび草を食べる。「動物たちはいろいろな食物のなかからバランスのとれたメニューを選んでいるだけではない。たえず自分の食餌を環境の変化に合わせて変えており，ときには変化の前に変えている」[10]とエンジェルはいう。動物たちが自分に不足する栄養素が何か，ある状態に対してどんな食物が薬となるかを知るのは，快楽フィードバックと摂取後フィードバックで，おいしいと感じる，食べ過ぎたと感じる身体のメカニズムである。

　かつての私たちもそうだった。雑食性の人間は，身近に手に入れることができる魚・肉類やカルシウム源と合わせて，夏には夏野菜を食べ，冬には貯蔵した米や野菜を食べ，春には木の芽や草を摘む。胃腸の具合が悪ければ断

食したり消化のよい食べ物を選んだりする。鉄分が減ると貧血気味になり鉄分の多い食物をおいしいと感じる。いらいらすると甘いものを求めたり，逆に運動をしてエネルギーを発散させたりする。環境の中にある情報をうまく取り入れながら生理的な恒常性を保っていく。山国で育った私は，川魚だけでなく，いなごや蜂の子，ざざむし，沢ガニといったカルシウム源と，野にある春の七草やイタドリ，ワラビ，ゼンマイといった野草，生け垣のおこぎ，秋のきのこなどを薬草として食べてきた。薬を飲む習慣などなかった時代である。

　ケニアのマサイ族の人々は野草から必要な栄養素や薬を調達するので，薬屋の必要がないことを誇りとしている。関東地方以北で，年間通して夏野菜があるなどというのは，人為であって自然ではない。マサイ族からみたら薬屋があふれる町も異常であろう。生態系という全体に位置することを忘れ，薬と食べ物を区分した人間は，自然離れによって新たに拒食症や過食症，慢性疾患等で苦しんで薬を飲む。そして，運動のために運動を課している。こうした文化が高等動物の証のような錯覚を起こして薬への依存度を増す現象は，生命体の機能を失っていく人類の退化現象といえよう。

　昨今，急増しているアレルギー疾患も，防腐剤等が免疫系を破壊し食のバランスだけでなく免疫系の働きを弱めて，ホメオスタシスの三角形を混乱させているためではないかといわれる。ある生態系内では，種は食物連鎖において互いに依存し合う関係である。また，生物同士や環境との間で，エネルギーと物質をやりとりしている。モーリス・メッセゲが，幼い頃から父親と野山を歩いて植物に触れ，植物で治療する父親を見て育ち，薬用植物療法の大家となったのも，ハーブの活用法を普及したのも，人間も動物として自然の治癒力をもっていると確信するからである。彼は，「人びとは，うんと遠いところからきた薬か，でなければいちばん高価な薬に，もっとも効果があると思っています」[11] として，その誤解を解き，自然と人間の英知を身近な植物の中に見るのである。

　生態学においていわれる恒常性とは，地質や地理，気候などの環境要因に

よって，範囲が規定される生息空間の安定性をいう。私たちの生活にとって欠かせない水や空気が欠乏したら，食料となる動植物の生長も，酸素と二酸化炭素の循環も，種子の散布もなく生きる生態系は維持されない。どんなに人間が恒温動物だとしても，著しい高温・低温下では生物多様性が制限される。太陽光がない環境では光合成もなされず，生態系は食料を提供してくれない。宇宙の法則下においての生態系の恒常性であり，緯度や標高によって決定された生態系の恒常性である。森林破壊が砂漠化を招き，砂漠化や排ガス等が地球温暖化につながり，生物の生態系の破壊が自然界の自己組織化を混乱させている。幼児期の健康を語るのに，何も宇宙の生態系にまで広げることもあるまいと思うに違いないが，人間の無知によって，人間の力ではどうすることもできない集中豪雨，竜巻，森林火災，地震，旱魃などが発生し，健康，生を脅かしていく現象に見舞われているからである。

　もちろん，生物学・生理学，生態学とも，さらに下位の多分野にわたる体系があり，それらを把握しきれるものではない。生態学だけでも大別すると〈進化・行動生態学〉〈個体群生態学〉〈群集生態学〉〈景観生態学〉〈生態系生態学〉に分かれ，それはさらに細分化して研究されているというように，とてつもなく広い沃野であり，森林とか牧草地という生息空間だけでも研究し尽くすことはあり得ない。しかし，生態系も健康を考えるうえで捨て置けない視点といえよう。その生態系の循環を，野草やケナフを栽培し空気浄化を図り，それを煎じたり紙漉したりして使う。茶殻や野菜くず，落ち葉などを堆肥にし，それを畑の肥料にして無農薬の野菜や果物を栽培し食べる。それが薬となり免疫力を高める。こうした身体生理学と生態学とをつなぐ生活が，健康学習の基礎として関連づけられていくのである。

3.　環境学が見据える〈環境の世界〉

　従来の社会学は人間社会の現象を切り取って学問し，生物学は生命現象を，生態学は生物と環境との相互作用を切り取って科学的にアプローチしてき

た。比較的新しいといわれる環境学ですら，人間の生活を取り巻く自然，社会,都市環境が人間,動植物にもたらす影響を切り取って科学する。領域「健康」は，こうして切り取られた学問的知見を基礎において，主体がいかに健康に生きるかに焦点を当ててきた。学問が細分化されればされるほど，全体としてあるはずの生命体も分断されてきた。

　しかし，まだ誕生して間もない環境学は，生物多様性や生物資源，大気・海洋・地圏の循環，世界的な水の配分，海洋の環境保全，里山や里海といった〈環境の世界〉の恒常性に注目するもので，生態学を人間社会の文化・環境との関連という視点から追求するものへと広がりをもっている。群れとして生きる生物は，群れが生きる理をもっていて，人間がそれを無視して望ましいと思う都市を造っても，群れにとって新たな課題を生みだすという悪循環に陥る。人間の群れはある生態系の中にあるが，独走して社会学でいうところのゲゼルシャフトとゲマインシャフトを生きる。そして，自分たちの都合のよいように自然に手を加え，都市を形成してきた。こうした人間が人為的につくりだしてきた環境の中でも，個体は適応に向けた生理現象によって恒常性を保ち，群れはある生態系をつくりだし，食物連鎖によってつながっているのである。

　たとえば，生物が生きる循環の中に排泄物がある。食べて排泄する生理的現象とともに，生物の排泄物は生息環境の動植物や河川の生命体の栄養源となり，人間の家囲いの材料となり，様々な恩恵が循環して生態系をなしている。藤田は排泄物や糞の化石中の寄生虫を見ることで，古代人の食生活からトイレの様式までがわかるという。糞を食べるコガネムシの仲間を糞虫と呼ぶが，その一部にフンコロガシがいる[12]。新鮮な糞に集まり，その場で食べたり転がして穴に運び込んだりする。糞玉が産卵場所で，幼虫は糞玉を食べて成虫になる。糞虫は哺乳類の糞を分解する役割ももち，また，糞中にある植物の種子を分散させる役割も果たして，生態系を維持しているという循環である。

　中世から近世までは，人間もこの自然循環の中にあり，排泄物によって豊

かな食料を得ていた。しかし，屎尿浄化の近代的な都市システムは，排泄物を薬品によって水に変え河川に流す文化をつくりだした。川は浄化されたが，「下水処理場の整備により窒素やリンの流入負荷の減少に伴い，沿岸域の生物生産力の低下が起こりつつある」[13] とされ，瀬戸内海の海苔や二枚貝の不作が報告されている。一難去ってまた一難である。縄文中期の山内丸山集落の生態系は，集住域の周辺に人糞やゴミ処理場があり，里山がその周辺を囲み，さらにその外郭に広葉樹林が広がり生物の多様性を生みだしていた。集落に水をもたらす川は淡水魚場だけでなく交通路としても活用されて河川流域の集落や生態系を生みだすことにより，生命体に豊かな食料や燃料，住のための木材などを提供してきた。しかし，今日の大都市の成立によって，里山や里川，内湾の里海は開発によって破壊され，農薬によって汚染され，〈環境の世界〉そのものに健康を害する物質があふれている。河川が氾濫すれば家も人の命もひとたまりもない。津波の発生は，高台に逃れる時間との戦いである。こうした自然界の法則と折り合っていく知恵，そこに健康に関する教育内容が生まれるはずである。

　すべての生物が排泄物を生態系の中で循環させている中で，人間社会の環境はこれを分離した。今では私たちは汚物の臭いにすら耐えられないだけでなく排泄物で健康を捉えたり，不足する栄養素を把握したり，森や海や河川の生命体の生息環境に思いを寄せることもない。健康維持は，薬屋と病院の仕事になっている。つまり，便や尿で身体状態を把握する知恵を失っているだけでなく生態系に悪影響を及ぼしていることも知らないのである。排泄物を畑にまくと寄生虫が体内に住まうが，屎尿処理施設が完成し，糞尿が土壌にまかれることがなくなって健康になったかというと，自己免疫疾患のアレルギーが増えたとする報告[14] もあり，自然界の持続可能性の循環は難しい。

　このように，ある社会文化的な環境の変化が生態系に影響をもたらし，変化した生態系が生物に影響を与え，人間の健康に立ち返ってくるという循環を私たちは生きているのである。健康を社会文化や環境と関連させて捉えていくと，社会のありようが健康のありようと深く関係していることがわかる。

1999 年に東京大学で立ち上がった環境学なる学問は，自然環境学，環境システム学，人間環境学，国際協力学，社会文化環境学等の専攻に分かれつつ，「環境の世界」を学として構築できるかを模索している。戦後の日本が目指した量的な成長から質的な成長への新たな挑戦という位置づけにある。

　「環境を最優先の理念とする〈環境の世界〉の創生」の視点は，東日本大震災によってさらに人々の確信に至っている。「自然資本・社会資本（いわゆるインフラ）が壊滅的に打撃を受け，金融資本が不安定さを増すなかで，人的資本と社会関係資本（Social Capital），つまり人および人のつながりが社会を支えるよりどころとして残った」[15]。それが社会をつくる基本だというところに立ち返ってみると，第二次世界大戦後の異常な開発競争は，持続可能な環境世界を破壊し，人のつながりを破壊してきたといえる。都市の成立によって生態系の構造が変動し，都市河川は地球温暖化のもとで沿岸災害を引き起こし，大都市に一極集中する社会構造は住環境から感性を鈍化させ，資源の乱用は資源の循環を失って地球の自己組織化を混乱させてきた。環境学の学者たちは，未来社会はコンパクトシティ（中心部への居住と各種機能の集約により，暮らしやすさの向上，商業などの再活性化，行政サービス費用の節約を目的とした町[16]）だという。生命体にとって持続可能な社会は，自浄能力をもった生態系を維持していく都市を描くこと，そこに健康が関係してくるといえよう。一度拡大した人間の傲慢さは，自分という生命体の修復能力さえ失っている。おそらく健康は，この〈環境の世界〉学と，生物学・生理学との循環構造的な関係の中で論じられるものなのであろう。

４．全体として一つ

　健康を語るとき，私たちは子どもに何を伝えていけばよいのだろうか。伸び伸びと明るく，よく運動して，健康で安全な習慣を身につけるというねらいを伝えるのか。運動や遊びの方法を伝えるのか。あるいは，それをねらいとするのはなぜか，生きることとどう関係するかを伝えるのか。あるとき，"字

宙の法則に従って運動をする”という私の著書『遊びのフォークロア』の
行<rb>くだり</rb>に，ゼミの学生からまたまた大げさなという笑いが起きた。そこで私は
こんな話をした。「3か月から半年，宇宙に滞在した宇宙飛行士は，なぜ車
いすで船体から出てくるのか」と。私たちの身体運動は，地球の重力の法則
に支配されている。身体には常に重力に逆らう負荷がかかっており，運動に
よってその負荷は大きくなる。それが発熱をもたらして体温の恒常性を維持
し，筋肉や骨や筋を鍛え，身体の生理機能を活性化させ，自然界と共生する
力となっていく。宇宙には重力がないので重力に逆らうこともなければ筋肉
の必要もなくなるから，長期滞在すると重力がかかる地球空間は歩けなくな
るのである。想像上の宇宙人が人間の体型をしながらほっそりと描かれる理
由も，筋肉や骨格がないことにある。

　人間は，寝たきりになったら筋肉が衰え，血液の循環が滞る。老人になっ
ても負荷をかけて歩き筋肉を維持しなければ，足先まで流れている血液を心
臓に戻してくれる作用がうまく働かない。人間が歩くには熊野古道を行き交
う人々がそれを是としたような，歩くのに快適な環境，歩く必然が必要であ
る。

　体熱がたまっても汗が出ない身体は熱を内にこもらせ，水分補給を知らせ
ない身体は，熱中症をもたらす。薬は，病を治癒もするが傷つけることもし，
ときには精神に異常をきたす。そう考えると，自然界の法則に生かされてい
る小さな自分が見えてくる。健康はこの自然界の掟を生きるところにある。
私がそう考える原点は，「今西自然学」である。若い頃読んだ，今西錦司の
提唱する言葉の中で忘れられない言葉がある。今西錦司は「自然は全体で一
つの自然なのである。自然を構成している部分にはいろいろあっても，全体
としての自然は一つしかない」[17]という言葉である。

　人間，動物，魚類，昆虫類と生物にはいろいろあっても，それらが別々の
自然というわけではない。今西は，「その中で人間だけが意識を誇っている
けれど，そんなものは自然の一かけらに過ぎん。彼等はみんな無意識の世界
で悠々と生きている。―（中略）―そして直感というものに導かれている」[18]

という。

　どんなに人間が，社会的動物として文化を生みだしたところで，全体としての自然は一つでしかないのである。太陽光と汚染されない新鮮な空気と水と土壌は，昼行性であれ夜行性であれ動物が生きるための根本的な条件である。また，植物であれ動物であれ，①みな個体という姿をもち，②種社会を構成し（種の個体全体をその中に含む認識可能な実在物であり，主体性と帰属性をもって種社会の維持存続に貢献している社会），③これらは生物全体社会という一つの構築物である，という三重構造が，全体として自然は一つしかないということである。今西は，これを生物全体社会（holospecia）[19]としてダーウィンの進化論に対立させる。そして西洋生まれの自然科学とは異なる東洋的自然観からみた"一"の進化論を提唱する。

　私には領域「健康」を，健康科学として分断させて考えることは難しい。教育要領にいう領域「健康」の内容は，西洋科学に依拠した人々の語りであって，"全体としての自然は一つ"の中に生きている健康な状態を位置づける学問知がほしいと思うのである。そうした意味で森司朗氏には広い範囲を総括していただくために艱難辛苦の道を願った。一人でこれだけの範疇を一冊にするのは大変だっただろうと推察される。

　〈環境の世界〉学の研究から新たな萌芽が見られるか，あるいは幼児とともに暮らす人々の中からそうした研究が生まれてくるであろうか。地球温暖化による異常気象の日々だから外邪が気になるとともに，里山で農耕する日々から直感でそれを悟ったのかもしれない。また七十の齢を重ねたからこそ自然に還るのかもしれない。コンパクトシティの市民として，快復力のある持続可能な社会を子どもとともに生きる研究が生まれてくることを期待している。

2020 年 4 月 13 日

青木久子

【引用・参考文献】

〈第1部第1章〉
（1）貝原益軒／石川謙校訂『養生訓・和俗童子訓』岩波書店，1961，p.101
（2）外務省「世界保健機関憲章（全文）」
　　　[online] http://www.mofa.go.jp/mofaj/files/000026609.pdf（参照 2017/1/18）
（3）独立行政法人国際協力機構（JICA）「健康促進に関するオタワ憲章」
　　　[online] http://gwweb.jica.go.jp/km/FSubject0201.nsf/（参照 2017/1/18）
（4）厚生労働省「平成 21 年地域保健医療基礎統計」厚生労働省大臣官房統計情報部，2010
（5）近藤充夫『幼児の運動と心の育ち』世界文化社，1994，p.152
（6）松田岩男「体育と人間形成」松田岩男・成田十次郎編『身体と心の教育―健康を育てる』講談社，1981，p.24
（7）同上，p.25
（8）同上，pp.26-27
（9）同上，p.33
（10）ヨハン・ホイジンガ／高橋英夫訳『ホモ・ルーデンス』中央公論社，1973
（11）山本徳郎「第 5 章「プレイ」とは何か―遊戯論とスポーツ」，福永哲夫・山田理恵・西薗秀嗣編『体育・スポーツ科学概論―体育・スポーツの新たな価値を創造する』大修館書店，2011，pp.45-53
（12）上掲書（6），p.35
（13）近藤充夫編著『保育内容健康』建帛社，1999，pp.1-2
（14）近藤充夫『幼児のこころと運動―その発達と指導』教育出版，1995，pp.2-3
（15）上掲書（6），p.24
（16）プラトン／藤沢令夫訳『国家 上』岩波書店，1979
　　　プラトン／岩田靖夫訳『パイドン―魂の不死について』岩波書店，1998，pp.169-176
（17）プラトン／藤沢令夫訳『国家 下』岩波書店，1979，pp.253-254
（18）同上，p.257
（19）同上，p.263
（20）同上，p.265
（21）同上，p.275

(22) 同上，p.276
(23) 同上，p.277
(24) プラトン／藤沢令夫『国家 上』岩波書店，1979，p.223
(25) 同上，p.227
(26) 同上，p.233
(27) アリストテレス／高田三郎訳『ニコマコス倫理学 下』岩波書店，1973，p.191
(28) 同上，p.199
(29) 同上，p.210-211
(30) 同上，p.218
(31) アリストテレス／高田三郎訳『ニコマコス倫理学 上』岩波書店，1973，p.220
(32) 同上，p.315
(33) ペルシウス，ユウェナーリス／国原吉之助訳『ローマ諷刺詩集』岩波書店，2012，
　　 p.258
(34) 同上，p.418
(35) 上掲書（24），p.223
(36) 上掲書（24），p.239
(37) 上掲書（24），pp.239-240
(38) 時田昌瑞『岩波ことわざ辞典』岩波書店，2000，p.234
(39) ジョン・ロック／北本正章訳『ジョン・ロック「子どもの教育」』原書房，2011
(40) 日本経済新聞「京都の平安京跡で出土」，2014/7/2
(41) 上掲書（１），p.24
(42) 上掲書（１），p.24
(43) 上掲書（１），p.25
(44) 上掲書（１），p.25
(45) 上掲書（１），p.27
(46) 上掲書（１），p.58
(47) 上掲書（１），p.51
(48) 上掲書（１），p.64
(49) 上掲書（１），p.101
(50) 上掲書（１），p.104
(51) 上掲書（１），p.116
(52) 上掲書（１），p.117
(53) 上掲書（１），p.123

(54) 上掲書（1），p.130

(55) 上掲書（1），p.128

(56) 上掲書（1），p137

(57) 上掲書（1），p.144

(58) 上掲書（1），p.145

(59) 上掲書（1），p.158

(60) 上掲書（1），p.165

(61) 山住正己・中江和恵編注『子育ての書1』平凡社，1976

(62) 上掲書（1），p.49

(63) 大場一義「貝原益軒『養生訓』」松田岩男・成田十次郎編『身体と心の教育―健康を育てる』講談社，1981，pp.214-215

(64) 同上，p.215

(65) 同上，p.215

(66) 上掲書（38），p.489

(67) 上掲書（38），p.367

(68) 上掲書（1），p.81

(69) 上掲書（1），p.80

(70) 上掲書（1），p.31

(71) 上掲書（1），p.77

(72) 上掲書（38），p.609

(73) 上掲書（38），p.609

(74) 上掲書（1），p.28

(75) 上掲書（1），p.56

(76) 上掲書（1），p.47

(77) エラスムス／沓掛良彦訳『痴愚神礼讃―ラテン語原典訳』中央公論新社，2014

(78) 上掲書（38），p.626

(79) 上掲書（38），p.216

(80) 上掲書（1），p.140

(81) 上掲書（1），p.140

(82) 玉川信明『反魂丹の文化史―越中富山の薬売り』社会評論社，2005

(83) 大塚敬節『漢方医学』創元社，1957

(84) 上掲書（38），pp.252-253

(85) 上掲書（1），p.210

(86)　上掲書（1），p.210

(87)　上掲書（1），p.210

(88)　上掲書（38），p.624

(89)　上掲書（1），p.216

(90)　上掲書（1），p.216

(91)　上掲書（1），p.213

(92)　上掲書（1），p.225

(93)　ルソー／今野一雄訳『エミール 上』岩波書店，1962，p.23

(94)　同上，p.24

(95)　同上，p.24

(96)　同上，p.25

(97)　同上，p.42

(98)　同上，p.98

(99)　青木久子「第1章　遊びを伝承する場所の知の位相」青木久子・河邊貴子『遊びのフォークロア』萌文書林，2015，pp.1-39

(100)　上掲書（93），p.116

(101)　上掲書（93），p.118

(102)　上掲書（93），p.124

(103)　上掲書（93），p.125

(104)　上掲書（93），p.126

(105)　上掲書（93），p.187

(106)　上掲書（93），p.190

(107)　上掲書（93），p.190

(108)　上掲書（93），pp.190-191

(109)　上掲書（93），pp.203-204

(110)　フレーベル／岩崎次男訳『人間の教育1』明治図書出版，1960，p.9

(111)　同上，p.10

(112)　同上，p.10

(113)　同上，p.10

(114)　同上，pp.10-11

(115)　同上，p.11

(116)　同上，p.47

(117)　同上，p.47

(118) 同上，p.44
(119) 同上，p.44
(120) 同上，p.45
(121) 同上，p.45
(122) 同上，pp.45-46
(123) 同上，p.46
(124) 同上，p.50
(125) 同上，p.50
(126) 同上，p.52
(127) 同上，p.55
(128) 同上，p.63
(129) フレーベル／岩崎次男訳『人間の教育2』明治図書出版，1960，p.26
(130) 同上，p.27
(131) 上掲書（6），pp.24-26
(132) 上掲書（129），p.28
(133) 上掲書（129），p.28

〈第1部第2章 § 1〉
（1）岡田正章編『大正・昭和保育文献集　第4巻』日本らいぶらり，1978，p.5
（2）同上，p.103
（3）同上，pp.103-104
（4）同上，pp.201-202
（5）中村雄二郎『かたちのオディッセイ―エイドス・モルフェー・リズム』岩波書店，1991
（6）文部科学省『高等学校学習指導要領（平成30年告示）解説　理科編・理数編』2018，pp.18-19
（7）斎藤公子／井尻正二『齊藤公子の保育論』築地書館，1985，p.62
（8）坂井建雄・橋本尚詞『ぜんぶわかる人体解剖図』成美堂出版，2010，p.27
（9）同上，p.32
（10）同上，p.45
（11）水嶋昭彦『知りたいことがすべてわかる骨と関節のしくみとはたらき』日本文芸社，2012，p.16
（12）上掲書（8），p.46

（13）上掲書（8），p.64

（14）上掲書（8），p.68

（15）松村謙兒監修『解剖学の基本：オールカラー』マイナビ，2013，p.176

（16）上掲書（8），pp.72-75

（17）厚生労働統計協会『国民衛生の動向 2013／2014』p.453

（18）近藤充夫編著『保育内容健康』建帛社，1999，p.11

（19）Zigler, E.F. and Stevenson, M.F.『Children in a Changing World』1993，p.188

（20）Shirley, M.M.『The first two years: A study of twenty-five babies.』Minneapolis: University of Minnesota Press., 1933（second reprinted by Westport: Greenwood Press, 1976），口絵

（21）朝比奈一男・中川功哉『現代保健体育学体系7　運動生理学』大修館書店，1969，p.203

（22）厚生労働省「日本人の食事摂取基準（2015 年版）策定検討会報告書」2014，p.66 [online] http://www.mhlw.go.jp/file/05-Shingikai-10901000-Kenkoukyoku-Soumuka/0000114399.pdf（参照 2017/4/21）

（23）加藤忠明，岩田力『図表で学ぶ子どもの保健 I』建帛社，2010，p.41

〈第1部第2章 § 2〉

（1）澤口俊之『幼児教育と脳』文藝春秋，1999，pp.53-54

（2）同上，p.75

（3）同上，p.73

（4）ブレイクモア／フリス／乾敏郎・山下博志・吉田千里訳『脳の学習力―子育てと教育へのアドバイス』岩波書店，2006，p.48

（5）同上，pp.48-49

（6）寺沢宏次『子どもの脳は蝕まれている』ほおずき書籍，2006，pp.7-8

（7）石河利寛・栗本閲夫・勝部篤美「幼稚園における体育カリキュラムの作成に関する研究I．カリキュラムの基本的な考え方と予備的調査の結果について」体育科学，1980，pp.150-155

（8）J.J. ギブソン／古崎敬・古崎愛子・辻敬一郎・村瀬旻共訳『生態学的視覚論―ヒトの視覚世界を探る』サイエンス社，1985

（9）佐々木正人『アフォーダンス―新しい認知の理論』岩波書店，1994，pp.60-66

（10）三嶋博之「知覚と認識へのエコロジカルな接近」佐々木正人編『エコロジカル・マインド―生活の認識』（現代のエスプリ，298）至文堂，1992，p.20

(11) テーレン・ウーリッチ・ジェンセン「第2章　移動運動の発達的起源」ウーラコット／シャムウエイークック編／矢田部京之助監訳『姿勢と歩行の発達―生涯にわたる変化の過程』大修館書店，1993，pp.25-45

(12) 佐々木正人『知性はどこに生まれるか―ダーウィンとアフォーダンス』講談社，1996，pp.174-179

(13) 森司朗「幼児の「からだ」の共振に関して―対人関係的自己の観点から―」保育学研究37（2），1999，pp.152-158

(14) Neisser, U. Five kind of self-knowledge, philosophical psychology, 1, 1988, pp.35-59

(15) 津本忠治「脳の発生・発達と可塑性」松本元編／伊藤正男監修『脳と心』（別冊日経サイエンス，107）日経サイエンス社，1993，p.23

(16) Zigler, E. and Stevenson, M.F.『Children in a Changing World』Brooks/Cole Publishing Company 1993, p.189（桜井茂男・岩立京子編著『たのしく学べる乳幼児の心理』福村出版，1997，p.27）

(17) 上掲書（16），p.286

(18) Vythilingam et al., Childhood Trauma Associated With Smaller Hippocampal Volume in Women With Major Depression Psychiatry 159（12），2002，pp.2072-2080

(19) 千住淳『社会脳の発達』東京大学出版会，2012，pp.14-15

(20) 同上，pp.20-21

(21) 同上，pp.27-28

(22) J. ボウルビィ／黒田実郎・岡田洋子・吉田恒子訳『母子関係の理論2分離不安』岩崎学術出版社，1977

(23) 森司朗「第3章　乳幼児・児童期の運動発達の特徴」杉原隆編『生涯スポーツの心理学―生涯発達の視点からみたスポーツの世界』福村出版，2011，pp.42-43

(24) Gentry V. & Gabbard C., Foot-Preference Behavior: A Developmental Perspective, The Journal of General Psychology, 122（1），pp.37-45

(25) Mori S., Iteya, M., & Gabbard, C., Hand Preference consistency and eye-hand coordination in young children during a motor task, Perceptual and Motor Skills, 102, 2006, pp.29-34

(26) Di Pellegrino, G., Fadiga, L., Fogassi, L., Gallese, V., & Rizzolatti, G. Understanding motor events : A neurophysiological study, Experimental Brain Researech, 91, 1992, pp.176-180

（27）茂木健一郎『心を生みだす脳のシステム―「私」というミステリー』日本放送出版協会，2001，pp.29-31

（28）同上，pp.32-38

（29）Iacoboni, M., Molnar-sazakacs, I., Gallese, V., Buccino, G., Mazziotta, J.C., Rizzolatti, G. Grasping the intentions of others with one's own mirror neurons system, Plos Biology, 3, pp.529-535, 2005.

（30）ラマチャンドラン／山下篤子訳『脳のなかの天使』角川書店，2013，pp.46-47

（31）乾敏郎『脳科学からみる子どもの心の育ち―認知発達のルールをさぐる』ミネルヴァ書房，2013，p.104

（32）同上，p.105

（33）ブラウン／パーソンズ／柳原大訳「ダンスの神経科学」日経サイエンス編集部編「別冊日経サイエンス―脳科学のフロンティア　意識の謎知能の謎」，日経サイエンス社，2009，pp.82-88

（34）Melzoff, A.N. & Moore, M.K., Imitation of facial and manual gestures by human neonates, Science, 198, pp.75-78, 1977

（35）イアコボーニ／塩原通緒訳『ミラーニューロンの発見―「物まね細胞」が明かす驚きの脳科学』早川書房，2009，p.67

（36）リゾラッティ／シニガリア／柴田裕之訳／茂木健一郎監修『ミラーニューロン』紀伊国屋書店，2009，pp.159-188

（37）上掲書（31），p.107

（38）上掲書（31），p.110

〈第1部第2章 § 3〉

（1）青木久子『幼児教育知の探究2　教育臨床への挑戦』萌文書林，2007，p.101

（2）山本裕二『スポーツ心理学事典』日本スポーツ心理学会編，大修館書店，2008，p.136

（3）安西祐一郎・石﨑俊・大津由紀雄・波多野誼余夫・溝口文雄編『認知科学ハンドブック』，共立出版，1992，p.548

（4）水野康「第3章　生体リズムとそのメカニズム」白川修一郎編／上里一郎監修『睡眠とメンタルヘルス―睡眠科学への理解を深める』ゆまに書房，2006，pp.48-49

（5）神山潤『「夜ふかし」の脳科学―子どもの心と体を壊すもの』中央公論新社，2005，p.45

（6）神山潤「第8章　小児の睡眠とその障害」白川修一郎編／上里一郎監修『睡眠とメンタルヘルス―睡眠科学への理解を深める』ゆまに書房，2006，p.184

（7）　ベネッセ教育総合研究所「第2回幼児生活のアンケート報告書」研究所報22，2000，p.24

（8）　近藤充夫『4 からだと心を育てる　2　健康と体力（講座　幼児の生活と教育生活と文化）』岩波書店，1994，p.122

（9）　上掲書（7），p.23

（10）　上掲書（8），p.122

（11）　古賀良彦『睡眠と脳の科学』祥伝社，2014，pp.53-54

（12）　井上昌次郎『眠りを科学する』朝倉書店，2006，p.29

（13）　時実利彦『脳の話』岩波書店，1962，p.3

（14）　上掲書（11），p.45

（15）　上掲書（11），p.46

（16）　小西行郎「食と睡眠のリズム」『発達』25 号，ミネルヴァ書房，1986，p.7（近藤充夫編著『保育内容健康』建帛社，1999，p.26）

（17）　多賀源太郎「第2章　幼児の脳の発達からみた保育・教育の現状と将来」，小泉英明編『乳幼児のための脳科学』かもがわ出版，2010，p.104

（18）　上掲書（5），pp.135-188

（19）　上掲書（11），pp.34-37

（20）　Tonomi, G., Girelli, C. Perchance to Prune, Science American 309, 2013, pp.34-39

（21）　上掲書（11），pp.48-50

（22）　独立行政法人日本スポーツ振興センター「平成22年度児童生徒の食生活等実態調査」，2015

（23）　東京都国公立幼稚園長会「平成19年度文部科学省調査研究委託事業　子どもの生活リズム向上のための調査研究（乳幼児期の調査研究）幼児の生活リズム向上を目指して」

（24）　武見ゆかり『「食育」ってなに？―「食」の変化と「食」の環境づくり』コープ出版，2007，p.11

（25）　青木久子「3 保育内容としての食の再考」磯辺裕子監修／みどりの森幼稚園編『「食」からひろがる保育の世界―みどりの森の食日記―幼稚園の食育』ひとなる書房，2007，pp.109-120

（26）　同上，pp.118-119

（27）　上掲書（23）

（28）　足立己幸・NHK「おはよう広場」班『なぜひとりで食べるの―食生活が子どもを

変える』日本放送出版協会，1983，目次

(29) 同上

(30) 足立己幸・NHK「子どもたちの食卓」プロジェクト「知っていますか子どもたちの食卓—食生活からからだと心がみえる」日本放送出版協会，2000

(31) NHK放送文化研究所世論調査部編『崩食と放食— NHK日本人の食生活調査から』日本放送出版協会，2006，pp.193-203

(32) 根岸宏邦『子どもの食事—何を食べるか，どう食べるか』中央公論新社，2000，pp.132-220

(33) 外山紀子『発達としての共食—社会的な食のはじまり』新曜社，2008，pp.8-12

(34) 同上，pp.61-85

(35) 同上，p.108

(36) 同上，p.159

(37) センター・フォー・エコリテラシー／ペブル・スタジオ訳『食育菜園—エディブル・スクールヤード—マーティン・ルーサー・キング Jr. 中学校の挑戦』家の光協会，2006

(38) 自由学園職の学び推進委員会編『生活即教育ブックレット—食の学び一貫教育』自由学園出版局，2009，pp.6-9

(39) 全国養護教諭サークル協議会「歯と体温の全国調査 '91調査報告」保健室，42，1992，pp.10-26

(40) 正木健雄『おかしいぞ子どものからだ—図表でみる最新報告』大月書店，1995，p.39

(41) 前橋明「子どものからだの異変とその対策」体育学研究 49（3），2004，pp.197-208

(42) 大築立志・鈴木三央・柳原大編『姿勢の脳・神経科学—その基礎から臨床まで』市村出版，2011，p.3

(43) 同上，p.100

(44) 上掲書（40），pp.84-87

(45) 人見哲子・鳥越みほ「幼児の咀嚼力の現状と食教育の影響」美作大学生活科学研究所所報（6），2009，pp.37-41

(46) 赤坂守人・今井麗・前田隆秀「幼児の咀嚼能力と摂食状態との関係について」昭和63年度厚生省心身障害研究「小児期の主な健康障害要因に関する研究」，1988，pp.185-188

(47) 中村美保・大橋美佳・内田あや・松田秀人「咀嚼能力と生活習慣，運動能力との関係—高校1年生男子生徒の場合」名古屋文理大学紀要 8，2008，pp.1-7

(48) 医療情報科学研究所編『病気がみえる vol.6 免疫・膠原病・感染症』メディックメ
　　　ディア，2009，pp.32-44

(49) 上掲書（40），p.25

(50) 上掲書（40），p.24

(51) 近藤充夫『幼児のこころと運動―その発達と指導』教育出版，1995，pp.21-25

(52) 清川輝基『人間になれない子どもたち―現代子育ての落し穴』枻出版社，2003，
　　　pp.82-83

(53) 清川輝基・内海裕美『「メディア漬け」で壊れる子どもたち―子どもたちのために
　　　今なすべきこと』少年写真新聞社，2009

(54) 有田秀穂『セロトニン欠乏脳―キレる脳・鬱の脳をきたえ直す』日本放送出版協会，
　　　2003，pp.16-18

(55) 同上，pp.18-21

(56) 小泉英明『脳は出会いで育つ―「脳科学と教育」入門』青灯社，2005，pp.168-173

(57) ジェーン・ハーリー／西村辨作・山田詩津夫訳『コンピュータが子どもの心を変
　　　える』大修館書店，1999，p.260

(58) 寺沢宏次『子どもの脳は蝕まれている』ほおずき書籍，2006

(59) 岡田尊司『脳内汚染』文藝春秋，2005，pp.139-141

(60) 同上，p.80

〈第2部第1章 § 1〉

（1） 新村出編『広辞苑　第6版』岩波書店，2008，p.294

（2） 『世界大百科事典』平凡社，1981，pp.340-341

（3） 上掲書（1），p.1294

（4） 池谷裕二監修『脳と心のしくみ』新星出版社，2015，p.84

（5） 丹治順「運動系の生理学」川人光男・佐々木正人・三嶋博之・丹治順・酒田英夫・
　　　村田哲・藤田昌編『認知科学4　運動』1994，pp.31-72

（6） 厚生労働省「健康日本21」2000

（7） 小林稔「体力の定義と分類」日本スポーツ心理学会編『スポーツ心理学事典』大
　　　修館書店，2008，p.509

（8） 浅見俊雄「2章　子どもの遊び・運動・スポーツの昔と今」浅見俊雄・福永哲夫
　　　編著『子どもの遊び・運動・スポーツ』市村出版，2015，p.10

（9） 森司朗「第3章　乳幼児・児童期の運動発達の特徴」杉原隆編『生涯スポーツの
　　　心理学―生涯発達の視点からみたスポーツの世界』福村出版，2011，p.36

(10) 杉原隆「第3章 運動を中心に見た幼児期の発達」杉原隆編『新版幼児の体育』建帛社，2000，pp.27-29

(11) 上掲書（9），pp.44-45

(12) 工藤孝幾「第4章 運動の知覚と情報処理能力の発達」杉原隆編『生涯スポーツの心理学―生涯発達の視点からみたスポーツの世界』福村出版，2011，pp.47-56

(13) 宮丸凱史・久保田昌俊「子どもの運動組み合わせの発達に関する研究」体育科学，21，1993，pp129-138

(14) Kurt Meinel, Günter Schnabel／萩原仁・綿引勝美訳『動作学―教授学観点からみたスポーツ運動学理論の概要 下』新体育社，1981，pp.355-371

(15) 杉原隆「幼児の運動能力と基礎的運動パターンとの関係」体育の科学，61（6），2011，pp.455-461

(16) Mori S et al.: The relationship between fundamental motor patterns and motor ability in young children. Journal of Sport & Exercise Psychology, 34 (supplement), S173, 2012.

(17) ガラヒュー／杉原隆監訳『幼少年期の体育―発達的視点からのアプローチ』大修館書店，1999，p.69

(18) 工藤孝幾・深倉和明「少年期におけるサッカーゲームの認知に及ぼす年齢及び競技水準の影響」体育学研究38（6），1994，pp.425-435

(19) 末利博・千駄忠至・内藤憲雄「運動感覚の発達に関する研究―重量弁別と発現筋力の認知について」京都教育大学紀要，B 41，1972，pp.47-58

(20) 森司朗「2 スポーツ運動の発達 ④―児童期・青年期の運動発達」日本スポーツ心理学会編『スポーツ心理学事典』大修館書店，2008，pp. 95-97

(21) 森司朗・杉原隆・近藤充夫「転がってくるボールに対する幼児の対応動作に関する研究」『スポーツ心理学研究』20（1），1993，pp.29-35

(22) 森司朗・杉原隆・近藤充夫「幼児のボールに対する Body Control の発達（3）―タイミングの予測について」日本保育学会大会研究論文集（44），1991，pp. 92-93

(23) 森司朗「練習の多様性効果に関する発達的研究―幼児のボールに対する Body Control の発達に関して」日本体育学会大会号（42A），1991，p.226

(24) カミイ／デブリーズ／成田錠一監訳『幼稚園・保育所集団あそび―集団ゲームの実践と理論』北大路書房，1984，pp.72-78

(25) Kenough, J., & Sugden, Movement skill development, Macmillan, New York, 1985, p.116

(26) 工藤孝幾「第4章 運動の知覚と情報処理能力の発達」杉原隆編『生涯スポーツ

の心理学―生涯発達の視点からみたスポーツの世界』福村出版，2011，pp.47-50

(27) バウアー／岡本夏木・野村庄吾ほか訳『乳児の世界―認識の発生・その科学』ミネルヴァ書房，1979，pp.188-194

(28) 杉原隆『運動指導の心理学―運動学習とモチベーションからの接近』大修館書店，2003，p.27

(29) 同上，p.28

(30) Schmidt R. A., A schema theory of discrete motor skill learning, Psychological Review, 84（2），1975，pp.225-260

(31) 上掲書（28），p.40

(32) 杉原隆「第2章 子どもの心と体の健康」近藤充夫編著『保育内容健康』建帛社，1999，p.60

(33) Lee T.D. &Magill R.A. The locus of contextual interference in motor-skill acquisition, Journal of Experimental Psychology: Learning, Memory and Cognition, 9, 1983, pp.730-746

(34) 澤口俊之『「学力」と「社会力」を伸ばす脳教育』講談社，2009，p.24

(35) 同上，p.26

(36) 同上，p.132

(37) 三宮真智子編著『メタ認知―学習力を支える高次認知機能』北大路書房，2008，p.2

(38) 丸野俊一『「内なる目」としてのメタ認知（現代のエスプリ，No.497）』至文堂，2008，pp.5-17

(39) 藤谷智子「幼児期におけるメタ認知の発達と支援」武庫川女子大学紀要人文・社会科学編59，2011，p.31

(40) 同上，p.32

(41) 内田伸子「文章産出過程でのメタ認知の働き―物語の産出過程での『内なる他者の目』の発達」丸野俊一編『「内なる目」としてのメタ認知（現代のエスプリ，No.497）』至文堂，2008，pp.78-87

(42) 同上，pp.81-82

(43) 苧阪直行「メタ認知の脳科学」丸野俊一編『「内なる目」としてのメタ認知（現代のエスプリ，No.497）』至文堂，2008，pp.18-28

(44) 板倉昭二「メタ認知は人間のみ固有な現象か―メタ認知の系統発生と個体発生」丸野俊一編『「内なる目」としてのメタ認知（現代のエスプリ，No.497）』至文堂，2008，p.35

(45) 上掲書（41），p.86

（46）澤田崇明「メタ認知が運動有能感に及ぼす影響についての一考察―小学校6年生のマット運動の実践から―」創大教育研究（20），2011，pp.149-159
（47）岩崎洋子「第2章　子どもの心と体の健康（3）生活習慣と動作―生活習慣の発達と関連動作の発達」近藤充夫『保育内容健康』建帛社，1999，pp.19-21
（48）山下俊郎『幼児心理学』朝倉書店，1971，pp.93-96
（49）上掲書（47），p.29

〈第2部第2章〉
（1）松田岩男・近藤充夫「幼児の運動能力検査に関する研究」体育学研究12（5），1968，pp.33-46
（2）松田岩男・近藤充夫・杉原隆・南貞己「幼児の運動能力の発達とその年次推移に関する資料」東京教育大学体育学部紀要（14），1975，pp.31-46
（3）近藤充夫・杉原隆・松田岩男「幼児の運動能力1―1986年の全国調査結果から」体育の科学37（7），1987，pp.551-554
（4）近藤充夫・杉原隆・森司朗・吉田伊津美「最近の幼児の運動能力」体育の科学48（10），1998，pp.851-859
（5）杉原隆・森司朗・吉田伊津美・近藤充夫「2002年の全国調査からみた幼児の運動能力」体育の科学54（2），2004，pp.161-170
（6）森司朗・杉原隆・吉田伊津美・筒井清次郎・鈴木康弘・中本浩揮「幼児の運動能力における時代推移と発達促進のための実践的介入」平成20～22年度文部科学省科学研究費補助金（基盤研究B）研究報告書，2011
（7）森司朗・杉原隆・吉田伊津美・筒井清次郎・鈴木康弘・中本浩揮「2008年の全国調査からみた幼児の運動能力」体育の科学60（1），2010，pp.56-66
（8）文部省体育局編『子育ての中の基礎体力つくり第1集；0歳から5歳』1979
（9）文部省体育局編『子育ての中の基礎体力つくり第2集；6歳から9歳』1980
（10）文部省体育局編『子育ての中の基礎体力つくり第3集；10歳から14歳』1981
（11）文部省『現代の家庭教育―乳幼児期編』1984
（12）文部科学省「平成26年度体力・運動能力調査結果の概要及び報告書について」[Online] http://www.mext.go.jp/b_menu/toukei/chousa04/tairyoku/kekka/k_detail/1362690.htm（参照2017/6/6）
（13）上掲書（3）
（14）猪飼道夫『運動生理学入門』杏林書院，1969，p.144
（15）近藤充夫『保育実技シリーズ⑭幼児の体力と運動あそび』フレーベル館，1979，p.22

(16) 同上，p.22

(17) 杉原隆「第10章　MKS幼児運動能力検査とは」杉原隆・河邉貴子編著　『幼児期における運動発達と運動遊びの指導—遊びのなかで子どもは育つ』ミネルヴァ書房，2014，pp.171-183

(18) 上掲書（3）

(19) 近藤充夫『幼児の運動と心の育ち』世界文化社，1994，p.98

(20) 近藤充夫『幼児のこころと運動—その発達と指導』教育出版，1995，pp.21-25

(21) 「東京都公立幼稚園5歳児の運動能力に関する調査研究（その9）平成16年度」東京都教職員研修センター紀要第4号，2005，pp.151-174

(22) 上掲書（6），p.21

(23) 杉原隆・吉田伊津美・森司朗ほか「幼児の運動能力と運動指導ならびに性格との関係」『体育の科学』60（5），杏林書院，2010，p.343

(24) 白石信子「"つきあい"にも欠かせないテレビとテレビゲーム～『小学生の生活とテレビ'97』調査から」日本放送協会放送文化研究所編『放送研究と調査』日本放送出版協会，1998，pp.2-19

(25) 仙田満『環境デザインの方法』彰国社，1998，pp.250-258

(26) 上掲書（23），pp.345-347

(27) 上掲書（6），p.30

(28) 杉原隆「第2章 子どもの心と体の健康 2 子どもの心と健康」近藤充夫『保育内容健康』建帛社，1999，p.57

(29) 杉山登志郎「第7章 児童精神科臨床における不器用さの問題」辻井正次・宮原資英『子どもの不器用さ—その影響と発達的援助』ブレーン出版，1999，pp.175-188

(30) 上掲書（15），p.20

(31) Mori S. and Sugihara T. Relationship between perceived physical competence and physical activity among young children. 3rd international congress Asian-south pacific association of sport psychology proceedings, 1999, pp.252-254.

(32) 杉原隆・柴崎正行編『保育講座（6）保育内容健康』ミネルヴァ書房，1990，pp.159-161

(33) 同上，p.160

(34) 杉原隆・吉田伊津美・森司朗・中本浩揮・筒井清次郎・鈴木康弘・近藤充夫「幼児の運動能力と基礎的運動パターンとの関係」体育の科学61（6），2011，pp.455-461

（35）同上，pp.458-459

（36）杉原隆「子どもの心とからだの発達と社会的反映」日本体育学会大会号（50），1999，p.210

（37）海野孝「第5章　運動の発達 3. 一般運動能力の構造とその発達的変化」松田岩男・杉原隆編『新版運動心理学入門』大修館書店，1987，p.102

（38）同上，pp.102-103

（39）宮丸凱史「投げの発達」『体育の科学』杏林書院，1980，pp.464-471

（40）杉原隆編者『新版　幼児の体育』建帛社，2000，pp.25-27

（41）宮下充正「体力を簡潔に定義する」『体育の科学』第45巻11月号，杏林書院，1995，p.889-892

（42）岩崎洋子編『子どもの身体活動と心の育ち』建帛社，1999，p.26

（43）石河利寛・栗本閧夫・勝部篤美ら「幼稚園における体育カリキュラムの作成に関する研究 1　カリキュラムの基本的な考え方と予備的調査の結果について」体育科学 8，1980，pp.150-155

（44）中村和彦ほか「観察的評価法による幼児の基本的動作様式の発達」発育発達研究（51），2011，pp.1-18

（45）ベネッセ教育総合研究所「第2回幼児生活のアンケート報告書」研究所報 22，2000，pp.54-55

〈第2部第2章 § 2〉

（ 1 ）宮丸凱史「基本運動とはなにか」赤塚徳郎・調枝孝治編『運動保育の考え方』明治図書出版，1984，pp.67-72

（ 2 ）近藤充夫編者『保育内容健康』建帛社，1999，p.66

（ 3 ）森司朗「第3章　乳幼児・児童期の運動発達の特徴」杉原隆編『生涯スポーツの心理学—生涯発達の視点からみたスポーツの世界』福村出版，2011，pp.36-46

（ 4 ）森司朗『スポーツ心理学事典』日本スポーツ心理学会編，大修館書店，2008，p.95

（ 5 ）同上，p.97

（ 6 ）同上，p.98

（ 7 ）谷口幸一『スポーツ心理学事典』日本スポーツ心理学会編，大修館書店，2008 p.100

（ 8 ）タイベル D.・市村操一『トップアスリーツのための心理学—スポーツ心理学入門』同文書院，1993，pp.188-196

（ 9 ）上掲書（7），p.101

（10）谷口幸一「第17章 中・高年の運動発達の特徴とスポーツ活動」杉原隆編『生涯

スポーツの心理学―生涯発達の視点からみたスポーツの世界』福村出版，2011，pp.182-190

(11) 上掲書（8），p.190
(12) 上掲書（7），p.102
(13) 財団法人明治安田厚生事業団体力医学研究所『生活体力の手引き』1992
(14) 厚生科学審議会地域保健健康増進栄養部会・次期国民健康づくり運動プラン策定専門委員会「健康日本21（第二次）の推進に関する参考資料」2012，p.25
(15) 同上，p.26

〈第3部第1章 § 1〉
（1）杉原隆『新版　運動指導の心理学―運動学習とモチベーションからの接近』大修館書店，2008，p.23
（2）宮本美沙子『やる気の心理学』創元社，1981，pp.202-205
（3）宮本美沙子・加藤千佐子『やる気を育てる―子どもの成長と達成動機』有斐閣，1982，p.125
（4）同上，p.126
（5）波多野誼余夫・稲垣佳世子『知的好奇心』中央公論社，1973，p.58
（6）同上，p.59
（7）同上，pp.60-61
（8）森司朗「第3章　幼児は身体活動の何を楽しむのか」岩崎洋子編『子どもの身体活動と心の育ち』建帛社，1999，p.87
（9）同上，pp.87-88
(10) 上掲書（1），p.136
(11) エドワード・L・デシ／リチャード・フラスト著／櫻井茂男訳『人を伸ばす力―内発と自律のすすめ』新曜社，1999
(12) ド・シャーム／佐伯胖訳『やる気を育てる教室―内発的動機づけ理論の実践』金子書房，1980，pp.5-25
(13) 近藤充夫『幼児の運動と心の育ち』世界文化社，1994，pp.131-138
(14) チクセントミハイ／今村浩明訳『フロー体験喜びの現象学』世界思想社，1996，p.8
(15) 上掲書（11），p61
(16) 上掲書（14），p59
(17) 青木久子・河邉貴子『遊びのフォークロア』萌文書林，2015，p.101
(18) 上掲書（1），p.138

(19) 上掲書（1），p.144

(20) 森司朗・杉原隆・近藤充夫・吉田伊津美・岩崎洋子・朴淳香「幼児運動能力検査の測定条件による記録の変動に関して」東京学芸大学紀要　第1部門　教育科学 52，2001，pp.139-145

(21) 上掲書（1），p.146

(22) 守屋光雄「子どもにとって遊びとは何か（その1）」上出弘之・伊藤隆二編『子どもと遊び』福村出版，1980，p.22

(23) 吉田伊津美「第5章　運動遊びの発達」杉原隆編著『生涯スポーツの心理学―生涯発達の視点からみたスポーツの世界』福村出版，2011，p.57

(24) 杉原隆編著『新版　幼児の体育』建帛社，2000，p.13

(25) M. ウェンナー「遊ばないとダメ！」日経サイエンス編集部編『こころと脳のサイエンス 01 号』（別冊日経サイエンス，170）日経サイエンス社，2009，pp.20-29

(26) ビョークランド／ペレグリーニ／無藤隆監訳／松井愛菜・松井由佳訳『進化発達心理学―ヒトの本性の起源』新曜社，2008，pp.321-323

(27) 杉原隆「パーソナリティ発達と運動」近藤充夫編『保育内容健康』建帛社，1999，p.54

(28) E. B. ハーロック／小林芳郎ほか訳『児童の発達心理学上』誠信書房，1971

(29) 波多野誼余夫・稲垣佳世子『無気力の心理学―やりがいの条件』中央公論社，1981，pp.2-16

(30) ヨマンズ M.「協調運動の苦手な子どもたちの自己認知」辻井正次・宮原資英編著『子どもの不器用さ―その影響と発達的援助』ブレーン出版，1999，pp.109-125

(31) Harter, S. 『The Construction of the Self』 The Guilford Press, 1999, p.149

〈第 3 部第 1 章 § 2〉
（1）ニイル／霜田静志訳『自由の子ども』黎明書房，1969，p.9

（2）解説教育六法編修委員会編『解説教育六法 平成 14 年版』2002，三省堂，p.936

（3）門脇厚司『子どもの社会力』岩波書店，1999，p.61

（4）門脇厚司『社会力を育てる―新しい「学び」の構想』岩波書店，2010，p.65

（5）古賀徹「『体操』科導入の系譜―明治初期初等教育教科内容における米国の影響・日米比較研究の一環として」教育學雑誌（31），1997，pp.65-78

（6）文部省編『幼稚園教育百年史』ひかりのくに，1979，p.57

（7）同上，pp.59-60

（8）同上，pp.59-60

（9）　同上，p.68
（10）　民秋言編『幼稚園教育要領・保育所保育指針の成立と変遷』萌文書林，2008，pp.23-24
（11）　同上，p.25
（12）　文部省編『幼稚園教育指導書 領域編 健康』フレーベル館，1969，p.1
（13）　近藤充夫編『保育内容健康』建帛社，1999，pp.2-3
（14）　文部省編『幼稚園教育指導書 増補版』フレーベル館，1989，p.42
（15）　同上，p.45
（16）　上掲書（13），pp.8-10
（17）　文部省編『幼稚園教育要領解説』フレーベル館，1999，p.45
（18）　同上，p.56
（19）　青木久子「基本的な生活習慣実態調査 2015」
（20）　杉原隆「領域『健康』における指導上の問題点」杉原隆・柴崎正行編　『保育講座（6）保育内容健康』ミネルヴァ書房，1990，pp.162-163
（21）　同上，p.163
（22）　同上，p.163
（23）　ド・シャーム／佐伯胖訳『やる気を育てる教室—内発的動機づけ理論の実践』金子書房，1980，pp.5-25

〈第3部第2章 § 1〉
（1）　谷昌恒『教育の心を問いつづけて—北海道家庭学校の実践』岩波書店，1991，p.6
（2）　同上，目次
（3）　同上，p.42
（4）　鈴木翔『教室内（スクール）カースト』光文社，2012，p.32
（5）　同上，p.41
（6）　滝充「いじめの方法・場所」森田洋司監修『いじめの国際比較研究—日本・イギリス・オランダ・ノルウェーの調査分析』金子書房，2001，pp.55-71
（7）　富永健一『社会学講義—人と社会の学』中央公論社，1995，p.25
　　　フランソワ・ギゾー／安士正夫訳『ヨーロッパ文明史—ローマ帝国の崩壊よりフランス革命にいたる』みすず書房，2006
（8）　吉野作造編『明治文化全集第10巻 教育篇』日本評論社，pp.101-123
（9）　福地源一郎『懐往事談—伝記・福地源一郎』大空社，1993
　　　富永健一『社会学講義—人と社会の学』中央公論社，1995，p.25

(10) 富永健一『社会学講義―人と社会の学』中央公論社，1995，p.15

(11) 宮代真司『日本の難点』幻冬舎，2009，pp.96-101

(12) 同上，p.98

(13) 同上，p.99

(14) 井上健治「序　社会性とはなにか　社会と個」井上健治・久保ゆかり編『子どもの社会的発達』東京大学出版会，1997，pp.1-6

(15) 井澤信三「第1章 自閉症の行動 第3節 社会的行動」氏森英亞編『自閉症児の臨床と教育』田研出版，2002，pp.43-44

(16) 小林正幸「なぜいまソーシャルスキルか」国分康孝監／小林正幸・相川充編『ソーシャルスキル教育で子どもが変わる（小学校編)』図書文化社，1999，p.3

(17) 渡辺弥生『ソーシャル・スキル・トレーニング―略称SST』日本文化科学社，1996，p.4

(18) 杉村仁和子・石井秀宗・張一平・渡辺洋「児童・生徒用ソーシャルスキル尺度の開発」日本テスト学会誌3（1），2007，pp.71-82

(19) 人間の行動科学研究会編『目でみる教育心理学』ナカニシヤ出版，1978，p.29

(20) 柏木恵子「3　子どもの『自己』―幼児のわがまま」岡本夏木・高橋恵子・藤永保編『講座幼児の生活と教育3―個性と感情の発達』岩波書店，1994，pp.47-77

(21) 桜井茂男『学習意欲の心理学―自ら学ぶ子どもを育てる』誠信書房，1997，p.83

(22) 森司朗「幼児の「からだ」の共振に関して―対人関係的自己の観点から―」保育学研究37（2），1999，pp.152-158

(23) 佐々木正人『アフォーダンス―新しい認知の理論』岩波書店，1994，pp.60-66

(24) Neisser, U. Five kind of self-knowledge, philosophical psychology, 1, 1988, pp.35-59

(25) Neisser, U. The selfperceived. Neisser, U. (ed.). The perceived self: Ecological and Interpersonal Sources of Self-knowledge. Cambridge press. 1993, pp.3-21

(26) カミイ／デブリーズ／成田錠一監訳『幼稚園・保育所集団あそび―集団ゲームの理論と実践』北大路書房，1984，pp.5-15

(27) 同上，pp.16-35

〈第3部第2章 § 2〉

（1） 寺田信太郎・宮原洋一・川和保育園編『ふってもはれても―川和保育園・園庭での日々と113の「つぶやき」』新評論，2014

（2） 全国幼稚園施設協議会編『幼稚園のつくり方と設置基準の解説』フレーベル館，

1957，pp.22-24

（3）同上，p.29

（4）同上，p32

（5）ロバート・フルガム／池央耿訳『人生に必要な知恵はすべて幼稚園の砂場で学んだ』
河出書房新社，1990，pp.15-20

（6）上掲書（2），p.132

（7）上掲書（2），p.132-133

（8）荻須隆雄・斎藤歖能・関口準編『遊び場の安全ハンドブック』玉川大学出版部，
2004，pp.155-187

（9）近藤充夫『幼児の運動と心の育ち』世界文化社，1994，p.86

（10）ゲオルグ・アグデ／アルフレッド・ナーゲル／ユリアン・リヒター／福岡孝純訳『安
全な遊び場と遊具』鹿島出版会，1991，pp.13-16

（11）上掲書（9），p.86

（12）上掲書（2），p.132

（13）松本尚「6　固定道具を使った遊び」杉原隆編『幼児の体育』建帛社，2000，
pp.174-175

（14）上掲書（2），p.162

（15）森司朗「身体運動の保育」無籐隆編『幼児の心理と保育』ミネルヴァ書房，2001，
pp.143-159

（16）森司朗「からだと運動」桜井茂男編『はじめて学ぶ乳幼児の心理―こころの育ち
と発達の支援』有斐閣，2006，pp.72-73

（17）Harter, S. The construction of the self Developmental perspective, The Guilford
Press, 1999, pp.148-155

（18）シンディ・エンジェル／羽田節子訳『動物たちの自然健康法―野生の知恵に学ぶ』
紀伊国屋書店，2003，p.21

（19）同上，p.27

（20）W.B.キャノン／舘隣・舘澄江訳『からだの知恵―この不思議なはたらき』講談社，
1981，pp.26-29

（21）上掲書（18），p.28

（22）上掲書（18），p.76

（23）上掲書（18），p.82

（24）ルソー／今野一雄訳『エミール 上』岩波書店，1962，p.116

（25）住田正樹「現代社会の変容と子どもの仲間集団」内田伸子・南博文編『子ども時

代を生きる—幼児から児童へ』金子書房，1995，p.211

(26) 内閣府食育推進室「大学生の食に関する実態・意識調査報告書」2009

(27) 総務省統計局「平成23年社会生活基本調査」

(28) 中村和彦「第8章　健やかな子どもを育むために」浅見俊雄・福永哲夫編著『子どもの遊び・運動・スポーツ』市村出版，2015，pp.103-105

(29) 猿渡智衛「放課後の子どもの遊び場づくり事業に関する縦断的研究—遊び場づくり事業の展開は子どもの遊びを変化させる契機となるのか」国立青少年教育振興機構研究紀要8，2008，pp.127-138

(30) 仙田満『子どもとあそび—環境建築家の眼』岩波書店，1992，p.159

(31) 同上，p.172

(32) 佐藤一子「地域の教育力をめぐる理論的諸問題」一橋論叢121（2），1999，p.250-265

〈おわりに〉

（1）W.B.キャノン／舘鄰・舘澄江訳『からだの知恵—この不思議なはたらき』講談社，1981，p.45

（2）同上，p.23

（3）同上，p.32

（4）同上，p.242

（5）シンディ・エンジェル／羽田節子訳『動物たちの自然健康法—野生の知恵に学ぶ』紀伊国屋書店，2003，p.25

（6）同上，pp.25-26

（7）同上，p.27

（8）藤田紘一郎『こころの免疫学』新潮社，2011，p.139

（9）同上，p.140

（10）上掲書（5），p.45

（11）モーリス・メッセゲ／高山林太郎訳『メッセゲ氏の薬草療法』自然の友社，1980，p.42

（12）デイビッド・ウォルトナー＝テーブズ／片岡夏実訳『排泄物と文明—フンコロガシから有機農業，香水の発明，パンデミックまで』築地書館，2014

（13）東京大学大学院新領域創成科学研究科環境学研究系編『社会文化環境学の創る世界』朝倉書店，2013，p.21

（14）藤田紘一郎『笑うカイチュウ—寄生虫博士奮闘記』講談社，1999

（15）上掲書（13），p.2

（16）　内閣府政策統括官（経済財政分析担当）編『地域の経済―集積を活かした地域づくり』2012

（17）　今西錦司『自然学の提唱』講談社，1986，p.25

（18）　同上，p.41

（19）　同上，pp.77-78

【索 引】

〈本巻著者〉　**森　司　朗**（もり　しろう）

　〈学歴・職歴〉

　　東京学芸大学大学院修士課程教育学研究科保健体育専攻修了。鹿屋体育大学体育学部助手，東京学芸大学教育学部講師，同大学助教授，鹿屋体育大学体育学部助教授，同大学教授を歴任，現在，同大学理事・副学長。

　〈専門領域等〉体育・スポーツ心理学，運動発達，博士（医学）

　〈所属学会〉日本体育学会，日本スポーツ心理学会，日本保育学会，日本発育発達学会

　〈主な著書〉『子どもの身体活動と心の育ち』（共著，建帛社，1999）／『健康—心身の健康に関する領域』（共著，東京書籍，2000）／『幼児の心理と保育』（共著，ミネルヴァ書房，2001）／『新たな幼稚園教育の展開—幼稚園教育の充実に向けて』（共著，東洋館出版社，2003）／『はじめて学ぶ乳幼児の心理—こころの育ちと発達の支援』（共著，有斐閣ブックス，2006）／『たのしく学べる乳幼児の心理　改訂版』（共著，福村出版，2010）／『生涯スポーツの心理学』（共著，福村出版，2011）／『幼児期における運動発達と運動遊びの指導』（共著，ミネルヴァ書房，2014）／『子どもの遊び・運動・スポーツ』（共著，市村出版，2015）／『新訂　事例で学ぶ保育内容　領域健康』（共著，萌文書林，2018）／『危機にある子育て環境』（共著，南日本新聞社，2019）

〈本巻著者〉　**青 木 久 子**（あおき　ひさこ）

　〈学歴・職歴〉

　　青山学院大学大学院修士課程修了。国家公務員から東京都公立幼稚園教諭，東京都教育庁指導部・都立教育研究所指導主事，同統括指導主事，国立音楽大学教授兼同附属幼稚園長等を歴任。現在，青木幼児教育研究所主宰，実践研究・研修支援，執筆等を中心に活動している。

　〈専門領域等〉　幼児教育学　教育実践研究　発達臨床心理士

　〈所属学会〉　日本保育学会　日本教育学会　日本発達心理学会　日本臨床発達心理士会

　〈主な著書〉『よりよい保育の条件』（共著，フレーベル館，1986）／『生きる力を育てる保育』全3巻（共著，世界文化社，1999）／『子ども理解とカウンセリングマインド』（共著，萌文書林，2001）／『子どもに生きる』（単著，萌文書林，2002）／『環境をいかした保育』全4巻（編者，チャイルド本社，2006）／『教育臨床への挑戦』（単著，萌文書林，2007）／『幼年教育者の問い』（共著，萌文書林，2007）／『脱学校化社会の教育学』（共著，萌文書林，2009）／『領域研究の現在〈言葉〉』（共著，萌文書林，2013）／『遊びのフォークロア』（共著，萌文書林，2015）／『領域研究の現在〈人間関係〉』（共著，萌文書林，2017）／『トポスの経営論理』（共著，萌文書林，2019）

〈シリーズ〉
〈編　者〉　青木久子

青山学院大学大学院修士課程修了
幼稚園教諭より，東京都教育庁指導部 都立教育研究所統括指導主事，国立
音楽大学教授 兼 同附属幼稚園長職等を歴任。
現在，青木幼児教育研究所主宰。

磯部裕子

聖心女子大学文学部教育学科卒業
8年間幼稚園教諭職を経，青山学院大学大学院後期博士課程満期退学。
現在，宮城学院女子大学教育学部教育学科教授。

【執筆分担】第1部：青木・森，第2部：森・青木，第3部：森・青木，
　　　　　おわりに：青木

〈装幀〉レフ・デザイン工房

幼児教育 知の探究 15
領域研究の現在〈健康〉

2020年6月27日　初版発行Ⓒ

著　　　者　　森　　　司　　朗
　　　　　　　青　木　久　子
検印省略　　　発　行　者　　服　部　直　人
　　　　　　　発　行　所　　株式会社　萌　文　書　林

〒113-0021　東京都文京区本駒込6-25-6
TEL(03)-3943-0576　FAX(03)-3943-0567
URL:http://www.houbun.com
E-mail:info@houbun.com

落丁・乱丁本はお取替えいたします。

印刷／製本　シナノ印刷（株）

ISBN978-4-89347-115-4　C3037